Ab ins Grüne

Ausflüge mit der Berliner  Bahn

Inhalt

NORDEN

OSTEN

SÜDEN

WESTEN

Highlights

Wandlitz ▸ Seite 34

Rund um Wandlitz liegen die schönsten Badeseen des Berliner Nordens. Allen voran der in einem Buchenwald versteckte, glasklare Liepnitzsee.

Friedrichshagen ▸ Seite 62

Friedrichshagen ist das Tor zum Müggelsee. Schon im dortigen Müggelpark fühlt man sich wie im Urlaub.

Rahnsdorf ▸ Seite 64

Ein altes Fischerdorf an der Müggelspree, Berlins letzte Ruderfähre und der idyllische Kleine Müggelsee um die Ecke: Hier ist Berlin ländlich und romantisch.

Grünau ▸ Seite 88

Den wunderbarsten Ausblick auf Müggelsee, Müggelberge und Langen See hat man vom Müggelturm aus. Bei gutem Wetter sieht man bis zum Fernsehturm.

rund um Berlin

Klein-Glienicke ▸ Seite 128

Eine Landschaft wie ein Gesamtkunstwerk:
An der Havel zwischen Pfaueninsel und
Klein-Glienicker Park haben die besten Land-
schaftsgestalter des 19. Jahrhunderts ihr Arkadien geschaffen.

Sacrow ▸ Seite 130

Der idyllischste Ort auf der westlichen Seite
der Havel ist Sacrow: Heilandskirche, Guts-
park, Dorf und Sacrower See sind schön und
ursprünglich zugleich – und hübsche Badestellen gibt es auch.

Park Sanssouci ▸ Seite 148

Ein Wunderwerk aus Gärten, Schlössern und
verspielten Pavillons: Über zwei Jahrhunderte
lebten preußische Könige hier ihre Idee von
der idealen Landschaft aus.

Werder ▸ Seite 164

Eine Radtour von der Barockstadt Potsdam
entlang der Havel und durch Obstanbauge-
biete nach Werder ist wie eine Tour durch
den Garten Eden.

Naturpark

Land Brandenburg

Intro

Ab ins Grüne – Ausflüge mit der Berliner S-Bahn

Wer in Berlin lebt, hat es gut: Man wohnt in der größten Stadt Deutschlands, einer Kulturmetropole, in der ständig Neues passiert. Wem das alles doch einmal zu viel wird, ist aber schnell in der grünen Umgebung der Hauptstadt. Dazu eignet sich am besten die Berliner S-Bahn. Der nächste Bahnhof ist meist nicht weit und damit die Möglichkeit, bequem und schnell zu Seen und Wäldern zu gelangen – Abstand von der Großstadt. Ob allein, zu zweit oder mit Familie und Freunden, mit Fahrrad oder ohne – ein Ausflug ins Grüne ist wie eine Kurzreise aus dem Alltag.

Der Herausgeber
Der Verleger und Buchautor Klaus Scheddel lebt in Berlin-Friedrichshain. Für diesen Ausflugsführer hat er erneut viele Monate das Umland durchstreift und dabei viel Spannendes entdeckt.

Zehn Autoren haben für Sie die schönsten S-Bahn-Ausflüge entdeckt, erwandert, erradelt und aufgeschrieben. Sie finden in diesem Buch:

* 66 Ausflugsziele im Grünen
* davon 52 Wanderungen und Radtouren
* über 40 Badeseen und Freibäder
* viele Schlösser und Gärten
* Sehenswürdigkeiten und Freizeittipps
* zahlreiche Gasthäuser und Biergärten

Entdecken Sie bekannte und weniger bekannte Ausflugsziele und echte „Geheimtipps" im Grünen rund um Berlin. Viele der beschriebenen Touren sind so angelegt, dass Sie von einem S-Bahnhof zum anderen wandern oder Rad fahren können.

Verlag und Autoren wünschen Ihnen viel Spaß und Erholung bei vielen Ausflügen mit der S-Bahn.

Norden

Steg im Briesetal, einem der schönsten Bachtäler Brandenburgs ▸ Seite 22

Das Umland nördlich von Berlin steckt voller Überraschungen: Gleich hinter Tegel lassen sich an der Havel wundervolle Wasserlandschaften entdecken. Mitten im Wald liegt der glasklare Liepnitzsee, der über eine schöne Radtour von der alten Stadt Bernau erreichbar ist.

Mit dem Briesetal kann man eines der spektakulärsten Bachtäler Brandenburgs durchwandern. Und von Frohnau aus lohnt ein Ausflug in den historischen Dorfkern von Stolpe. Wer es lieber einsamer mag, der kann im Mühlenbecker Forst über verschlungene Pfade ein verfallenes Märchenschloss entdecken.

Radeln im Grenzbereich

Die Rad- oder Wandertour führt durch den Tegeler Forst, mit der Fähre über die Havel und weiter ins ehemalige Grenzdorf Nieder Neuendorf.

Start
Tegel **S25** alle 20 Min.

Radtour
Tegel – Nieder Neuendorf (– Hennigsdorf)

Länge
12 km bis Hennigsdorf

Rückfahrt
Apr.–Okt.: Schiff Nieder Neuendorf – Tegel 11.15, 13.45 & 16.30 Uhr
oder Radweg nach 🅢 Hennigsdorf (3 km)

Vom S-Bahnhof Tegel geht es die Gorki-Straße entlang über die Berliner Straße nach Alt-Tegel. Hier erwarten an sonnigen Wochenenden etliche Gartenlokale ihre Gäste – kein Wunder, denn die verkehrsberuhigte Straße mit den alten, niedrigen Häusern führt direkt zum **Tegeler See**. Dort, an der Greenwich-Promenade, legen die Schiffe zu ihren Fahrten auf der Havel ab.

Über die Tegeler Hafenbrücke (Fahrräder müssen die Treppe hochgetragen werden) nähern wir uns dem Tegeler Forst; wir halten uns immer parallel zum Seeufer. Wer zuvor noch einen Blick auf das **Tegeler Schloss** werfen möchte, schaut rechts durch die Gitterstäbe des Schlossparks. Seine heutige Gestalt erhielt das feudale Gemäuer, das auf eine 450-jährige Geschichte zurückblickt, um 1820. Damals wurde es von der Familie Humboldt um einige Flügel erweitert. Schlosspark und Schloss (Bibliothek) sind im Sommer teilweise zu besichtigen. Auf dem Schwarzen Weg geht's weiter Richtung Havel – der breite, zunächst asphaltierte Weg führt durch herrlichen Mischwald vor-

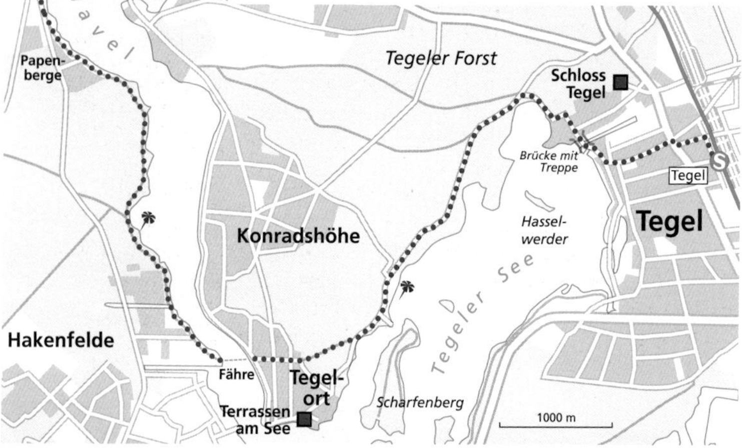

nach Hennigsdorf

Heiligen-see

Nieder Neuendorf
Grenzturm

Papenberge

Havel

Heiligensee

Tegeler Forst

Schloss Tegel

Brücke mit Treppe

Tegel

Tegel

Hasselwerder

Konradshöhe

Tegeler See

Hakenfelde

Fähre

Tegel-ort

Terrassen am See

Scharfenberg

1000 m

bei am **Strandbad Tegel** bis nach **Tegelort.** In Tegelort, einem ruhigen Ortsteil mit kopfsteingepflasterten Alleen, nehmen wir die Fähre über die hier nicht sehr breite Havel.

Weiter geht's an der Havel entlang auf dem Wander- und Radweg in nördlicher Richtung. Über die Fußgängerbrücke am Teufelsseekanal (schöne Aussicht auf Konradshöhe) erreicht man auf einem Waldweg die Badestelle „Bürgerablage" (▸ Seite 174) mit Sandstrand unter hohen Kie-

Ehemaliger DDR-Grenzturm bei Nieder Neuendorf

fern. Gleich dahinter führt der Weg nun waldeinwärts am Naturschutzgebiet „Reiherkolonie Papenberge" vorbei, um bei der Siedlung Papenberge wieder die Havel zu erreichen. Dass man sich nun an der ehemaligen Grenze der DDR zu West-Berlin befindet, merkt man nicht nur an dem schönen Radweg auf dem Grenzstreifen: Kurz vor dem alten Ortskern von Nieder Neuendorf steht an der Havel ein Original-Wachturm. Der Turm war Teil der Grenzanlagen, die **Nieder Neuendorf** mittels Mauern und Stacheldraht von der Havel vollständig abschotteten. Heute ist in dem Wachturm ein Grenz-Museum eingerichtet. Von der obersten Etage hat man einen schönen Ausblick über den Strom – kaum noch vorstellbar, dass hier eine der am besten bewachten Grenzen der Welt verlief. Nördlich vom Wachturm liegt das Dorfzentrum von Nieder Neuendorf mit seinem typisch märkischen Dorfanger und der Kirche aus dem 13. Jahrhundert. 500 Meter weiter oberhalb beginnt das neue Nieder Neuendorf: der Ortsteil Havelpromenade mit eigenem Jachthafen und Zugbrücke über einen Kanal – hier können manche Bewohner mit ihrem Boot gleich vor der eigenen Haustüre anlegen.

Am nördlichen Ortsende lockt die **Naturbadestelle Nieder Neuendorf.** Dort kann man nicht nur am flachen Sandstrand liegen, sondern hat auch einen herrlichen Blick über die Havel, die sich an dieser Stelle Nieder Neuendorfer See nennt.

Grenzturm
Ausstellung zu den Grenzanlagen im Original-Grenzturm (zwischen Dorfstraße und Havel).
Nieder Neuendorf
Tel. (0 33 02) 87 73 12
6. Apr.–3. Okt.
Di–So 10–18 Uhr

Café Diadem
Kleines Café am Dorfanger.
Dorfstraße 28
Nieder Neuendorf
Tel. (0 33 02) 49 35 80
Mi–Mo 12–20 Uhr

Velten (Mark)   Hohen Neuen

Hennigsdorf S25 RB55

Heiligensee ℹ️

Schulzendorf

Start
Hennigsdorf
S25 alle 20 Min.

Radtour
Hennigsdorf – Bötzow –
Marwitz – Velten

Länge
ca. 12 km einfach

Rückfahrt
Bahnhof Velten
RE6 oder RB 55 mehr-
mals stündlich nach
Ⓢ Hennigsdorf

Karte ▸ Seite 15

Klassisch-moderne Kera-
mik gibt es in den Hedwig-
Bollhagen-Werkstätten

Hennigsdorf

Töppertour

**Eine berühmte Keramikwerkstatt, ein Mu-
seum für Kachelöfen und ein See mit Wasserskianlage liegen auf dieser Tour durch
Dörfer, Wälder und Wiesen rund um Hennigsdorf.**

Schon die S-Bahnfahrt nach Hennigsdorf macht
Spaß: unter der Bornholmer Brücke hindurch, an
Waldstücken entlang, schließlich über die Havel.
Der Industriestandort **Hennigsdorf** selbst, wo seit
Anfang des 20. Jahrhunderts Stahl erzeugt und
Züge gebaut werden, ist vor allem durch zum Teil
vorbildliche Werkssiedlungen interessant. Einige
Sanierungen nach der Wende wurden preisge-
krönt. Östlich des Bahnhofs liegt der historische
Ortskern von Hennigsdorf mit der 1855 vollende-
ten Martin-Luther-Kirche, die nach Plänen von
Friedrich August Stüler errichtet wurde. Nebenan
steht das Alte Rathaus, in dem eine Ausstellung
die Entwicklung Hennigsdorfs vom ehemaligen
Fischerdorf zum gefragten Industriestandort anschaulich erzählt.

Auf der westlichen Seite des Bahnhofs beginnt
das moderne Hennigsdorf. Hier liegt der weitläufige Postplatz mit Cafés und Läden. Mitten
auf dem Platz fällt das Denkmal für die Opfer
des Faschismus auf. Es wurde 1948 errichtet und
erinnert an die Opfer von KZ-
Außenlagern, die ihren Standort
in Hennigsdorf hatten.

Gleich am Bahnhofsausgang
steht der Radwegweiser nach
Bötzow. Diesem folgen wir – oder
schieben unser Fahrrad durch die
Fußgängerzone Havelpassage,
was der kürzere Weg ist. In jedem
Fall gelangen wir bald zum halbrunden Havelplatz mit dem markanten, aus Stahlplatten konstru-
ierten Rundbrunnen am anderen
Ende der Einkaufszone.

Eine schöne Allee führt
von Bötzow nach Marwitz

Am Havelplatz suchen wir uns die nächste Fußgängerampel, um die Durchgangsstraße zu überqueren. Ab jetzt radeln wir auf einem ausgeschilderten Weg durch den Stadtpark. Am Parkende beginnt der Bötzower Weg. Der gut ausgebaute Rad- und Skaterweg endet an der Landstraße. An dieser muss man (rechts, Richtung Norden) ca. einen Kilometer entlang fahren, um die Bahngleise zu überqueren und ins Dörfchen **Bötzow** zu gelangen. An der Kreuzung im Dorf lohnt ein Abstecher links entlang des Dorfangers zur hübsch restaurierten Kirche. Im Inneren gibt es eine Orgel des berühmten Orgelbaumeisters Gottfried Wagner. Am problemlosesten ist sie im sonntäglichen Gottesdienst zu hören oder danach zu besichtigen. Wen es jetzt nach mehr Natur gelüstet, der kann einen Abstecher in den nahen Krämerwald nordwestlich von Bötzow machen. Der Forst mit vielen alten Eichen ist gut durch Rad- und Wanderwege erschlossen.

Unsere Radroute aber führt weiter ins nahe Marwitz. Die Marwitzer Straße, eine schmale, kaum befahrene, zunächst asphaltierte Allee, zweigt hinter der Kreuzung in Bötzow halblinks ab und endet nach 2 Kilometern am Dorfanger

Dorfkirche Bötzow
Pfarramt Dorfaue 70
(rechts neben der Kirche)
Besichtigung der Wagner-Orgel nach dem Gottesdienst, Zeiten siehe
www.kirche-boetzow.de
oder Tel. (0 33 04)
2 09 29 02

H(edwig) B(ollhagen)-Werkstätten für Keramik
Hedwig-Bollhagen-Str. 4
16727 Oberkrämer/
Marwitz
Tel. (0 33 04) 3 98 00
www.hedwig-bollhagen.com
Werksverkauf:
Mo–Sa 10–18 Uhr

Im Ofen- und Keramik-
museum / Hedwig Boll-
hagen Museum in Velten
wurden einst Kachelöfen
produziert

**Ofen- und Keramik-
museum / Hedwig
Bollhagen Museum**
Wilhelmstr. 32
16727 Velten
Tel. (0 33 04) 3 17 60
www.okmhb.de
Di–Fr 11–17 Uhr,
Sa/So 13–17 Uhr
5 € / 4,50 €,
mit Führung 8 € / 7,50 €

Jeden Sa Führungen um
15 Uhr (oder nach Anmel-
dung für Gruppen) durch
beide Museen.

von **Marwitz** mit idyl-
lischem Teich, Kirche
und Feuerwehrhaus.
Wer jetzt schon eine
Pause braucht, kann
hier im Gasthaus „Zur
Waage" eine Rast ein-
legen.

Die berühmten **Ke-
ramikwerkstätten** von
Hedwig Bollhagen lie-
gen am Rand von Mar-
witz, in der Hedwig-
Bollhagen-Straße 4.
Dorthin gelangen wir
vom Dorfanger aus über die Hauptstraße in östlicher Richtung. An der Kreuzung im Dorf biegen
wir rechts ab und fahren ca. 500 Meter in Richtung Hennigsdorf, bis ein Hinweisschild linker
Hand in eine kleine Straße und zu den Hedwig-
Bollhagen-Werkstätten führt.

Die zeitlosen Geschirrkreationen, die hier gefertigt werden, bestechen vor allem durch ihre
einfache, schnörkellose Schönheit. Hedwig Bollhagen führte die Werkstatt in Marwitz von 1934
bis zu ihrem Tod im Jahr 2001. Sie entwickelte
früh einen ganz eigenen Stil für Gebrauchske-
ramik. Über ihre Arbeit sagte Hedwig Bollhagen: „Kunst? Ach ja, manche nennen es so; ich
mache Teller, Tassen und Kannen." Auch nach
ihrem Tod wird in Marwitz Keramik im typischen
Bollhagen-Stil hergestellt. Im Werksverkauf werden auch Teile mit kleinen Fehlern billiger angeboten.

Unsere Töppertour führt uns nun weiter ins
ca. 4 Kilometer entfernte **Velten**. Dorhin kommen
wir, indem wir am Ortsausgang von Marwitz
links in die Bötzower Straße biegen. Ab hier führen Wegweiser zum Ofen- und Keramikmuseum.

Velten galt lange Zeit als „Ofenstadt" – fast 40
Ofenfabriken lieferten allein ins nahe Berlin
100 000 Kachelöfen. Grundlage für die Produktion waren die reichhaltigen Tonvorkommen rund
um die Stadt. Heute kann man auf dem Gelände
der historischen Ofenfabrik A. Schmidt, Lehmann

zwei spannende Museen besuchen: das schon 1905 gegründete Ofen- und Keramikmuseum und das Hedwig Bollhagen Museum. In letzterem sind etliche Klassiker der Geschirr-Designerin aus Marwitz zu bestaunen. Im Ofen- und Keramikmuseum illustrieren reich verzierte Kachelöfen, Kacheln, Gefäß- und Zierkeramik zusammen mit historischen Fotografien die Geschichte der Ofen- und Keramikproduktion in Velten.

Wer nach so viel gebranntem Ton nun eine Abkühlung braucht, dem sei noch ein Ausflug zum 4 Kilometer entfernten **Bernsteinsee** empfohlen. Vom Ofenmuseum führt der Weg durch Velten über wenig befahrene Straßen in östlicher Richtung bis zur Hauptstraße, die dort überquert wird. Hier trifft man auf einen Rad-/Fußweg, der bis zur Straße Richtung Borgsdorf führt, der man folgt. Ab Ortsende Velten verläuft ein Radweg neben der Landstraße. Nach der Autobahnüberführung weisen Hinweisschilder rechts zu einem Waldweg, der sich mit ein paar Schleifen zum See schlängelt. Wer es eiliger hat, fährt weiter auf dem Weg parallel zur Landstraße, bis rechts der Eingang zum Seegelände auftaucht.

Der beliebte See mit Sand- und Wiesenstränden bietet viele sportliche Betätigungsmöglichkeiten: Neben Beachvolleyballfeldern ist die Wasserskianlage ein besonderes Highlight. Es gibt einen FKK-Bereich sowie bewachte Strandabschnitte. Diverse Imbisse versorgen die Badegäste mit Getränken und Fast Food. Allerdings sollte man nicht allzu lärmempfindlich sein: An einigen Strandabschnitten ist der Verkehr der nahen Autobahn zu hören.

Start
Wilhelmsruh
S1 S26 alle 10 Min.

Spaziergang
Wilhelmsruh –
Schönholzer Heide –
Schönholz

Länge
ca. 4 km

Rückfahrt
Schönholz
S1 S25 S26

Heideröschen
Modernes, gemütliches
Restaurant-Café mit Bier-
garten unter Bäumen und
Kaminecke für kalte Tage.
Waldsteg 65
13158 Berlin
Tel. (0 30) 9 16 78 52
www.heideroeschen-
restaurant.de

Schönholz

Hier hat sich Bolle ganz köstlich amüsiert

Ein schöner Spaziergang beginnt am S-Bahn-hof Wilhelmsruh und führt durch Birkenhai-ne in die Schönholzer Heide.

Vom linken Ausgang des S-Bahnhofs überquert man die Kopenhagener Straße. Dort geht gleich ein Stichweg ab, der als Radweg ausgeschildert zwischen ehemaligem Mauerstreifen und S-Bahn-damm entlangführt. Hier biegen wir nach ca. 15 Metern links durch einen Zaun auf einen Trampel-pfad ab. Bereits nach kurzer Wegstrecke entpuppt sich der Pfad als herrlicher Spazierweg, der durch eine Miniaturform einer märkischen Landschaft führt. Er überrascht mit lichten Birkenhainen und heidebewachsenen Flächen.

Nach etwa einem Kilometer geradeaus führt an einem deutlich ausgetretenen Wegkreuz der Weg scharf links in bewohntes Gebiet. Wir folgen dem unscheinbaren Durchgang ins Wohngebiet durch den Vereinssteg bis auf den offiziellen Fußweg der Germanenstraße. Der Park gegenüber ist bereits die **Schönholzer Heide.** Wir halten uns aber zunächst noch links auf der Germanenstraße, vorbei am Waldsteg, bis zu einem Parkplatz-Ron-dell. Wer nun einen Kaffee oder andere Stärkung braucht, sollte gleich links den Parkweg wählen, um zu einer Erholungspause in das gemütliche „Heideröschen" einzukehren.

Auf der gleichen Seite vom Rondell führt eine Lindenallee zum **Sowjetischen Ehrenmal.** Die An-lage entstand 1947–49. Auf dem Gelände liegen über 13 000 Offiziere und Soldaten der Roten Ar-mee begraben, die bei den Endkämpfen um Berlin 1945 starben. Den Weg zum 33,5 Meter hohen Obelisken säumen 16 Grabkammern, am Sockel des Obelisken sind die Namen von gefallenen Offizieren auf Bronzetafeln aufgeführt. Auf der Mauer, die den Gesamtkomplex umgibt, sind Na-men und Geburtsjahre derjenigen Sowjetsoldaten zu lesen, die zu dem Fünftel der überhaupt nur identifizierbaren Gefallenen gehören.

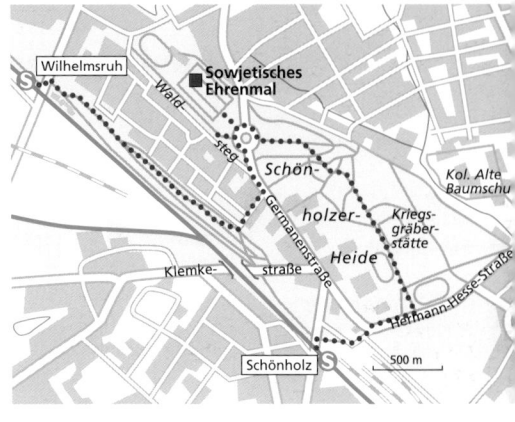

Wir verlassen wieder durch die Lindenallee das Gelände, um die Germanenstraße zu überqueren und gegenüber dem ebenfalls lindengesäumten Hauptweg der Schönholzer Heide entlang zu spazieren. Wer das berühmte Berliner Lied kennt, weiß, dass sich hier auch schon „Bolle" köstlich amüsiert hat. Allerdings hat er „auf der Schöneholzer Heide" mit seinem Messer auch „fünfe massakriert".

Heute besticht der Park hingegen durch friedliche Ruhe. Die Schönholzer Heide ist ein Waldpark. Ursprünglich gehörte sie einem Waldgebiet an, das sich bis zur Jungfernheide erstreckte und Mitte des 18. Jahrhunderts mit Alleen durchzogen und mit Maulbeerbäumen bepflanzt wurde. Die 35 Hektar der Schönholzer Heide wirken im Gegensatz zu anderen innerstädtischen Berliner Grünanlagen sehr naturbelassen. Wenn man sich vom Hauptweg noch vor der Freitreppe rechts hält und dann bald wieder links, so führen die Wege an verknorpelten uralten Bäumen vorbei zu herrlichen Wiesen, die zum Sonnenbad oder Picknicken einladen. Da die Freiflächen stets mit einzelnen Bäumen bepflanzt sind und selten geometrische Formen nachbilden, finden sich zahlreiche Nischen mit gemütlichen Plätzchen zum Verweilen.

Sämtliche Wege führen auf die Hermann-Hesse-Straße, von der aus es nur noch 5 Gehminuten zum S-Bahnhof Schönholz sind. Wir gehen rechts bis zur Schützenstraße vorbei am Verkehrsübungsplatz und biegen wieder rechts in die Buddestraße. Entweder man wählt gleich links den Trampelpfad zum S-Bahnhof oder man geht gesittet 30 Meter weiter bis zur Provinzstraße und dort links bis zum S-Bahnhof Schönholz.

In der Schönholzer Heide liegt das zweitgrößte sowjetische Ehrenmal Berlins

Frohnau

Ausflug nach Stolpe

Ein Spaziergang von Frohnau ins Dörfchen Stolpe ist ein bisschen wie ein Ausflug in die „gute alte Zeit".

Start
Frohnau
S1 alle 10 Min.

(Rad-)Wanderung
Frohnau – Stolpe – Frohnau (– Heiligensee)

Länge
ca. 8 km nach Frohnau bzw. 10 km nach Heiligensee

Rückfahrt
Frohnau **S1**
oder Heiligensee **S25**
(alle 20 Min.)

Frohnau im nördlichen Zipfel Berlins ist ein beschaulicher Vorort. Die als „Gartenstadt" ab 1910 entstandene Siedlung wurde so landschaftsnah wie möglich in den märkischen Wald gebaut. Entstanden ist dabei eine Villenkolonie, in der es sich bis heute unter hohen Kiefern ruhig leben lässt.

Außergewöhnlich ist das Ortszentrum mit dem **S-Bahnhof:** In die 1910 errichtete Station wurde ein Kasino mit einem 35 Meter hohen Aussichtsturm integriert. Der von den Architekten Gustav Hart und Alfred Lesser entworfene Gebäudekomplex steht genau zwischen den beiden sehenswerten Plätzen, um die sich fast alles in Frohnau dreht: der westlich gelegene **Ludolfinger Platz** und der sich östlich anschließende **Zeltinger Platz,** beide vom Gartenarchitekten Ludwig Lesser gestaltet. Leider ist der Aussichtsturm im S-Bahnhof wegen Sanierungsbedürftigkeit gesperrt.

Wer vor dem Ausflug aufs Land – nämlich zum brandenburgischen Dorf Stolpe – noch mehr von Frohnau sehen möchte, dem sei zunächst ein kleiner Abstecher vom Zeltinger Platz über den südöstlich abzweigenden Edelhofdamm empfohlen. Die von Villen gesäumte Allee wird bald breiter, in der Mitte ist sogar Platz für eine ausgedehnte Grünanlage. An ihrem Ende steht das **Buddhistische Haus,** das der Architekt Max Meyer 1924 für einen Arzt baute. Heute leben in dem Haus Mönche aus Sri Lanka. Das Gebäude steht interessierten Besuchern zur Andacht und zur Besichtigung offen.

Wieder zurück am S-Bahnhof Frohnau, nehmen wir jetzt den kürzesten Weg nach Stolpe. Dieser führt vom Ludolfinger Platz über den nordwestlich abzweigenden Maximiliankorso. Nach ca. 600 Metern biegen wir halb rechts in die Alemannenstraße ein. Von jetzt an geht es immer

Das Buddhistische Haus
Edelhofdamm 54
13465 Berlin
Tel. (0 30) 4 01 55 80

geradeaus. Am Ortsende von Frohnau, da, wo die Mauer stand, wird die Straße zum Weg. Er führt schnurstracks durch die Stolper Heide, mitten durch einen riesigen Golfplatz und mündet im Stolper Neubaugebiet. Letzteres lassen wir aber schnell hinter uns, indem wir uns weiter geradeaus halten, den Hohen Neuendorfer Weg überqueren und so die alte Dorfstraße erreichen. Hier fühlt man sich in eine andere Zeit versetzt: Kleine geduckte

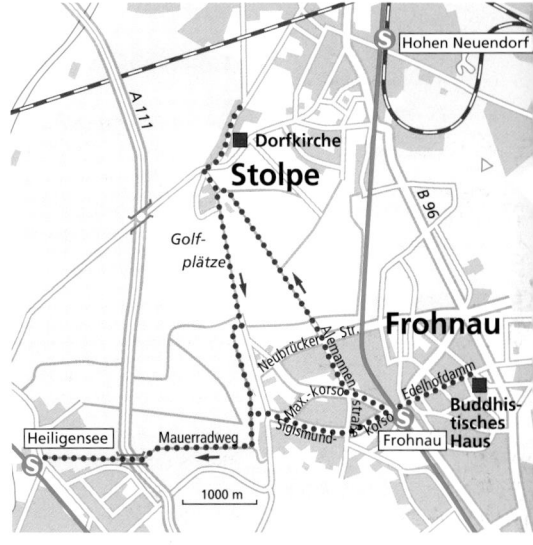

Häuser mit Traufdach säumen die kopfsteingepflasterte Straße, eine Atmosphäre ländlicher Ruhe stellt sich ein. Aber da wir im Heute leben, freuen wir uns auch über die Fahrradstreifen auf dem Bürgersteig.

Stolpe, das winzige Dorf außerhalb Berlins, hat neben der idyllischen Dorfanlage mit Kirche und Friedhof auch einige Gasthäuser mit Gärten zu bieten. In der Kirche, die 1822 erbaut und mit einem neobarocken Kirchturm versehen wurde, finden regelmäßig Konzerte statt.

Nach kulturellen und/oder kulinarischen Genüssen in der Kirche, in der „Krummen Linde" (eher edel) oder im „Dorfkrug" (eher urig) schlägt man den Rückweg nach Frohnau ein. Dazu begeben wir uns wieder in die Jetztzeit, nämlich ins südlich gelegene Neubaugebiet, nehmen aber diesmal den Weg, der am wuchtigen Golfclubhaus vorbeiführt. Nach gut 2 Kilometern, am Ortsrand von Frohnau (das sich hinter Bäumen versteckt) haben wir die Wahl: Zurück zum S-Bahnhof Frohnau oder, für Radfahrer sehr zu empfehlen, über den Mauerradweg durch den Wald nach **Heiligensee** zum dortigen S-Bahnhof.

Dorfkirche Stolpe
Hier finden regelmäßig Konzerte statt (Ankündigungen in der Tagespresse und unter www.dorfkirchestolpe.de).

**Landgasthof
Zur krummen Linde**
Traditionsgasthaus mit großem Biergarten, Berliner und Brandenburger Küche.
Dorfstraße 5
16540 Stolpe
Tel. (0 33 03) 53 36 33
www.krumme-linde.de
Mo 16–22, Di/Mi 12–22,
Do–So 9–22 Uhr

Gasthaus Zum Dorfkrug
Im alten Dorfkern gelegen, deutsche Küche.
Dorfstraße 6a
16540 Stolpe
Tel. (0 33 03) 50 26 47
www.dorfkrug-stolpe.de
Tgl. außer Di 11–22 Uhr

Oranienburg 🚊 **RB20** 🚉
↘ Lehnitz 🚉
  ↘ Borgsdorf 🚉
    ↘ **Birkenwerder** S8

euendorf ─────── Be
🏛 Frohnau

Start
Birkenwerder
S1 S8 alle 20 Min.

(Rad-)Wanderung
Birkenwerder – Briese –
Borgsdorf

Länge
ca. 6 km, Wege sind
ausgeschildert

Rückfahrt
Borgsdorf
S1 alle 20 Min.

Karte ▸ Seite 22

Birkenwerder

Landschaftliches Kleinod

Das reizvollste Bachtal in der Berliner Umgebung liegt gleich hinter Birkenwerder: Das Briesetal, ein 16 Kilometer langes Fließ, ist mit einer vielgestaltigen Pflanzen- und Tierwelt zu jeder Jahreszeit ein Erlebnis.

Am Ausgang des S-Bahnhofs Birkenwerder weisen Tafeln den Weg: Zum **Briesetal** geht es gleich rechts über die mit Bäumen gesäumte Straße „An der Bahn" oberhalb der Gleise entlang. Wer zuvor an einem historisch-kulturellen Abstecher interessiert ist, sollte auf Höhe des alten Bahnhofsgebäudes die **Rote Brücke** beachten.

Diese 1925 eingeweihte Stahlkonstruktion, deren Name vom ursprünglichen Anstrich mit Bleimennige herrührt, ist eine Fußgängerbrücke zum östlich der Schienen gelegenen Ortsteil. Sie führt in gerader Linie in die Summter Straße zur **Clara-Zetkin-Gedenkstätte,** in der auch die Gemeindebibliothek untergebracht ist. Die sozialistische Frauenrechtlerin lebte hier von 1929–1932.

Weiter auf dem Weg ins Briesetal zeigen an der Bahnunterführung gleich zwei Wegweiser nach Briese: Wir nehmen die Route links über die westlichen Ausläufer des Briesetals, vorbei am Boddensee und dem gleichnamigen Restaurant.

Der **Boddensee** gehört bereits zum ortsinneren Briesetal, das Birkenwerder seinen besonderen Reiz verleiht. Der Fußweg am Nordufer des Sees gabelt sich nach 500 Metern in zwei alternative Wege durch Bruchwald und über die Briese zum Wensickendorfer Weg. Dort angekommen, wendet man sich nach rechts, überquert die Autobahn, lässt eine Eisenbahnunterführung hinter sich und taucht in ein idyllisches Waldgebiet ein: Etwa 500 Meter nach dem Waldfriedhof zweigt rechts ein

Das Wohnhaus von Clara Zetkin – heute eine Gedenkstätte für die sozialistische Frauenrechtlerin

Weg ab, der zum spektakulären **Briesetaler Steig** führt. Der Bohlenweg schlängelt sich eindrucksvoll durch einen Erlenbruchwald ins Innere des Briesetals. Vom Ende des Briesetaler Steigs führt links ein Waldweg zur kleinen Ansiedlung Briese. Dort angekommen, kann man sich im Sommerhalbjahr an Wochenenden in einem urigen Biergarten stärken. Oder sich in der **Waldschule** über die Besonderheiten des Briesetals informieren. Schräg gegenüber liegt ein Klettergarten für die kleineren Kinder, der **Mini Monkey Kletterwald.**

In **Briese** muss man sich entscheiden: Entweder man belässt es bei der kurzen Stippvisite ins Briesetal – oder man macht sich auf die längere, sehr lohnende Wanderung durch das ganze Tal bis nach Zühlsdorf (12 Kilometer ▸ Seite 22).

Wer sich für die kurze Variante entscheidet, kann von Briese aus den Rückweg vom 3 Kilometer entfernten S-Bahnhof Borgsdorf antreten. Dorthin führt ein asphaltierter Fahrweg.

Borgsdorf, das um 1900 von seiner Ziegelproduktion geprägt und seit Beginn des 20. Jahrhunderts bis in die Wendezeit hinein berühmt für seine Blumenzucht war, ist ein stiller und beschaulicher Wohn- und Naherholungsort.

Direkt am Boddensee liegt ein beliebtes Restaurant

Waldschule Briesetal
Waldbibliothek und Freigelände mit Biotopen.
Briese Nr. 13
16547 Birkenwerder
Tel. (0 33 03) 40 22 62
www.waldschule-briesetal.de
Mo–Fr 8–16 (ganzjährig),
So 12–17 Uhr (Apr.–Okt.)

Restaurant Boddensee
Regionale und saisonale Küche in schön renoviertem Lokal mit Seeterrasse.
Briesealle 20
16547 Birkenwerder
Tel. (0 33 03) 59 99 44
www.boddensee.com
Mo–Sa ab 12, So ab 9 Uhr

Start
Karow
S2 alle 10 Min.
und
RB 27 ca. stündlich bis
Bahnhof Zühlsdorf

Wanderung
Zühlsdorf – Briesetal –
Birkenwerder

Länge
ca. 12 km

Rückfahrt
Birkenwerder
S1 **S8** alle 20 Min.

Zühlsdorf

Naturerlebnis Briesetal

**Eine Wanderung durch das einzigartige Brie-
setal flussabwärts ist besonders nachmittags
attraktiv – man geht in südwestlicher Richtung und damit meist der Sonne entgegen.**

Der Regionalzug vom S-Bahnhof Karow arbeitet
sich stündlich durch die Basdorfer Heide, bis er
im verschlafen wirkenden Zühlsdorf hält. Schnell
ist der Ort erkundet: Am Bahnhof hält man sich
rechts, um sofort wieder links in die Bahnhofstraße einzubiegen, die nach kurzer Zeit in die
Dorfstraße übergeht. Vorbei an der Bäckerei erreicht man bald die schlichte Dorfkirche. An ihrer
Westseite wächst ein seltenes Naturdenkmal, die
vor über 200 Jahren gepflanzte „Post-Ulme".

Um von hier aus ins **Briesetal** zu gelangen,
orientiert man sich entweder an dem blauen Wegweiser nach Birkenwerder, oder – noch besser
– man geht ein kleines Stück auf der Dorfstraße
zurück und biegt links in die Mühlenstraße ein.
Auf diesem Weg erreicht man bald die Zühlsdor-

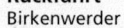

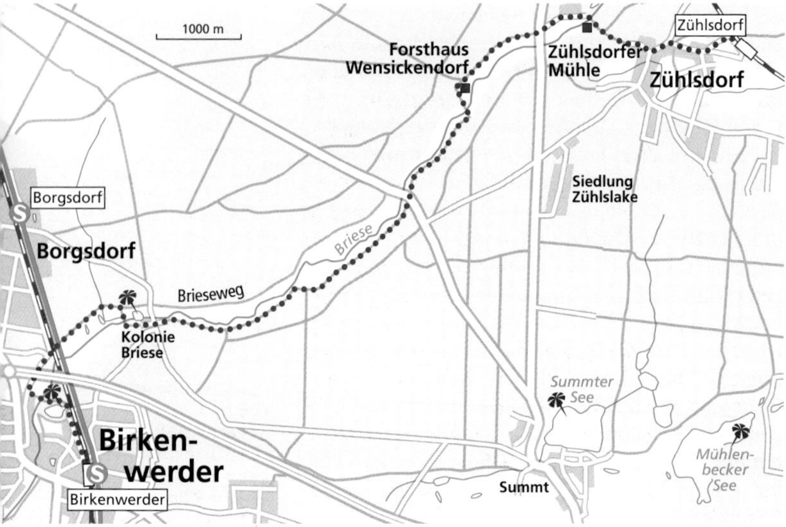

fer Mühle, eine alte Sägemühle an der Briese. Das 16 Kilometer lange Briesetal ist ein Naturdenkmal, geprägt von Flachmooren, grünen Wiesen, Erlenbrüchen und Mischwäldern. Im 18. Jahrhundert wurde hier Torf gestochen. Das Flüsschen Briese (altslawisch breza – Birke) entspringt dem Wandlitzsee und mündet bei Birkenwerder in die Havel.

Unser Weg, den ein rotes Wanderzeichen begleitet, folgt dem Flusslauf zunächst in einiger Entfernung auf dem links hinter der Mühle ausgeschilderten Brieseweg. Er geht nach Überquerung der Straße Wensickendorf – Summt in den Forstweg über. An der nächsten Ecke

Der Briesetaler Steig führt durch einen verwunschenen Erlenbruchwald

liegt das Forsthaus Wensickendorf, heute ein Bauernhof, dessen Inhaber nach alter Tradition der Förstersfrauen einen (empfehlenswerten) Imbiss für Wanderer anbieten. 300 Meter weiter führt ein Holzsteg über die Briese – danach vereinen sich der rote und der blaue Weg aus Zühlsdorf. Wir wenden uns nach rechts, treten ein in einen schattigen Wald und erreichen flussabwärts nach ca. 1,5 Kilometern die Schlagbrücke an der Straße Lehnitz – Summt. Auf beiden Seiten der Briese kommt man nach weiteren 2 Kilometern zur Hubertusbrücke mit einer Hütte und einem Rastplatz. Wer nun links des Wassers weiterläuft, passiert bei **Briese,** das ehemals ein Teerbrennerort war, die Waldschule Briesetal (▸ Seite 21).

Von Briese führt der schnellste Weg nach Birkenwerder und zum dortigen S-Bahnhof über den Fußweg entlang der kaum befahrenen Straße. Interessanter ist die Route, die rechts durch Briese hindurch und dann links am Briesesee vorbeiführt. Am spektakulärsten aber ist der Weg über den **Briesetaler Steig:** Dafür biegt man am Biergarten in Briese links ab und folgt dem Waldweg, bis rechts der Bohlenweg mitten durch das Feuchtgebiet führt.

Imbiss
In der alten Försterei Wensickendorf (Forstweg unweit von Zühlsdorf). Tel. (03 30 53) 7 19 24 Sa/So/Fei 10–18 Uhr

23

Sachsenhausen (Nordb) 🚊
Oranienburg S1
Lehnitz 🚊
Borgdorf 🚊
Birkenwe
RB20

Start
Lehnitz
S1 alle 20 Min.

(Rad-)Wanderung
Lehnitz – Lehnitzer
Schleuse – Strandbad –
Ⓢ Oranienburg

Länge
ca. 8 km

Rückfahrt
Oranienburg
S1 alle 20 Min.

Karte ▸ Seite 29

Café Rondell
Eis aus eigener Herstel-
lung, Kaffee und Kuchen.
Mit Sommerterrasse.
Friedrich-Wolf-Straße 26
16515 Lehnitz
Tel. (0 33 01) 52 99 97
www.cafe-rondell.de.tl
Mo–Fr 14–18 Uhr,
Sa/So 14–19 Uhr

Lehnitz

Bevorzugte Lage

**Sie gilt schon lange als bevorzugte Wohnla-
ge, die Villenkolonie am Lehnitzsee. Das hat
viel mit der reizvollen Lage zwischen Wald
und Gewässer zu tun.**

Vor 200 Jahren lebten am **Lehnitzsee** nur eine
Handvoll Fischer- und Bauernfamilien. Doch seit
im 19. Jahrhundert die ersten Züge an der pro-
visorischen Bahnstation hielten, zog es die Berliner an den Lehnitzsee. Um 1900 gab es schon
vier Ausflugslokale. Bald entstanden die ersten
Vorstadtvillen, die dem Ort den Ruf einer Villenkolonie einbrachten. In den 1920er-Jahren
wächst die Gemeinde weiter, nun werden beschei-
denere Ein- und Zweifamilienhäuser gebaut. Heute ist der hübsche Ort unter hohen Kiefern mit der
S-Bahn von Berlin aus schnell zu erreichen. Auch
der Bundeswehr gefällt es in Lehnitz – sie betreibt
Einrichtungen in den Wäldern südwestlich des
Ortes.

Vom Bahnhof aus geht es in östlicher Richtung
über die Friedrich-Wolf-Straße durch das beschauliche Ortszentrum. Am kreisrunden Thomas-
Müntzer-Platz – die Lehnitzer sagen dazu nur
„Rondell"– sollte man sich links halten und sich
einen Weg durch die stillen, teils sandigen Straßen zum See suchen. Die kurze Straße Wasserweg
führt direkt zur kleinen Badestelle „Bolli" am
Lehnitzsee. Hier hat man einen schönen Blick auf
das gegenüberliegende Ufer. Der Name des über
2 Kilometer langen und bis zu 450 Meter breiten
Gewässers leitet sich vom slawischen Wort „Len-
czen" ab und bedeutet Bogen, also „Bogensee".
Und tatsächlich hat das Gewässer die Form zweier
aneinander stoßender Bögen.

Durch den See, der mitten im Lehnitzer Land-
schaftsschutzgebiet liegt, fließt der Oder-Havel-
Kanal – das erklärt auch die vielen Freizeitkapi-
täne, die am Wochenende mit ihren Booten gern
über den See schippern. Wer will, kann auf dem
Wasserweg sogar bis zur Ostsee gelangen.

Vor einer See-Umrundung kann man aber das **Friedrich-Wolf-Gedenkstätte** in Lehnitz besuchen: Der Schriftsteller, dessen eigentlicher Beruf Arzt war, lebte von 1948 bis zu seinen Tod 1953 in Lehnitz. Bekannt wurde er unter anderem durch sein 1929 entstandenes Drama „Zyankali", in dem er die Not ungewollt schwangerer Frauen thematisierte.

Blick auf den Lehnitzsee

Während der Zeit des Faschismus musste der Kommunist und Jude mit seiner Familie ins Exil fliehen. Später wurden zwei Söhne des engagierten Literaten mindestens ebenso berühmt wie der Vater: Der Filmemacher Konrad Wolf und der Chef des DDR-Auslands-Geheimdienstes Markus Wolf. Heute finden in dem Haus, das bis 1973 von der Witwe Wolfs bewohnt wurde, regelmäßig Lesungen und andere Veranstaltungen statt. Das Arbeitszimmer von Friedrich Wolf ist noch wie zu seinen Lebzeiten erhalten. Der große Saal ist mit Original-Hellerau-Möbeln aus den 1950er-Jahren ausgestattet.

Der reizvolle Weg führt am von Bäumen gesäumten Ufer um den Lehnitzsee herum nach **Oranienburg.** Vorbei an kleinen Badestellen verlassen wir allmählich den Ort in Richtung Norden durch den Wald. An der Mündung des Oder-Havel-Kanals geht es auch nach dem Kreuzen der Bundesstraße zunächst weiter am Kanal entlang bis zur Lehnitzschleuse. Hier überwinden Schiffe einen Höhenunterschied von 6 Metern. Auf der Oranienburger Seite führt die Route wieder zum See zurück und dann direkt am Ufer entlang. Bald erreicht man das Strandbad, die Schiffsanlegestelle und die Ausflugsgaststätte „Eiscafé LuBea". Von dort sind es noch ca. 1,5 Kilometer bis zum S-Bahnhof Oranienburg (▶ Seite 26).

Friedrich-Wolf-Gedenkstätte
Alter Kiefernweg 5
16515 Lehnitz
Tel. (0 33 01) 52 44 80
www.friedrichwolf.de
Fr 10–14 Uhr sowie bei Veranstaltungen und nach Vereinbarung geöffnet

Restaurant und Eiscafé LuBea
Hafenlokal am Jachthafen auf der Oranienburger Seite, Bootsverleih.
Rüdesheimer Straße 21
16515 Oranienburg
Tel. (0 33 01) 52 41 52
www.lubea-service.de

RB12 Templin Stadt

Sachsenhausen (Nordb) 🚉
Oranienburg Ⓢ1
Lehnitz 🚉
Borgsdorf 🚉
Birkenwer

Start und Ziel
Oranienburg
Ⓢ1 alle 20 Min.

Stadtausflug
Schloss
Gedenkstätte und Museum Sachsenhausen

Karte ▸ Seite 30

Schloss-Museum
Sehenswerte Ausstellungen mit Kunstwerken aus der Zeit der preußischen Fürsten.
Schlossplatz 1
Tel. (0 33 01) 53 74 37
Nov.–März Di–So 10–16,
Apr.–Okt. Di–So 10–17.30 Uhr
6 €, ermäßigt 5 €

Schlosspark Oranienburg
Apr.–Okt. 9–20 Uhr,
Nov.–März 10–16 Uhr

Erlebniscity T.U.R.M.
André-Pican-Straße 42
16515 Oranienburg
Tel. (0 33 01) 57 38 11 11
www.erlebniscity.de
Tgl. 9–22 Uhr
Erlebnisbad (2 Std.)
11,50 € / 9 €,
Tageskarte 18,50 € / 16 €

Oranienburg

Zwischen T.U.R.M. und Eden

Für einen Ausflug nach Oranienburg gibt es viele Gründe, zum Beispiel eine Vegetarier-Kolonie und ein restauriertes Oranier-Schloss. Beeindruckend sind die Gedenkstätte und das Museum Sachsenhausen.

Am Bahnhof muss man sich erst einmal entscheiden: Richtung Westen ins Stadtzentrum mit dem Schloss, nach Süden zum Erlebnisbad T.U.R.M. oder Richtung Nordost zu Gedenkstätte und Museum Sachsenhausen.

Unbedingt zu empfehlen ist der Spaziergang in den Stadtkern, denn hier erinnert einiges an die brandenburgisch-preußische Geschichte. Und an Holland: Denn Oranienburg, das bis 1653 Bötzow hieß, verdankt seinen Namen einer holländischen Prinzessin: Louise Henriette von Nassau-Oranien, Gattin des Großen Kurfürsten. Ihr zu Ehren ließ der märkische Landesherr ein Wasserschloss errichten, die barocke Schlossanlage Oranienburg. Die rührige Holländerin war ein Glücksfall für den Ort und das Land: Sie holte Siedler aus ihrer Heimat in die Mark, die ihr Wissen von Deichbau, Handwerk und Landwirtschaft und einen Hauch holländischer Lebensart mitbrachten.

Vom S-Bahnhof aus führt der Weg über Willy-Brandt-Straße, Lehnitzstraße und Louise-Henriette-Steg in den ältesten Teil der Stadt zur **St. Nikolaikirche,** deren Turm weithin sichtbar die Häuser der Altstadt überragt. Erbaut wurde sie im Stil einer frühchristlichen Basilika. Gleich in der Nähe steht an der Havelstraße das Waisenhaus, das Louise Henriette 1665 gestiftet hat. Auf dem Weg zum nördlich gelegenen Schloss, dessen strahlend helle Fassade schon von weitem ins Auge sticht, kommt man in der Breiten Straße am Amtshauptmannshaus vorbei. Der Frühbarockbau ist das älteste Gebäude der Stadt, es wurde 1657 für den Leiter der kurfürstlichen Verwaltung errichtet. Gleich dahinter steht das **Schloss Oranienburg.** Heute sind in dem fürstlichen Gebäude das Schloss-Museum und das Kreismuseum untergebracht: Ersteres zeigt Ausstellungen zur preußischen Geschichte, zweiteres eine Dauerausstellung zur Binnenschifffahrt – im 19. Jahrhundert war der Oder-Havel-Kanal, an dem Oranienburg liegt, ein Hauptverkehrsweg für den Transport von Ton und Holz.

Im **Schlosspark,** der gleich hinter dem Schloss beginnt, fand 2009 die Landesgartenschau statt. Seitdem präsentiert sich der weitläufige Park teils historisch, teils modern. Attraktionen sind unter anderem eine große Spiellandschaft, das „Gartenzimmer" als Erlebnislandschaft und die Blumenhalle mit Café.

Nimmt man vom Schloss aus die südlich des Parks verlaufende Kanalstraße, erreicht man nach ca. einem Kilometer den Oranienburger Kanal, den man überquert. Von hier gelangt man zu Fuß in rund 20 Minuten (Richtung Süden) zu einem besonderen Ortsteil: **Eden.** 1893 von Berliner Vegetariern gegründet, war die Obstbaukolonie ein unabhängiges Gemeinwesen mit eigenen Regeln. Heute können Besucher sich eine Ausstellung zur Geschichte Edens ansehen.

Weit jenseits von Eden, im nordöstlich gelegenen Stadtteil **Sachsenhausen,** errichteten die Nazis 1933 das erste Konzentrationslager Deutschlands. Über 200 000 Häftlinge waren hier interniert, darunter Prominente wie Carl von Ossietzky, Herausgeber der Zeitschrift „Die Weltbühne", und Pastor Martin Niemöller vom christlichen Widerstand. Auf dem KZ-Gelände befinden sich heute eine beeindruckende **Gedenkstätte** und ein **Museum.**

Wer Entspannung braucht, ist im **Spaß- und Erlebnisbad T.U.R.M.** richtig (10 Minuten Fußweg vom S-Bahnhof). Von Schwimmbad mit Riesenrutsche und Saunalandschaft bis zu Bowling und Fitness reicht das Angebot.

Gedenkstätte und Museum Sachsenhausen
Lagermuseum, Archiv, Bibliothek, Führungen über das Gelände.
Straße der Nationen 22
16515 Oranienburg
Tel. (0 33 01) 20 02 00
www.stiftung-bg.de
Mitte März–Mitte Okt. tgl. 8.30–18 Uhr,
Mitte Okt.–Mitte März Di–So 8.30–16.30 Uhr
15 Min. Fußweg oder
🚌 804, 821 ab Bahnhof

Eden Café und Ausstellung
Struveweg 501
Tel. (0 33 01) 5 23 26
www.eden-eg.de
März–Okt. So 14–17 Uhr
🚌 824 ab Bahnhof

Am Schloss Oranienburg

RB12 Templin Stadt

Sachsenhausen (Nordb) ▭
Oranienburg Ⓢ1 ▯
Lehnitz ▭
Borgsdorf ▭
Birkenwei

Start
Oranienburg
Ⓢ1 alle 20 Min.

Radtour
Ⓢ Oranienburg –
Lehnitzschleuse –
Grabowsee –
Schmachtenhagen

Länge
ca. 11 km

Rückfahrt
Schmachtenhagen
RB 27 (nur Sa/So!)

Gummibootfahren auf
dem Bauernmarkt

Oranienburg – Schmachtenhagen

Auf zum Bauernmarkt

Eine schöne Radtour führt entlang des Lehnitzsees zum Grabowsee und weiter nach Schmachtenhagen. Dort kann man an Wochenenden den Bauernmarkt besuchen und mit der Heidekrautbahn zurückfahren.

Vom S-Bahnhof Oranienburg fährt man erst einmal Richtung Süden auf der Stralsunder Straße bis zur Kreuzung. Hier links eingebogen in die Unterführung. Vorbei am Spaßbad T.U.R.M. (rechter Hand) folgt man dem Verlauf der Straße in ein Wohngebiet. Dort biegt man dann rechts ab (dem Radweg-Symbol folgend) und fährt Richtung **Lehnitzsee,** der bald in Sichtweite kommt. Dort führt der Weg am schönen Seeufer entlang, vorbei an der Gaststätte „Waldhaus". Kurz darauf geht es eine Böschung hinauf zur Bundesstraße 273, die hier überquert werden muss. Ist das geschafft, geht es nun erst einmal schnurgerade am Oder-Havel-Kanal entlang. Rechter Hand passiert man die **Lehnitzschleuse.** Sie besteht aus zwei Schleusen: Lehnitz I wurde 1910 erbaut. 1940 wurde sie durch eine zweite, größere Schleusenanlage (Lehnitz II) erweitert.

Bald nach dem Passieren der Schleuse beginnt links ein ausgedehntes Waldgebiet, der Weg am Kanal ist ein beliebter Fahrrad- und Spazierweg.

Nach rund einem Kilometer ist die Klinkerhafenbrücke erreicht, die wir überqueren. Blickt man kurz darauf nach rechts, schimmert hinter den Bäumen des Waldgebietes der **Grabowsee** durch. Weiter geradeaus gefahren, lugen bald die Ruinen der **Heilstätte Grabowsee** hinter dem Grün hervor: Herrschaftliche Backsteinbauten, nach über 20 Jahren Leerstand verrottet. Die verwunschen wirkende Anlage wurde 1896 gegründet und war die erste Heilstätte für Lungentuberkulose in Norddeutschland. In Zukunft soll daraus ein innovatives Lehrinstitut werden. Jedenfalls dann, wenn es den Initiatoren gelingt, für dieses Projekt genug Geld zusammenzubekommen.

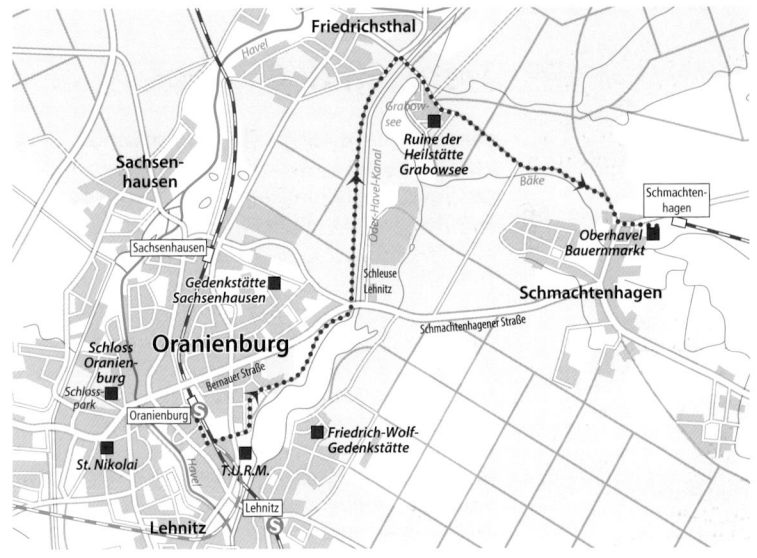

Weiter geht es über Waldwege, die teils auch gepflastert, teils asphaltiert sind, Richtung Schmachtenhagen, das wir aus nordöstlicher Richtung erreichen. Über Ortstraßen fährt man, nach Überqueren des Bahnübergangs einer stillgelegten Eisenbahnstrecke, bis zur Landstraße. An dieser geht es dann noch ein kurzes Stück bis zum Bauernmarkt Oberhavel.

Der **Bauernmarkt** begrüßt einen am Wochenende mit Musik auf der Tanzfläche, etlichen Buden, einer großen Verkaufshalle und allerlei Attraktionen für Kinder. Auch einen kleinen Streichelzoo gibt es. Eine der Hauptattraktionen ist die **Eierbahn,** mit der man zu Stallbesichtigungen und zum Eiersammeln fährt.

Wer sich dann vielleicht nach ein, zwei Bier nach Hause fahren lassen will: Direkt am Bauernmarkt ist die Endstation der Heidekrautbahn RB 27, die extra am Wochenende bis hierhin verlängert wird. Der Zug fährt im Stundentakt durch die herrliche Landschaft des Barnim über Basdorf nach Berlin-Karow, wo man in die S-Bahn umsteigt. Aber Achtung: Die letzte Bahn ab Schmachtenhagen fährt um 15.55 Uhr!

Oberhavel Bauermarkt
Großer Bauernmarkt mit regionalen Produkten, deftigen Speisen und vielen Attraktionen für Kinder.
Bauernmarktchaussee 10
16515 Schmachtenhagen
Tel. (0 33 01) 68 09 14
www.oberhavel-bauern-markt.de
Mi–So 9–16 Uhr

Sachsenhausen (Nordb) ▱
Oranienburg Ⓢ❶ **RB20**
Lehnitz ▱
Borgsdorf ▱
Birkenwerde
RB20

Start und Ziel
Oranienburg
Ⓢ❶ alle 20 Min. und
🚌 824 bis Germen-
dorf, Dorfstraße und
20 Min. Fußweg
oder
Radtour auf dem Rad-
und Fußweg entlang
der B 273 (ca. 30 Minu-
ten Fahrzeit)

Freizeitpark

Tiere, Spaß & Dinos

Dinosaurier in Originalgröße, lebende Tiere zum Streicheln, Badestrände und jede Menge Spielmöglichkeiten: Der Freizeitpark in Germendorf ist ein Paradies für Kinder.

Deshalb kommen viele Familien gern hierher. Trotzdem ist selbst im Sommer noch genügend Platz auf dem riesigen Gelände. Voll sind dann vor allem die Parkplätze am Freizeitpark. Dabei kann man auch mit den Öffentlichen nach Germendorf gelangen: Der Bus fährt werktags alle 20 Minuten ab S-Bahnhof Oranienburg, am Wochenende allerdings nur alle 60 Minuten. Für Familien mit etwas größeren Kindern empfiehlt sich als Alternative eine kleine Radtour auf dem akzeptablen Rad- und Fußweg, der von Oranienburg bis zum Gelände führt.

Hat man die Kassenschlange hinter sich gelassen, kommt man an der **Mäusebude** vorbei: Wenn sich die kleinen Nager nicht gerade verstecken, kann man verschiedene Mäusearten in Aktion bewundern. Bald darauf steht rechts am Weg ein Mammut in Originalgröße. Doch dies ist nur ein Vorgeschmack auf das große **Urzeitgelände,** das im südwestlichen Teil des Parks liegt. Dort stehen

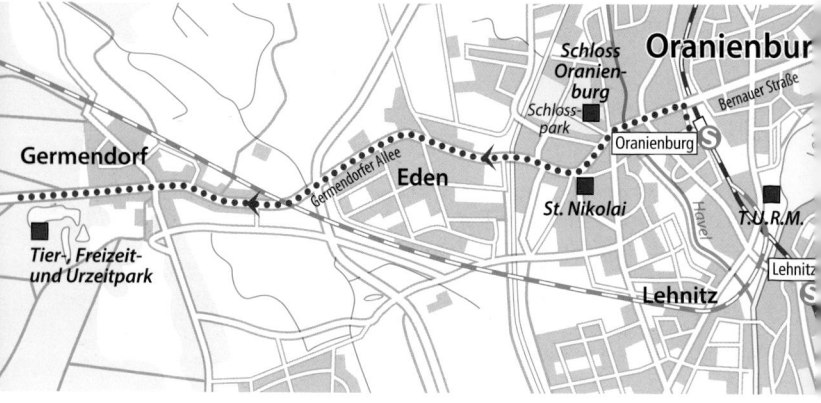

modellierte Riesensaurier und andere Urzeittiere und werden von Kindern bestaunt. Auch Neandertaler samt Höhle und einen Vulkan zum Besteigen gibt es hier.

Lebensgroße Dinos stehen im Freizeitpark Germendorf

Um hierhin zu gelangen, durchquert man erst einmal das **Tiergehege,** das in einem Wäldchen liegt. Vorbei an Rehen, Wildschweinen, Ziegen, bunten Vögeln und anderen Tieren gelangt man schließlich zur Lichtung mit den Dinos und dem Vulkan. Letzterer beginnt zu rauchen, wenn man einen Euro in den entsprechenden Schlitz auf der Aussichtsplattform wirft.

Beliebt ist auch der **Kletterberg** im Dinopark. Allerdings landen Kinder ziemlich hart auf Kieselsteinen, wenn sie runterpurzeln. Mehrere Badestellen laden im Sommer zur Erfrischung im kühlen Nass ein. Besonders beliebt als Abkühlung bei kleineren Kindern ist der flache Sandstrand neben dem Kletterberg im Dinoland. Für die kalte Jahreszeit und Regentage gibt es sogar eine beheizte **Indoor-Spielhalle.**

Verschiedene Buden im Freizeitpark bieten vor allem Würstchen, Pommes, Eis, Bier und Limo an. Tipp: Man darf Essen und Trinken mitbringen und es sich an Picknick-Plätzen gemütlich machen.

Tier-, Freizeit- und Saurierpark
An den Waldseen 1a
16515 Germendorf
Tel. (0 33 01) 33 63
www.freizeitpark-germendorf.de
Apr.–Sep. tgl. 9–19 Uhr,
März/Okt. bis 18,
Nov.–Feb. bis 17 Uhr
Erwachsene 5 €,
Kinder 2–6 Jahre 2 €,
Kinder 7–16 Jahre 2,50 €

▭ Zühl

ühlenbeck-Mönchmühle ▭

Start
Mühlenbeck-Mönch-
mühle
S8 alle 20 Min.

Wanderung
Mühlenbeck – Mühlen-
becker See – Damms-
mühle – Schönwalde

Länge
ca. 8 km, teils auf
Pfaden

Rückfahrt
Schönwalde
RB 27 alle 30 Min.
nach Ⓢ Karow

In hundertjährigen Schlaf
gefallen? Das märchen-
hafte Schloss Dammsmühle

Mühlenbeck

Verschlungene Pfade

**Ein fast vergessenes Schloss und ein ver-
steckter See lassen sich im Mühlenbecker
Forst entdecken.**

An heißen Tagen hat man in Mühlenbeck-Mönch-
mühle die Wahl: Entweder gleich ins Strandbad
am Kiessee (zu Fuß 5 Minuten vom S-Bahnhof
entfernt) oder lieber zum 2 Kilometer entfernten
großen Badesee an der Kolonie Arkenberger
Grund (immer an der S-Bahn entlang Richtung
Berlin). Oder vielleicht doch eine Wanderung
oder Radtour zum tief im Wald versteckten Mühlenbecker See? Letzteres ist auf jeden Fall die
abenteuerlichere Angelegenheit, denn der Weg
führt teils über schmale Pfade und Waldwege.
Doch die Mühe lohnt sich – denn es erwartet
einen nicht nur viel unverfälschte Natur, sondern
auch noch ein halb verfallenes Märchenschloss.

Vom S-Bahnhof geht es links in Richtung
Mühlenbeck. Hier befand sich einst eine der vielen Ziegeleien rund um Berlin, die die Steine für
die wachsende Metropole lieferten. Gleich nach
dem Überqueren der Schienen der ehemaligen
Heidekrautbahn biegen wir rechts in die Woltersdorfer Straße ein. Dort ist man auf einen Schlag
auf dem Land: Hühner gackern, Gänse watscheln
über staubige Höfe. Gleich unterhalb der kopfsteingepflasterten Straße verläuft
in einem Taleinschnitt das schön
anzusehende Tegeler Fließ.

In die Bahnhofstraße in Mühlenbeck gehen wir links hinein,
um an der großen Kreuzung
rechts abzubiegen. An der Ge-
meindeverwaltung, dem Rathaus, am Ortsende nehmen wir
den halbrechts abzweigenden
Zehnmühlenweg, um gleich wieder links einzubiegen. Ab jetzt
folgt man den Wegweisern zum
Mühlenbecker See. Nach dem

Überqueren der Autobahn geht es gleich rechts in den Mühlenbecker Forst. Ein Waldweg, der zeitweise nur ein Pfad ist, führt durch den dichten Mischwald hinunter zum Tegeler Fließ. Dort angekommen, führt ein Betonsteg über das Gewässer. Auf der anderen Seite halten wir uns immer links und laufen unter hohen Laubbäumen, bis bald der blaugrüne **Mühlenbecker See** durchs Geäst schimmert. Immer weiter parallel zum Ufer, wo kleine Badestellen zu entdecken sind.

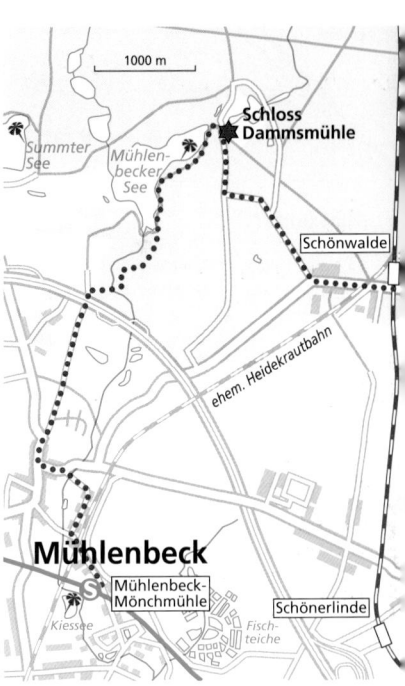

Einige hundert Meter nordöstlich des Mühlenbecker Sees leuchtet die helle Fassade von **Schloss Dammsmühle** durch die Bäume. Seinen Namen verdankt das märchenhafte Anwesen dem Sattlermeister Peter Friedrich Damm, der hier 1755 seinen Landsitz errichtete. Damm hatte es zu viel Geld gebracht, als er die Armeen Friedrichs II. mit Lederzeug ausstatten durfte. Für den Ausbau zum Schloss mit neubarocker Fassade sorgte aber erst 1894 der Gutsherr Adolf Friedrich Wollank. Noch in den 20er-Jahren des letzten Jahrhunderts wurden hier rauschende Feste gefeiert. Ab 1952 aber wurde das gesamte Gebiet rund um Dammsmühle abgeriegelt – die Stasi benutze das Gebäude zur Ausbildung von Agenten. Seit 1989 sucht das Schloss einen neuen dauerhaften Nutzer. Bis es soweit ist, bleibt das Zauberschloss im Wald dem Verfall preisgegeben.

Von Dammsmühle führt ein Waldweg zum 3 Kilometer entfernten Regionalbahnhof Schönwalde. Dazu nimmt man den Weg, der vor dem Schloss vorbeiführt, nach rechts. Die Schranke darf man getrost ignorieren, danach folgt man dem Verlauf des Fahrweges. An der nächsten Abzweigung biegt man links in den asphaltierten Weg. Er führt bis zur Bahnhofstraße in Schönwalde, in die wieder links eingebogen wird. Nach gut 800 Metern ist der Bahnhof Schönwalde erreicht.

Schönerlinde
Röntger
Buch
Karow RB27

Klare Seen und tiefe Wälder

Start und Ziel
Karow
S2 alle 10 Min.
und
RB 27 stündlich bis
Bahnhof Wandlitz oder
Wandlitzsee

(Rad-)Wanderung
Wandlitz – Wandlitz-
see – Ützdorf – Wald-
siedlung – Wandlitz
(oder Bernau)

Länge
ca. 10 km

**Die Fahrt mit der ehemaligen Heidekraut-
bahn ist eine gemütliche Reise heraus aus
der Stadt.**

Der Zug vom S-Bahnhof Karow nach Wandlitz
zieht gemächlich an Wiesen und Wäldern vorbei. Bei jedem unbeschrankten Bahnübergang
vermindert der Zugführer nochmals das Tempo.
Seit 1901 kommt die Bahn nach Wandlitz, und
seitdem kommen auch die Berliner in die reizvolle
Gegend mit den klaren Seen und dichten Buchen-
wäldern.

Wir empfehlen einen Spaziergang durch das
alte Dorf, dann zum Wandlitzsee und schließlich
eine Umrundung des idyllischen Liepnitzsees, mit
einem Abstecher zur Waldsiedlung. Also ausstei-
gen am Bahnhof Wandlitz.

Der Siedlungsname **Wandlitz** kommt ursprünglich aus dem Slawischen und bedeutet „Menschen, die am Wasser leben". Von diesem nassen
Element gibt es wahrlich genug und in schönster
Form rund um Wandlitz. Das zog vermutlich auch
die ersten slawischen Bewohner hierher, sie lebten
von 600 bis 1200 n. Chr. am Ufer des Sees. Deutsche Siedler errichteten im 13. Jahrhundert die
ersten Gebäude. Das Dorf Wandlitz hat sich viel
von seinem bäuerlichen Charakter bewahrt. Dazu
gehört nicht nur der Dorfanger und die Dorfkirche, die ihren Ursprung im 13 Jahrhundert haben,
sondern auch das Agrarmuseum im **Barnim Panorama**. Ein Rundgang durch die 2 000 Quadratmeter große Sammlung vermittelt viel Interessantes
und Wissenswertes aus der Regionalgeschichte
der letzten 200 Jahre.

In Sichtweite des gleichnamigen Sees geht
es weiter zum Ortsteil **Wandlitzsee**. Hier sieht
es ganz anders aus: Am Nordufer des großen
Gewässers sind seit Beginn des 20. Jahrhunderts zahlreiche Villen und Landhäuser entstan-

Barnim Panorama
Naturparkzentrum und
Agrarmuseum mit sehens-
werten Ausstellungen zu
Natur und Landschaft.
Breitscheidtstraße 8–9
16348 Wandlitz
Tel. (03 33 97) 68 19 20
www.barnim-
panorama.de
Tgl. außer Fr 10–18 Uhr

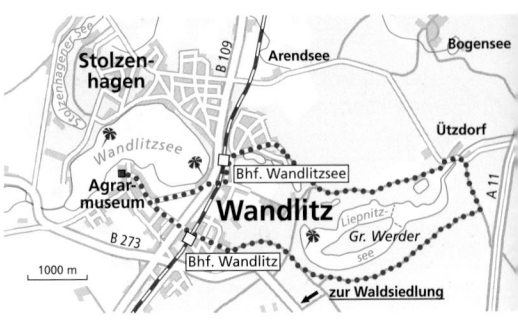

den. 1926 wurde das große Seebad (heute Strandbad Wandlitzsee) eröffnet, unmittelbar gegenüber des Bahnhofs, der ebenfalls damals entstand. Der sehenswerte Bau von dem Berliner Architekten Wagner im Stil der Neuen Sachlichkeit wurde aufwändig rekonstruiert und strahlt heute wieder in seiner ganzen Schönheit.

Nordwestlich vom Bahnhof führt ein Weg an der Villenkolonie „Heilige Drei Pfühle" von 1907 vorbei in Richtung Ützdorf und zum **Liepnitzsee**. Der ganz vom Wald umgebene See bietet an vielen Stellen Gelegenheit zu einem Sprung ins wunderbar klare Wasser. An Sommerwochenenden kommen viele Ausflügler hierher. Vom großen Parkplatz am Nordufer verkehrt sogar eine Fähre zu der im See gelegenen Insel Großer Werder und zum weniger belebten Südufer. Wer den See zu Fuß umrunden möchte, kann im winzigen Weiler Ützdorf einkehren. Dort sind rustikale Lokale auf Gäste eingestellt.

Unweit vom Südufer des Sees (Richtung: Bernau) bietet sich noch Gelegenheit für einen Abstecher in einen besonderen Ortsteil von Wandlitz, die **Waldsiedlung**. Hier wohnte streng abgeschirmt hinter hohen Zäunen die Politprominenz der DDR. Die freistehenden Häuser mit zwei Etagen wirken eher bieder denn luxuriös. Doch hatte man sich ein kleines Komfort-Ghetto geschaffen, mit eigenem Laden und Versorgungseinrichtungen aller Art. Heute hat sich auf dem weitläufigen Gelände die private Brandenburg-Klinik eingerichtet, man kann die Häuser der DDR-Führung aber von außen besichtigen.

Wer mit dem Fahrrad unterwegs und noch nicht zu erschöpft ist, kann vom Liepnitzsee den gut ausgebauten Radweg zum 10 Kilometer entfernten S-Bahnhof Bernau nehmen (▸ Seite 36). Zum Bahnhof Wandlitz sind es ca. 2 Kilometer.

Strandbad Wandlitzsee
Gegenüber vom Bahnhof Wandlitzsee.
Tel. (03 33 97) 6 48 88
Mai–Sep. tgl. 10–19 Uhr,
Juni/Aug. 9–20 Uhr

Waldbad am Liepnitzsee
Am Nordostufer.
Mai–Sep. tgl. 10–19 Uhr

Jägerheim Ützdorf
Frische Fischgerichte,
Wildspezialitäten.
Wandlitzer Straße 12
16348 Lanke-Ützdorf
Tel. (03 33 97) 75 30
www.jaegerheim-uetzdorf.de
Tgl. ab 11.30 Uhr

35

Rüdnitz ▣

Bernau S2 ☷
Bernau-Friedenstal ☷
Zepernick ☷

Start und Ziel
Bernau
S2 alle 20 Min.

Stadtspaziergang

Bernau

Tuchmacher und Bierbrauer

Bernau, die alte Stadt am Rand des Barnim, hat sich viel mittelalterliche Atmosphäre bewahrt. Dafür sorgt vor allem die fast vollständig erhaltene Stadtmauer aus dem 14. Jahrhundert, die den Stadtkern umschließt.

1140 von Markgraf Albrecht gegründet, wurde Bernau im Mittelalter durch Braukunst, Tuchmacherei und durch die günstige Lage an einem Handelsweg zur Ostsee eine wohlhabende Stadt. Besonders das Bier war es, das Bernau weithin bekannt machte: Bis zum Dreißigjährigen Krieg wurde in über 140 Braustellen das dunkle, herbbittere Gebräu hergestellt. Der Gerstensaft und die schöne Lage im Grünen sorgten auch dafür, dass sich Bernau mit dem Bau der Eisenbahn 1842 zu einem beliebten Ausflugsziel für Berliner entwickelte. Ein besonderer Anziehungspunkt ist das mehrtägige Hussitenfest, das alljährlich am zweiten Juniwochenende gefeiert wird. Der Name bezieht sich auf ein Ereignis aus dem Jahre 1432. Damals griffen Hussiten die Stadt an, konnten aber erfolgreich abgewehrt werden. In einem großen Spektakel wird der Angriff in historischen Kostümen nachgespielt, ein bunter Markt und ein großer Festumzug lassen die Besucher ein wenig in eine alte Welt zurückschauen. Doch auch ohne Hussitenfest ist Bernau eine Reise wert.

Ein möglicher Rundgang beginnt am Bahnhof. Über die Bahnhofstraße und vorbei an der katholischen Herz-Jesu-Kirche von 1908 erreicht man in wenigen Minuten das **Steintor**. Hier, am letzten erhaltenen der ehemals drei Stadttore betritt man den historischen Stadtkern. Der spätgotische Torbau, seit 1882 Stadtmuseum, ist Teil der bis zu 8 Meter hohen und ca. 1 300 Meter langen Stadtmauer. Im Museum ist eine historische Waffensammlung zu sehen, sowie Zeugnisse alter Handwerkskunst und Schriften aus der Stadtgeschichte

Museum im Steintor
Historische Waffensammlung und andere Exponate zur Geschichte Bernaus.
Berliner Straße
Tel. (0 33 38) 29 24
Mai–Okt.
Mi–Fr 9–12 und 14–17 Uhr,
Sa/So 10–13 und 14–17 Uhr

Museum Henkerhaus
Werkzeuge des Scharfrichters, u. a. das Richtschwert aus dem 16. Jh.
Am Henkerhaus 1
Tel. (0 33 38) 22 45
Di–Fr 9–12 und 13–17 Uhr,
Sa/So 10–13 und 14–17 Uhr

Bernaus. Das Steintor ist durch Wehrgänge mit dem **Hungerturm** verbunden, von dem aus man einen schönen Blick über die Stadt hat. Vom Steintor geradeaus über die Berliner Straße kommend, biegt kurz nach der historischen Gaststätte Schwarzer Adler (linke Straßenseite) rechter Hand die Bürgermeisterstraße ab. Diese Fußgängerzone im Mittelpunkt des heutigen Bernau verbindet Altes mit Neuem: Rechts stehen kleine geduckte Häuser aus längst vergangenen Zeiten, links eine größere, aber an die Proportionen der Straße angepasste Häuserzeile aus der DDR-Zeit mit Läden und Wohnungen.

Am Ende der **Bürgermeisterstraße** stößt man auf den Marktplatz mit der beeindruckenden Marienkirche. Das Hallenschiff wurde im frühen 16. Jahrhundert vollendet und ist reich mit Kunstwerken ausgestattet. Dazu gehört auch ein Flügelaltar aus der Schule Lukas Cranachs des Älteren. Am zweiten Oktoberwochenende öffnet die Kirche ihre Pforten für das Festival Alter Musik. Neben der Kirche stehen auch das Rathaus aus dem frühen 19. Jahrhundert und schön restaurierte Bürgerhäuser am Marktplatz. Weiter geht es über die Mühlenstraße zur Stadtmauer, wo bald links das **Henkerhaus** steht: Hier kann man sich historische Folterwerkzeuge und andere schaurige Instrumente anschauen. Etwas weiter westlich ragt der **Pulverturm** stattliche 26 Meter in die Höhe. Wenige Schritte von der Stadtmauer und vom Pulverturm entfernt liegt an der Tuchmacherstraße das Kantorhaus, 1582/83 errichtet und damit das ältestes Wohnhaus der Stadt.

Zurück über den nahen Marktplatz geht es noch einmal zur Mühlenstraße, wo man außerhalb der Stadtmauer das dreifache Wall- und Grabensystem sehen kann, das Bernau zusätzlich zur Stadtmauer schützte. Heute hält es keine Feinde mehr ab, sondern ist Teil einer Parkanlage geworden, die zu Mußestunden unter Bäumen einlädt.

St. Marien-Kirche
Kirchplatz 8
Tel. (0 33 38) 7 02 20
www.bernaustmarien.de

Gasthof Schwarzer Adler
Historische Gaststätte
mit frischer, regionaler
Küche.
Berliner Straße 33
Tel. (0 33 38) 75 18 81
www.schwarzer-adler-bernau.de
Tgl. ab 11 Uhr

Das Steintor mit dem Hungerturm

Rüdnitz ▭

Bernau S2 🛉
Bernau-Friedenstal 🛉
Zepernick 🛉

Start und Ziel
Bernau
S2 alle 20 Min.

(Rad-)Wanderung
Bernau – Bauhaus-
denkmal – Liepnitzsee

Länge
ca. 10 km einfach

Am Liepnitzsee

Bernau – Liepnitzsee

Radtour zum Liepnitzsee

Ein gut ausgebauter Radweg führt vom S-Bahnhof Bernau zu einem der schönsten Badeseen in der Umgebung Berlins. Am Wegesrand liegt ein bedeutendes Denkmal der Bauhaus-Architektur.

Schon am Bahnhof stehen Hinweistafeln zu den Radwegen rund um Bernau. Der Weg zum Liepnitzsee ist mit R1 beschildert. Vorbei am Bernauer Marktplatz (▸ Seite 36) geht es über die Mühlenstraße aus dem alten Stadtkern heraus. Wir passieren kurz nach der Stadtmauer das St. Georgenhospital. 1328 von der Tuchmachergilde gestiftet, wurde es 1432 von den Hussiten niedergebrannt und noch im 15. Jahrhundert wieder aufgebaut.

Außerhalb Bernaus verläuft der Radweg zunächst parallel zur Landstraße, die erst Oranienburger Straße, dann Wandlitzer Chaussee heißt. Nach ca. 5 Kilometern weist ein Schild zum **Bauhausdenkmal:** Die ehemalige Bundesschule des Allgemeinen Deutschen Gewerkschaftsbundes, gebaut ab 1928 nach Plänen des Dessauer Bauhausdirektors Hannes Meyer. Es entstand ein lichtdurchflutetes Tagungszentrum, das sich harmonisch in das hügelige Gelände am Waldrand einpasst. 1930 fanden die ersten Lehrgänge in dem Gebäudekomplex statt. Mit dem Beginn des Dritten Reiches wechselte die Leitung der Schule. Zunächst wurde sie eine Reichsführerschule, später wurden hier Beamte von SS und Gestapo ausgebildet. Mit dem Kriegsende fiel das Gebäude wieder an die Gewerkschaft zurück, die sich bald FDGB nannte. Nach der Wende bröckelte der Putz, es war unklar, wie es mit dem Komplex weitergehen sollte. Inzwischen wurde ein Käufer gefunden, der das Gebäude originalgetreu restauriert hat. Gleich neben der Gewerkschaftsschule liegt ein Freibad mit großem Becken, erreichbar über das Gelände des Bauhausdenkmals.

Der Radwanderweg verläuft weiter parallel zur Landstraße, bis er sich nach weiteren 2 Kilome-

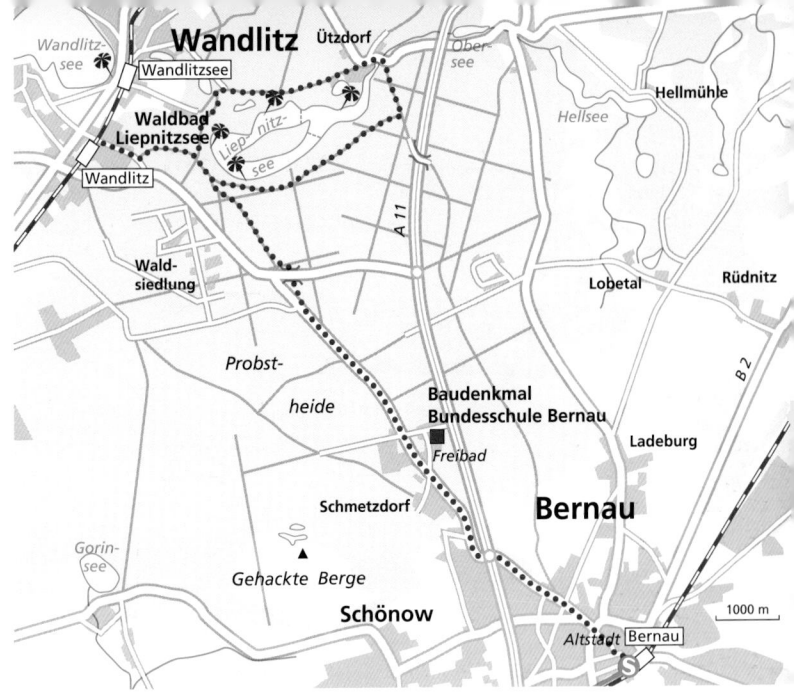

tern davon entfernt, eine Bundesstraße unterquert und direkt in den lauschigen Buchenwald eintaucht. Bald schimmert in einem Taleinschnitt die Wasserfläche des Liepnitzsees durch die Bäume. Nun teilt sich der Weg. Gut ausgeschildert ist die Route zum Waldbad **Liepnitzsee**. Zur Anlegestelle der Fähre zur Insel Großer Werder, dem Ziel vieler Badebegeisterter, hält man sich rechts. So oder so kann man den Liepnitzsee auf Waldwegen ganz umrunden. Die Fähre verbindet den Großen Werder mit dem Süd- und Nordufer des Liepnitzsees. Fahrräder können mitgenommen werden.

Vom Nordufer des Sees führt ein Asphaltweg in Richtung Ützdorf. In dem winzigen Weiler kann man im rustikalen „Jägerheim" eine Rast einlegen. Von Ützdorf führt der Weg mit dem blauen Balken wieder zurück in den üppigen Mischwald, um den Liepnitzsee herum und auf den Radweg R1 nach Bernau. Weniger sportliche Ausflügler können vom Liepnitzsee (Höhe Waldbad) auch den ausgeschilderten Weg ins 3 Kilometer entfernte Wandlitz nehmen und von dort mit der Regionalbahn zurückfahren (▸ Seite 34).

Restaurant Waldkater
Beliebtes Ausflugslokal.
Wandlitzer Chaussee 10
Tel. (0 33 38) 57 64
www.waldkater.de

Baudenkmal Bundesschule
Tagungszentrum im Bauhausstil. Besichtigung von außen jederzeit möglich, innen nur mit Führung
Hannes-Meyer-Campus 9
Tel. (0 33 38) 76 78 75
www.bauhaus-denkmal-bernau.de

Osten

Reger Bootsverkehr an der Woltersdorfer Schleuse ▶ Seite 68

Östlich der Berliner Innenstadt liegen ganz verschiedenartige landschaftliche Attraktionen: Gleich hinter Lichtenberg lockt der weitläufige Tierpark. Etwas weiter, am Rand von Hellersdorf, staunt man über die vielfältigen Gärten der Welt.

Weiter draußen wird es dann gebirgig: Die Märkische Schweiz verzaubert mit ihrer lieblichen Hügellandschaft und dem hübschen alten Städtchen Buckow. Richtung Süden dehnt sich schon im Berliner Stadtgebiet die paradiesische Landschaft rund um den beliebten Müggelsee aus.

Start und Ziel
Tierpark
U5 alle 3–10 Min.
oder
S5 **S7** **S75** bis
Friedrichsfelde Ost
und 🚊 M17, 27, 37 bis
Tierpark Berlin

Stadtausflug
Tierpark
Schloss Friedrichsfelde

Tierpark Berlin
Friedrichsfelde
Am Tierpark 125
10319 Berlin
Tel. (0 30) 51 53 10
01.01.–27.02. 9–16.30 Uhr,
28.02.–29.10. 9–18 Uhr,
30.10.–31.12. 9–16.30 Uhr
www.tierpark-berlin.de
14,50 € / 9,50 € / Kinder
(4–15 Jahre) 7,50 €
Bollerwagenausleihe 5 €,
zzgl. 10 € Pfand

Eine Elektrobahn fährt in
der Hauptsaison tgl., in
der Nebensaison Sa/So/
Fei zwischen 9.30 und 17
Uhr durch den Tierpark
(kostenlos).

Tierpark Friedrichsfelde

Schlosspark und Zoo

Ein Wolfsrudel, alte und junge Elefanten, kleine und große Tiger und viel Platz drumherum – das und noch viel mehr bietet der Tierpark in Friedrichsfelde.

Berlin hat, wie wenige andere Städte in der Welt, zwei „Zoos", die sich gewaltig unterscheiden und dadurch ergänzen. Der Zoologische Garten am Rande des Tiergartens ist auf einer Fläche von 35 Hektar wohl der artenreichste der Welt. Der **Tierpark Berlin-Friedrichsfelde** dagegen ist mit einer über viermal so großen Fläche einer der größten. Entstanden ist er während des „Kalten Krieges" – der Ostberliner Magistrat wollte einen eigenen Zoo. 1955 wurde er, 111 Jahre nach dem Zoologischen Garten, im Schlosspark Friedrichsfelde eröffnet.

Ebenfalls im Park steht das **Schloss Friedrichsfelde**. Das im frühklassizistischen Stil umgestaltete Gebäude wurde umfassend renoviert und beherbergt Ausstellungen, die Einblick in die Lebensweise zur Zeit des Barock geben. Die Gartenanlage wurde 1821 von Peter Joseph Lenné, dem bekanntesten Landschaftsarchitekten seiner Zeit, angelegt und blieb während des Zweiten Weltkrieges weitgehend von Zerstörungen verschont.

Mit der Anlage des Tierparks entstanden in dem historischen Park weitläufige Freigehege und Schauhäuser für Tiere aus aller Welt. Heute ist der Tierpark der wohl größte naturnahe Erlebnisraum in Berlin. Natur und Kultur pur in einem Park mit einem wunderschönen Baumbestand und weitläufigen Wegen. Man sollte einen halben, eher einen ganzen Tag dafür einplanen.

Eine konkrete Route durch den Tierpark zu empfehlen, wäre vermessen. Übersichtspläne und Wegweiser befinden sich überall. Wer sich für bestimmte Tiere interessiert und sie sehen will, kauft am besten einen Übersichtsplan am Eingang, damit finden sich die entsprechenden Gehege am leichtesten. Wer lieber spazieren gehen und dabei auch die Tiere sehen will, kann erst dem äußeren und dann dem inneren Rundweg folgen. Wer den Park mit (kleinen) Kindern besucht, sollte sich am Eingang einen Leiterwagen ausleihen – für den Transport laufmüder Kinder ist er unersetzlich.

Zu den Höhepunkten des Tierparks gehört das **Alfred-Brehm-Haus** mit seinen Freianlagen zur Haltung von Großkatzen. Panther, Jaguare, Leoparden, verschiedene Arten von Tigern und Löwen sind zu sehen. Flughunde und tropische Vögel flattern denen um den Kopf, die sich in die große Tropenhalle in der Mitte des Hauses hineintrauen. Augenscheinlich bevorzugen die Flughunde ja Obst, das auf Äste gesteckt und auf Tellern angerichtet ist. So ein bisschen erinnern sie aber doch an Dracula... Das **Dickhäuterhaus** für afrikanische und

Zwischenmahlzeit bei den Giraffen im Tierpark

asiatische Elefanten ist meist gut besucht, besonders seitdem dort 1994 das 200 Quadratmeter große Schaubecken für Seekühe eröffnet wurde. Durch große Scheiben kann der Besucher sie beim Schwimmen, Tauchen und Futtern beobachten und sich überlegen, welche Ähnlichkeit zu Elefanten er findet – mit denen sind sie nämlich verwandt. Das **Krokodil-Haus,** eine tropische Landschaft, und die **Schlangenfarm** mit ihrer Artenvielfalt sind weitere Attraktionen.

Die 1995 fertiggestellte **Giraffenanlage** ist sehr großzügig angelegt (7400 m²), sodass die Tiere viel Bewegungsfreiheit haben. So viel, dass man manchmal gar keine Giraffen sieht und sich wundert, warum in den seltsamen Basketballkörben Heu liegt. Ein letzter Hinweis gilt der hügeligen Anlage für Gebirgstiere und Greifvögel sowie dem betretbaren Gehege der roten Varis (Halbaffen). Lassen Sie sich von denen nicht erschrecken!

Tipps für Fans:
Fütterung der Giraffen:
Tgl. 12.30 Uhr
Fütterung der Elefanten:
Tgl. 15 Uhr

RB..
Raoul-Wall

Marzahn 🛈

Poelchaustr. ◨

Start und Ziel
Marzahn
🚆 alle 10–20 Min.
und 35 Min. zu Fuß
oder
🚌 195 bis Eisenacher
Str./Gärten der Welt

Stadtausflug
Alt-Marzahn
Gärten der Welt
Kienbergpark

Rückfahrt
Kienberg (Gärten der
Welt)
🚇 alle 5–10 Minuten

Karte ▸ Seite 46

**Bezirksmuseum
Marzahn-Hellersdorf**
Alt-Marzahn 51
Tel. (0 30) 54 79 09 21
Mo–Fr 11–17 Uhr

Bockwindmühle
Alt-Marzahn 63
Tel. (0 30) 5 45 89 95
www.marzahner-
muehle.de
Jeden zweiten Sonntag im
Apr., Mai, Juni, Sep. und
Okt. 15–17 Uhr

Gärten der Welt & Kienbergpark

Schweben und Staunen

**Ein Ausflug der Gegensätze und ungewöhn-
lichen Höhepunkte beginnt in Marzahn. Hier
kann man nicht nur einen märkischen Dorfanger besichtigen, sondern auch Gartenkunst aus aller Welt bestaunen. Und mit der
einzigen Seilbahn Berlins über Berg und Tal
schweben.**

Zum Höhepunkt Nummer 1: Der Berliner Stadtteil
Marzahn ist bekannt als gigantische Hochhaus-
Wohnstadt aus DDR-Zeiten. Doch zwischen den
locker in der begrünten Vorstadtlandschaft stehenden Zehnstöckern liegt ein Kleinod: **Alt-Marzahn,** ein 700 Jahre altes Dorf.

Man erreicht es, indem man vom S-Bahnhof
Marzahn zunächst die Marzahner Promenade
entlanggeht und dort, wo sie leicht nach links ab-
knickt, rechts abbiegt und die Landsberger Allee
überquert. In der Mitte des Dorfes liegt der spin-
delförmige Anger mit der Kirche, die 1870/71 erbaut wurde. Die Gemeindeschule nebenan stammt
aus dem Jahr 1912, heute hat dort das **Bezirksmuseum Marzahn-Hellersdorf** seinen Sitz. Die
Hühner, die in Alt-Marzahn gezüchtet werden,
gewinnen sogar Preise auf Landwirtschaftsmes-
sen. Die gesamte Dorfanlage steht unter Denkmalschutz. Über der kopfsteingepflasterten Gasse
Alt-Marzahn liegt auf einem Hügel die **Bockwindmühle,** eines der Wahrzeichen des Bezirks. Nach
alter Handwerkstradition mahlt ein Müllermeister
hier noch Korn.

Weiter Richtung Höhepunkt Nummer 2: Am
östlichen Ende von Alt-Marzahn überquert man
die Allee der Kosmonauten und gelangt durchs
weitläufige Wohngebiet und anschließend über
den Blumberger Damm zum Haupteingang der
Gärten der Welt.

Hier kann man zehn Themengärten aus aller
Welt entdecken: orientalische, asiatische, austra-
lische, südamerikanische, afrikanische und euro-
päische Landschaftskunst. Dabei sind historische

Gärten ebenso zu erleben wie moderne Landschaftsgärten.

So finden sich im zauberhaften **Chinesischen Garten** ein See, Pavillons, ein Teehaus und Zierfelsen. Sanft geschwungene Wege führen an Bambus, Kiefern, Kirschen und Pfingstrosen vorbei und geben immer neue Perspektiven auf den vor allem in den Farben rot, grau und weiß gestalteten Garten frei.

Fernöstliche Gartenkunst ist nicht nur im Chinesischen Garten zu erleben, sondern auch im **Japanischen Garten** des zusammenfließenden Wassers. Ahornbäume, Azaleen und Magnolien sind zusammen mit einem (Trocken-)Wasserfall aus Steinen und akkurat geharkten hellen Kiesflächen formvollendet arrangiert und haben die meditative Ausstrahlung eines Tempelgartens.

Eine weitere Attraktion ist der **Balinesische Garten** der drei Harmonien. Die tropische Pflanzenpracht ist durch ein Gewächshaus geschützt, ein Besuch lohnt sich also auch im Winter. Zum **Koreanischen Garten** gehören neben einem Bach und einem Teich auch Höfe, ein Pavillon und reicher Figurenschmuck, zum Beispiel steinerne Schutzgeister.

Mit der Seilbahn schwebt man zur Aussichtsplattform Wolkenhain auf dem Kienberg

Gärten der Welt
Blumberger Damm 44
Tel. (0 30) 70 09 06-720
www.gaerten-der-welt.de
Nov.–Feb. 9–16, März/Okt. 9–18, Apr.–Sep. 9–20 Uhr
7 € / 3 €, mit Seilbahnfahrt 9,90 € / 5,50 €

Chinesisches Teehaus Berghaus zum Osmanthussaft
Apr.–Okt. tgl. 10.30–18 Uhr
Anmeldung zur Vorführung chinesischer Teekunst bei Frau Yu:
Tel. (01 79) 3 94 55 64

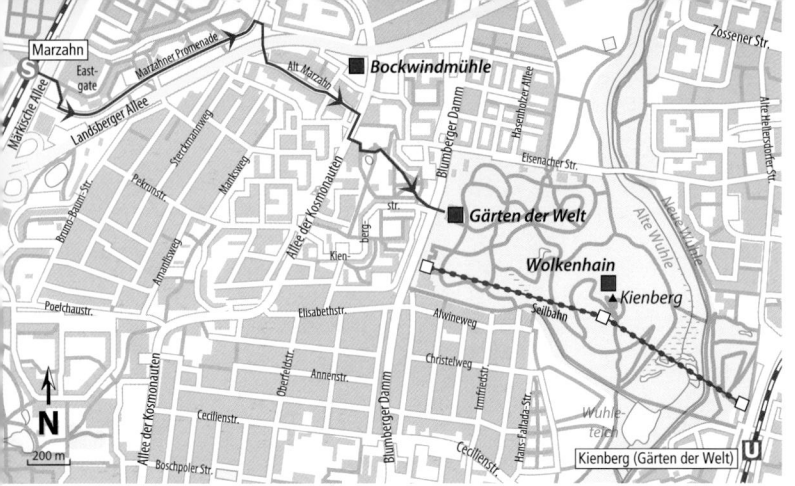

Erholsam ist auch ein Spaziergang durch den **Orientalischen Garten** der vier Ströme. Die Anlage mit Wasserspiel, Arkadengang und Brunnen entspricht symbolisch der Idee des Paradieses, wie sie der Koran beschreibt.

Nicht zuletzt sind in Marzahn auch Highlights europäischer Gartenkultur zu finden. Zum Beispiel das Ensemble von Irrgarten und Labyrinth. Beide gehören zu den ältesten Gestaltungselementen der Gartenkunst.

Vorbild für den **Irrgarten** ist der Garten des britischen Königsschlosses Hampton Court. Ins Zentrum gelangt man nur durch eigene Mühe, zahlreiche Wege und Abzweigungen enden im Nichts. Der Wanderer ist gezwungen, sich ständig neu zu orientieren.

Anders das grau und schwarz gepflasterte **Labyrinth** nebenan, das nach französischem Vorbild entstand: Es gibt nur einen Weg, der allerdings in vielen Windungen verläuft. Geduld und Konzentration sind gefragt, aber man wird geführt und kann sich dabei auf sich selbst und seinen „Lebensweg" besinnen.

Ausflug in die Toskana gefällig? Der **Italienische Renaissancegarten** verströmt das passende Flair, mit kunstvoll geschnittenen Buchsbaumhecken, Steinbänken, Skulpturen und bunter Blütenpracht in Terrakottagefäßen. „Giardino della Bobolina" heißt der Garten. Der Name nimmt Bezug auf die Marmorfigur „Bobolina", eine der populärsten Gartenfiguren im Florenz des 16. Jahrhunderts.

Im Rahmen der Internationalen Gartenausstellung 2017 (IGA) wurde das Gelände der Gärten der Welt kräftig vergrößert. Seitdem gibt es auch einen großen **Wasserspielplatz** für Kinder.

Besonderes Highlight der gesamten Anlage aber ist seit der IGA die **Seilbahn:** Mit dieser schwebt man hinauf zum Kienberg mit der futuristischen Aussichtsplattform **Wolkenhain.** Von hier bietet sich eine fantastische Aussicht auf die Park- und Stadtlandschaft.

Doch damit nicht genug: Weitere Attraktionen kann man im ebenfalls für die IGA neu entstandenen **Kienbergpark** entdecken. Hier gibt es sogar eine Natur-Bobbahn, auf der man zu jeder Jahreszeit auf einer 500 Meter langen Strecke vom Kienberg hinunterbrausen und sich wieder hochhieven lassen kann.

Vom Kienberg aus kann man weiter mit der Seilbahn hinunter zum U-Bahnhof Kienberg (Gärten der Welt) schweben.

Pavillon im
Chinesischen Garten

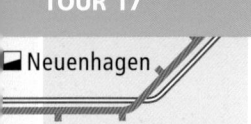

Neuenhagen

Birkenstein Hoppegarten

Start
Hoppegarten
S5 alle 20 Min.

(Rad-)Wanderung
Hoppegarten – Alt-
landsberg – Neuen-
hagen

Länge
ca. 12 km

Rückfahrt
Neuenhagen
S5 alle 20 Min.

via Tipp **Galopprennbahn
Hoppegarten**
Einen schönen Tag auf
der historischen Arena im
Grünen haben – das geht
hier auch mit kleinem
Einsatz. Rennsaison ist von
Apr.–Okt. (ca. jedes zweite
Wochenende).
Goetheallee 1
15366 Dahlwitz-
Hoppegarten
Tel. (0 33 42) 3 89 30
www.galopprennbahn-
hoppegarten.de
Stehplatz ab 10 €

Hoppegarten – Altlandsberg

Galopp und Mittelalter

**Wer mit der S-Bahn nach Hoppegarten fährt,
denkt zuallererst an die berühmte Galopprennbahn. Hoppegarten ist aber auch Ausgangspunkt für eine Tour ins mittelalterliche
Altlandsberg.**

Mit ca. 65 Hektar Fläche ist die **Galopprennbahn
Hoppegarten** eine der großzügigsten in Deutschland, von ihrer Anlage soll sie die schönste ihrer
Art sein. Ein besonderer Förderer der Rennbahn
war Kaiser Wilhelm I. Die Kaisertribüne, eine
der drei historischen Tribünen, zeugt noch heute
davon. Schon bald nach der Einweihung 1868
wurden die Rennen zu einem wichtigen gesell-
schaftlichen Ereignis. Das ist bis heute so geblieben. An so manchem Renntag sind Damen
mit ausladenden Hüten und Herren im feinen
Zwirn zu sehen, die bei einem noblen Picknick
versuchen, ein wenig Royal-Ascot-Atmosphäre
entstehen zu lassen. Auf Pferde wetten kann man
hier selbstverständlich auch – wer diese Tour am
Wochenende während der Saison macht, kann
also erst einmal sein Wettglück versuchen.

Unser Weg führt uns von der Rennbahn aus
durch Neuenhagen. Am Ortsende beginnt parallel
zur Straße der Radweg nach **Altlandsberg.** Sind
wir am schön restaurierten Rathaus vorbei, fällt
unser Blick schon auf die Stadtmauer und einen
der beiden erhaltenen Tortürme, das **Berliner Tor.**

1230 am Rande einer wichtigen Handelsstra-
ße gegründet, wurde Altlandsberg schon 1432
von den Hussiten erstürmt. Im Dreißigjährigen
Krieg wurde die Stadt weitgehend zerstört. Auch
später hatte man kein Glück: Die Handelsstraßen
verloren an Bedeutung und die Eisenbahnlinien
machten einen Bogen um die Stadt. Eine Klein-
bahn nach Hoppegarten wurde 1960 eingestellt.
So gibt es hier nur noch den Straßennamen „Am
Bahnhof". Eines aber ist geblieben: das Bild und
der fast unveränderte Grundriss einer mittelalterlichen Stadt.

Ein gut ausgeschilderter historischer Rundweg führt um die größtenteils erhaltene Stadtmauer herum. Wenn man sich etwas Zeit lässt, kann man die sehr eigene Atmosphäre spüren.

Innerhalb der Stadtmauern ist die Restaurierung nahezu abgeschlossen, das Flair einer mittelalterlichen Stadt ist bereits wieder vorhanden. Zunächst sollte man deswegen der kopfsteingepflasterten Berliner Straße folgen, um zum historischen Marktplatz zu gelangen. Hier hat man fast das Gefühl, als wäre die Zeit stehen geblieben – wäre da nicht statt Ochsen- und Eselkarren der Autoverkehr, der über das Pflaster rumpelt.

Über die Kirchstraße gelangt man zur Stadtkirche. Sie wurde aus Feldsteinen im 13. Jahrhundert errichtet, um 1500 spätgotisch umgebaut und im 19. Jahrhundert verändert.

Hinter dem Gotteshaus lag das Areal des Altlandsberger Schlosses. 1757 brannte es komplett ab, aus den Trümmern wurde die barocke Schlosskirche erbaut. Heute ist darin eine Kunstglaserei untergebracht. Vom Schloss selbst sind nur noch Reste der Grundmauern und des Kellers vorhanden.

Von hier dem Rundweg folgend, gelangt man über die Buchholzer Straße und die Gasse Amtswinkel zum zweiten erhaltenen Stadttor, dem **Strausberger Tor.** Seit Jahren nistet auf diesem Turm das gleiche Storchenpaar. Über die Strausberger Straße kommt man zum Bollensdorfer Weg, der entlang des historischen Scheunenviertels Richtung Neuenhagen führt. Später führt er als Feldweg durch das reizvolle Mühlenfließ (auch als Wanderweg geeignet). Den S-Bahnhof Neuenhagen erreicht man nach gut 5 Kilometern.

Restaurant Armenhaus
Deftige Küche, im Sommer Tische im idyllischen Innenhof.
Am Strausberger Tor 2
15345 Altlandsberg
Tel. (03 34 38) 6 04 28
www.armenhaus-altlandsberg.de
Di–So ab 11 Uhr

⬛ **S5** **Strausberg Nord**

⬛**Strausberg Stadt**

⬛**Hegermühle**

🔺 **Hönow** **U5** ⬛

Start und Ziel
Strausberg Stadt
S5 alle 20 Min.

Stadtausflug
Wanderung
Strausberg – Fängersee
– Bötzsee – Strausberg

Länge
ca. 16 km

Stadtmuseum
August-Bebel-Straße 33
Tel. (0 33 41) 2 36 55
Ganzjährig Di–Do 10–12
und 13–17 Uhr,
So 14–17 Uhr
Führungen nach
Anmeldung

Restaurant am
Fischerkietz
Feinschmeckerlokal mit
Seeblick.
Fischerkietz 6
Tel. (0 33 41) 49 79 00
www.restaurant-
fischerkietz.de

Straussseefähre
verkehrt alle 30 Min. über
den Straussee

Strausberg

Fängersee und Spitzmühle

Für Radler und Wanderer wie auch für Wandermuffel gibt es rund um Strausberg schöne Ausflugsziele.

Um mit der zweiten Gruppe zu beginnen: Strausberg ist ein guter Tipp für Ausflügler, die mit kleinen Kindern im Kinderwagen oder zu Fuß unterwegs sind oder die aus anderen Gründen keine weiten Wanderungen machen wollen.

Vom S-Bahnhof Strausberg Stadt führt ein markierter Weg (grüner Strich) in knapp zehn Minuten zu Fuß in die Stadt und zur Fähre.

Noch zentraler liegt die Haltestelle Lustgarten der Straßenbahn, die heute noch immer Strausberger Eisenbahn heißt. Denn als solche wurde sie 1893 gegründet, weil die Hauptlinie der Bahn zum Ärger der Bürger nur die Vorstadt, nicht aber die 6 Kilometer entfernte eigentliche Stadt erreichte.

Ihren Namen hat die Stadt **Strausberg** übrigens nicht vom Vogel Strauß, obwohl man das vermuten könnte und sie ihn sogar im Wappen führt, sondern vom wendischen Wort struz. Struz bedeutet Schote und beschreibt anschaulich die Form des schmalen, lang gestreckten Straussees.

Das leicht erhöht über dem Ufer gelegene hübsche Städtchen ist auf einem kurzen Rundgang zu besichtigen. Da ist zunächst die dreischiffige frühgotische Pfarrkirche St. Marien, die einen Schnitzaltar (ca. 1520) beherbergt und deren Gewölbe mit Malereien ausgefüllt sind.

Auch Reste der alten Stadtmauer aus dem 13. Jahrhundert mit einigen Wiekhäusern sind zu sehen. Wiekhäuser sind Mauertürme, die einstmals Wehrzwecken dienten. Außerdem sind noch das klassizistische Rathaus und einige renovierte alte Bürgerhäuser anzuschauen.

Wer nach diesem Rundgang im Städtchen bleiben möchte, findet zum Einkehren mehrere Cafés und Restaurants, auch mit Seeblick. Schnell erreichbare Abkühlung an heißen Tagen bietet die

Städtische Badeanstalt. Nach nur 5 Minuten Fußweg (von der Fähre aus links) steht man vor dem denkmalgeschützten restaurierten Holzgebäude von 1925 und kann sich im sauberen See erfrischen.

Links der Fähre beginnt auch ein schöner Spazierweg rund um die Südhälfte des Sees bis zur jenseitigen Fähranlegestelle und danach weiter bis zum Lakeside-Hotel an der Nordspitze des Sees. Der Weg ist – wie auch der Zugang zur Fähre – für Rollstuhlfahrer ausgebaut. Das kommt natürlich auch Eltern mit Kleinkindern oder Kinderwagen und Gehbehinderten zu Gute. Unterwegs gibt es zahlreiche Bänke und Aussichtspunkte.

Den Wanderlustigen sei der folgende Weg empfohlen: Mit der Fähre (seit 1893 in Betrieb) geht es über den See und dann nach rechts (Markierung gelber Strich) etwa 4 Kilometer weit zur **Wesendahler Mühle**. Dort ist ein altes Mühlrad zu sehen. Am Fängersee führt der Weg, markiert durch einen gelben Punkt, nach gut 2 Kilometern zur **Neuen Spitzmühle** zwischen Fänger- und Bötzsee. Leider ist das Gasthaus seit längerer Zeit geschlossen. In der Nähe liegen Reste eines slawischen Burgwalls.

Der frühere Waldweg direkt von der Spitzmühle zur Fähre wurde inzwischen teilweise zur Straße ausgebaut und bietet mit knapp 3 Kilometern Länge zwar den kürzesten Rückweg, viel schöner aber ist es, weiter am **Bötzsee** und seinen Badestellen entlang zu wandern (Markierung blauer Strich/grüner Punkt).

Durch die Postbruchwiesen führt der Weg, insgesamt etwa 9 Kilometer lang, bis zur Altlandsberger Chaussee. Über die Garzauer und Rosa-Luxemburg-Straße wird die Straßenbahnhaltestelle Schlagmühle erreicht, von wo aus einen die Tram zum Strausberger Bahnhof bringt.

Flugplatzmuseum
Strausberger Luftfahrtgeschichte von 1913 bis zur Gegenwart. Ab Ⓢ Strausberg Nord ca. 10 Min. Fußweg (beschildert). Flugplatz Strausberg Tel. (03 34 39) 8 05 04 www.strausberger flugplatzmuseum.de

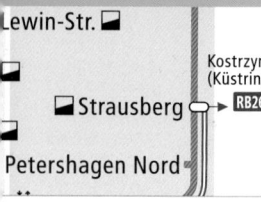

Schweiz auf märkisch

Theodor Fontane, Egon Erwin Kisch und Bertolt Brecht zog es nach Buckow in der Märkischen Schweiz. Wie die Dichter damals kommen auch heute die Erholungssuchenden in den Ort zwischen Seen und Hügeln.

Eine besonders schöne Art nach Buckow zu gelangen, ist eine Radtour von Strausberg aus, die durch weite Teile des **Naturparks Märkische Schweiz** führt. Vom S-Bahnhof Strausberg fahren wir zunächst stadteinwärts parallel zu den Straßenbahn-Gleisen bis zur Garzauer Straße, in die wir rechts einbiegen. Die Strecke nach Buckow ist als Teil des europäischen Radwanderwegs mit ZR1 bzw. R1 markiert. Am Ortsschild Rehfelde nehmen wir eine Abkürzung, indem wir nicht entlang der Hauptstraße nach rechts, sondern geradeaus fahren. Mit der hier beginnenden Karl-Liebknecht-Straße – an der man sein Geschick bei der Umfahrung von Schlaglöchern unter Beweis stellen kann – kommt man nach **Garzau.**

In der Siedlung hat sich eine Feldsteinkirche aus dem 13. Jahrhundert erhalten. Noch vor dem Anger in der Dorfmitte weist ein Schild nach links zum „Ehemaligen Landschaftspark" und der „Schmettauischen Grabpyramide". Der Park wurde auf Veranlassung des preußischen Generals Graf von Schmettau gestaltet, der das Gut 1779 erworben hatte. Heute ist die Gartenarchitektur allerdings nur noch zu erahnen. Betrachten dagegen kann man die auf einer Anhöhe liegende Grabpyramide, deren Wiederherstellung nach Jahren akribischer Arbeiten so gut wie abgeschlossen ist. Das zum Park gehörende Schloss ist für die Öffentlichkeit leider nicht zugänglich.

Der Alten Heerstraße folgend, geht es weiter nach **Garzin.** Dort kann man am Langen See für die restlichen 9 Kilometer nach Buckow noch etwas Kraft schöpfen. Eine nicht bewachte Badestelle bietet die Möglichkeit, sich abzukühlen. Nach den Siedlungen Liebenhof und Bergschäfe-

Start
Strausberg
S5 alle 20 Min.
oder
RB 26 ab Ostkreuz
stündlich

(Rad-)Wanderung
Strausberg – Buckow – Strausberg Nord

Länge
ca. 30 km

Rückfahrt
Strausberg-Nord
S5 alle 20 Min.

Alternative
Entlang der Bahnstrecke Buckow – Müncheberg ca. 5 km zum Bhf Müncheberg
RB 26 alle 60 Min. von Müncheberg nach Berlin-Ostkreuz

Karte ▸ Seite 55

Bergschlösschen
Hotel-Restaurant mit Wintergarten und Panoramablick, frische, regionale und saisonale Küche.
Königstraße 38
15377 Buckow
Tel. (03 34 33) 5 73 12
www.bergschloesschen.
com
Mo/Di 17–22 Uhr,
Mi–So 12–22 Uhr

rei erreicht man eine Kreuzung, an der ein Wanderweg geradeaus in den Wald hinein und nach Buckow führt.

Die Gegend um **Buckow,** das erstmals 1253 als „villa Buchowe" urkundlich erwähnt wird, ist schon seit dem 9. Jahrhundert besiedelt. Der Name des von Slawen errichteten Ortes bedeutet so viel wie Buchenaue. Im 15. Jahrhundert betreiben die Bewohner des inzwischen zu einem Städtchen gewachsenen „oppidum Buckow" Hopfenanbau und -handel. Im 19. Jahrhundert entdeckt man Buckow als Luftkurort. Der Leibarzt von Friedrich Wilhelm IV. schreibt 1854: „Majestät, in Buckow geht die Lunge auf Samt!" Mit der 1897 eröffneten Bahnstrecke nach Müncheberg zur Ostbahn Berlin – Küstrin kommt der Ausflugsverkehr in das Erholungsgebiet richtig in Fahrt.

Das Sommerhaus von Bertolt Brecht und Helene Weigel kann besichtigt werden

Zur Stadtbesichtigung stellt man das Fahrrad am besten erst einmal ab. Kurze und längere Wanderwege führen an den Seen und Sehenswürdigkeiten der Stadt vorbei. Die Wanderung rund um den **Schermützelsee** ist die schönste, aber mit 7,5 Kilometern auch die längste. Sie belohnt mit einem Panoramablick über den See und auf den dahinter liegenden 130 Meter hohen Krugberg. Wer nicht den ganzen See umrunden will, kann im Sommerhalbjahr auf halber Strecke mit dem Schiff nach Buckow zurückgelangen.

Ein anderer Spaziergang verläuft über die Buckowseepromenade zwischen Weißem See und Buckowsee zur Bertolt-Brecht-Straße, die zum **Brecht-Weigel-Haus** führt. Dem Dichter und der Schauspielerin diente das Anwesen ab 1952 als Sommersitz. 1949 hatte das Paar nach seiner Rückkehr aus dem Exil das „Berliner Ensemble" gegründet, das sich bald zu einem der renommiertesten Theater Deutschlands entwickelte. Die Gedenkstätte für Brecht und Weigel zeigt neben anderem die original eingerichtete Wohnhalle und

Brecht-Weigel-Haus
Bertolt-Brecht-Straße 30
15377 Buckow
Tel. (03 34 33) 4 67
www.brechtweigelhaus.de
Apr.–Okt. Mi–Fr 13–17,
Sa/So 13–18 Uhr,
Nov.–März Mi–Fr 10–12
und 13–16 Uhr,
Sa/So 11–16 Uhr

Stobbermühle
Hotel-Restaurant mit Kamin und Rosenterrasse.
Heiraten im hoteleigenen Standesamt und Übernachtung in einer Hochzeitssuite.
Wriezener Straße 2
15377 Buckow
Tel. (03 34 33) 6 68 33
www.stobbermuehle.de
Tgl. 12–22 Uhr

Seetours
Rundfahrten über den
Schermützelsee mit Halt
an den Ausflugsgast-
stätten Buchenfried und
Fischerkehle. Abfahrt
Apr.–Okt. stündlich (10–
17.30 Uhr) ab Strand-
bad Buckow, Rundfahrt
ca. 1 Stunde.
Bertolt-Brecht-Straße 11
15377 Buckow
Tel. (03 34 33) 2 32

Strandbad
Mit Ruderbootverleih.
Am Schermützelsee
Wriezener Straße 38
15377 Buckow
Während der Freibad-
saison tgl. 10–19 Uhr

Eisenbahnmuseum
Originalfahrzeuge ab
dem Baujahr 1934.
Im Bahnhof
15377 Buckow
Tel. (03 34 33) 5 75 78
www.buckower-
kleinbahn.de
Mai–Okt.
Sa/So 10.30–17 Uhr

den Planwagen, der bei der Aufführung des The-
aterstücks „Mutter Courage und ihre Kinder" zum
Einsatz kam.

Zurück ins Stadtzentrum geht es über die Wer-
der- und Wriezener Straße zum Stadtpark. Den im
17. Jahrhundert angelegten Barockgarten gestaltete Peter Joseph Lenné in einen Landschaftspark
englischen Stils um. 1999 wurde die großzügige Gartenanlage saniert. Das zum Park gehörende Schloss war 1948 nach Kriegsbeschädigung
abgerissen worden. Unbedingt sollte man auch
die hügeligen Straßen der Stadt erkunden. Viele
wohlhabende Großstädter errichteten sich in den
1920er-Jahren rund um den Schermützelsee ihre
reich mit Balkonen, Türmchen und Reliefs ver-
zierten Sommervillen.

Wer sich jetzt ausruhen und trotzdem noch
etwas sehen will, kann das während einer Rundfahrt mit einem Motorschiff auf dem Schermützelsee, dem mit 146 Hektar größten See des Naturparks Märkische Schweiz. Er erreicht eine Tiefe
bis zu 45 Metern und erlaubt bei seiner guten
Wasserqualität eine Sichttiefe bis zu 6 Metern.
Los geht es von der Schiffsanlegestelle an der
Wriezener Straße. Gleich neben der Anlegestelle
findet man das Strandbad, an dem es auch Ruder-
boote zu leihen gibt. Man sollte aber nicht vergessen, dass noch etwas Muskelkraft für die Rest
der Radtour nötig sein wird!

Die Rückfahrt nach Strausberg führt über die
Wriezener Straße zunächst Richtung Bollersdorf.

Ein bald nach Ortsausgang rechts abzwei-
gender Wanderweg ist die schönere, wenn auch
mit dem Rad mühseligere Alternative zur Serpen-
tinenstraße. Entlang dem Sophienfließ traf man
bis zum Januar 2007 noch in ihrer vollen Größe
auf die **Wurzelfichte,** ein Naturdenkmal besonderer Art und das alte Wahrzeichen Buckows.
Im Orkanwirbel Kyrill barst der 30 Meter hohe
und ca. 180 Jahre alte Baum direkt über seinem
mächtigen freistehenden Wurzelwerk. Die Frei-
legung der Wurzeln verursachte wahrscheinlich
die Bodenerosion am Gefälle des Hangs durch
Schmelz- und Regenwasser. Nach dieser noch
in jedem Fall lohnenden Besichtigung muss der

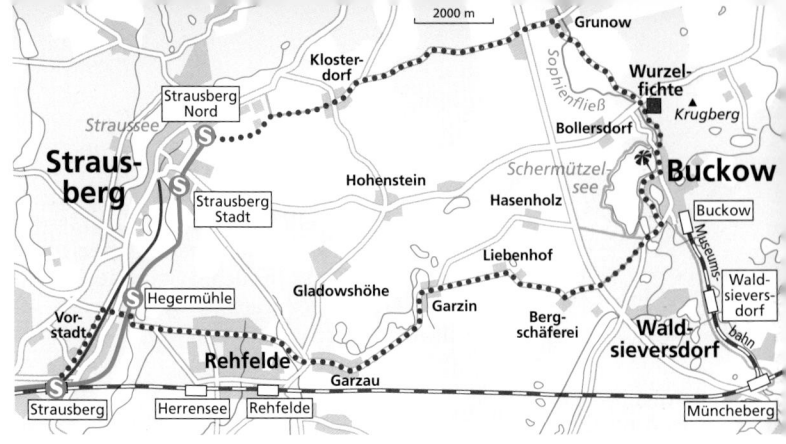

Waldweg Richtung Norden verlassen werden. Wir überqueren die bald kreuzende Straße und fahren geradeaus in den Forstweg Am Fließ. Der Weg bis **Grunow** (ca. 3 Kilometer) ist wegen des Kopfsteinpflasters etwas beschwerlich.

Jetzt kann man noch einen Blick auf den Naturpark Märkische Schweiz werfen, der sich über 205 Quadratkilometer ausdehnt. Zwischen Strausberg im Westen, Müncheberg im Südosten und Neuhardenberg im Nordosten liegt das Gebiet, das seine Gestalt der Weichseleiszeit zu verdanken hat, die vor 12 000 Jahren endete. Die Buckower Rinne, die heute mit den Schluchten und Seen das Landschaftsbild des Naturparks bestimmt, wurde durch die Kraft des Schmelzwassers ausgewaschen. Für viele Vogel- und Fischarten bieten die Naturschutzgebiete der Märkischen Schweiz ideale Bedingungen. 1991 wurden in der Umgebung von Bollersdorf sogar Wölfe beobachtet. Durch eine Einwanderung von Tieren aus Polen hofft man, den Wolf hier wieder ansiedeln zu können.

In der Ortsmitte Grunows biegt man links nach Klosterdorf ab. Die wenig befahrene asphaltierte Straße macht das Radfahren ab hier wieder leichter. Als letzte Station auf der Radtour beeindruckt **Klosterdorf** mit seiner Kirche, einem spätromanischen Feldsteinbau aus der ersten Hälfte des 13. Jahrhunderts. An der Kirche fährt man weiter geradeaus. Man folgt nun der Radroute „Tour Brandenburg", die nach 3 Kilometern direkt zum S-Bahnhof Strausberg Nord führt.

Museumsbahn
Die Strecke Buckow – Waldsieversdorf – Müncheberg wird an Sommerwochenenden und -feiertagen als Museumsbahn befahren, ca. stündlich zwischen 9.20–17.25 Uhr. Fahrpreis 3 € / 1,50 €. Fahrrad-Mitnahme möglich. Aktueller Fahrplan: www.buckower-kleinbahn.de

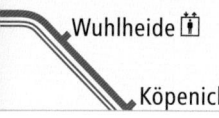

burg 🚹

Wuhlheide 🚹

Köpenick 🚹

Start und Ziel
Wuhlheide
S3 alle 10 Min.

Stadtausflug
FEZ Wuhlheide

FEZ Wuhlheide
An der Wuhlheide 197
12459 Berlin
Tel. (0 30) 53 07 10
www.fez-berlin.de

Öffnungszeiten
Mo   12–19 Uhr
Di/Do/Fr   8.30–21 Uhr
Mi   8.30–16 Uhr
Sa/So/Fei   10–17 Uhr
in den Sommerferien:
Mo–Fr   10–16 Uhr
Sa/So/Fei   12–17 Uhr

Parkeisenbahn
Tel. (0 30) 53 89 26 60
Fahrplan unter:
www.parkeisenbahn.de

Wuhlheide

FEZ in der Wuhlheide

Die Wuhlheide ist ein alter Stadtforst mit mächtigen Kiefern und Eichen. Aber nicht nur das: Das parkähnliche Gelände ist ein riesiges Freizeitzentrum für Kinder und Jugendliche.

Umsteigen bitte! Gleich auf dem Nachbargleis am S-Bahnhof Wuhlheide fährt ein besonderer Zug ab: die Parkeisenbahn des **Freizeit- und Erholungszentrums (FEZ)**. Diese Bahn wird von Kindern betrieben – unter der Anleitung von „echten" Eisenbahnern. Der Zugabfertiger ist also ein Knirps. Seit 1956 rollen die Diesel- und Dampfzüge auf der 7,5 Kilometer langen Strecke. Im Sommerhalbjahr bringen die Schmalspurbahnen die Besucher in 30 Minuten zu allen Attraktionen des FEZ.

Das FEZ hat jährlich über eine Million Besucher, darunter auch viele Erwachsene. Das 12 Hektar umfassende Areal ist das größte seiner Art in Deutschland.

Am Bahnhof Eichgestell der Parkeisenbahn geht's zum Herzstück des FEZ, dem Freizeitzentrum mit 30 Fachwerkstätten, Puppentheater, Studiobühne, Sporthalle, Schwimmhalle, Tonstudio, Konzert- und Theatersälen, Restaurant. Das großzügige, mit dunklem Holz verkleidete Gebäude mit den vielen Ebenen, 1979 als Pionierpalast erbaut, lässt kaum einen Kinder- und Jugendwunsch offen.

Eine besondere Attraktion ist das aufwändig modernisierte Raumfahrtzentrum **Orbitall:** Es wurde der Raumstation ISS nachempfunden und bietet 15 Raumfahrern und einer zwölfköpfigen Bodenbesatzung Platz für einen virtuellen Flug durch das All. Die Reise dauert 17 Minuten und wird über Bildschirme nach innen und außen übertragen.

Neben dem zentralen Gebäude gibt es noch weitere Anziehungspunkte im weitläufigen Park: die Parkbühne, einen Ökogarten mit tropischem Gewächshaus, das Haus Natur und Umwelt mit

Im Palast auf dem FEZ-Gelände wird Kindern viel geboten

Ponys, Eseln, Schafen, mehrere Sportplätze, ein Stadion und eine Freilichtbühne. Auch für ältere Besucher bietet die Wuhlheide einiges. Ein schöner Spaziergang führt vom Hauptgebäude an der Freilichtbühne vorbei über die schnurgerade Allee des Eichgestells in den leicht verwilderten Teil des Parks entweder zur Karlshorster Treskowallee oder über Umwege zurück zum S-Bahnhof Wuhlheide.

Während vormittags meist Veranstaltungen für Schulen und Kitas stattfinden, gehören die Nachmittage den kleinen Einzelbesuchern. Diesen wird ein umfangreiches Kurs- und Mitmachangebot offeriert: von Sport über Theater, Musik, Kunst, Medien, Technik, Handwerk und Basteln – alles, was Kindern Spaß macht.

Viele Wochenend-Veranstaltungen stehen unter einem thematischen Schwerpunkt und richten sich an Kinder, Jugendliche und Eltern. Das Spektrum reicht vom Festival des Sports über Fasching bis zur Reisemesse oder Veranstaltungen zur Raumfahrt.

Ausführliche Programme informieren über alle Aktivitäten. Also: einfach hingehen, zusehen, ausprobieren, mitmachen.

Raumfahrtzentrum Orbitall
Tel. (0 30) 53 07 15 36
www.orbitall-berlin.de
Sa/So 16–17 Uhr sowie nach Anmeldung
Einzelkarte 5,50 €, Familienkarte 5 € p. P.

Schwimmbad
50 m Becken, Großspielgerät, Solarium, tgl. geöffnet.

FEZ Badesee
Mit Sandstrand, Waldfläche, Volleyballfeld. Mai–Sep. (witterungsabhängig)

Essen und Trinken:
Diverse Buffets und Snacks

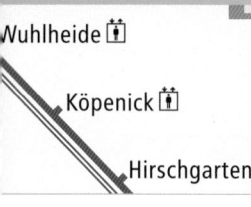

Wuhlheide

Köpenick

Hirschgarten

Start und Ziel
Köpenick
S3 alle 10 Min.
und
tram 62, 63, 68
bis Rathaus
Köpenick

Stadtausflug
Alt-Köpenick

Köpenick

Des Hauptmanns Freiheit

Ein Schuster war's, der Köpenick berühmt machte, damals 1906, als es noch nicht zu Berlin gehörte. Als „Hauptmann von Köpenick" stahl er die Stadtkasse und ließ den Bürgermeister einsperren. Heute steht sein Denkmal vor dem Rathaus in der Altstadt.

Kommt man vom S-Bahnhof **Köpenick,** so fährt man am besten mit der Straßenbahn zur Köpenicker Altstadt. Ein Besuch des im neugotischen Stil 1903–1905 erbauten Rathauses mit seinen Gewölben und dem Ratskeller lohnt sich – es gehört zu den schönsten in Berlin. Vor dem Rathaus steht als Figur der Hauptmann von Köpenick, ganz à la mode der Kaiserzeit mit großem Schnauzbart und Säbel.

Gegenüber lohnt ein Blick vom Luisenhain auf die Spree. Danach sollte man einen kleinen Bummel durch die denkmalgeschützte Altstadt mit ihren restaurierten Bürgerhäusern nicht versäumen: Vom Rathaus an der Laurentiuskirche vorbei zur Straße „Freiheit", in der einst ironischerweise das Gefängnis stand. Die „Freiheit" und Lüdersstraße entlang zum Futranplatz. Von hier blickt man auf die direkt an der Spree gelegene und liebevoll restaurierte Häuserzeile „Katzengraben". Über die Lüders- und Jägerstraße geht es zum Schüßlerplatz mit seinem geschlossenen, kleinstädtisch wirkenden Altbauensemble, rekonstruiert und komplettiert mit historischen Laternen, Straßenschildern und einer Alt-Köpenicker Pumpe.

Ein kleines Juwel am südlichen Altstadtrand ist die 2 Hektar große **Schlossinsel:** Schon in slawischer Zeit stand hier eine Burg, 1558 ließ Kurfürst Joachim II. ein Renaissanceschloss errichten, das 1677 abgerissen wurde. Darauf ließ Kurfürst Friedrich

Historische Fischerhäuser
im Ortsteil Kietz

Wilhelm dort ein Jagd- und Lustschloss für seinen Sohn, den Kurprinzen Friedrich III. (den späteren König Friedrich I.) bauen. Der Westflügel des Schlosses entstand unter dem niederländischen Architekten Rutger van Langevelt. Das Schloss wurde 1682 durch einen Torbau und eine Kapelle (1685) von Johann Arnold Nering ergänzt. Zur Zeit Friedrichs I. hat das Schloss allerdings nur wenige glanzvolle Gesellschaften gesehen, denn seine Gemahlin Sophie Charlotte mochte diesen Ort nicht.

Das Schloss ist heute wieder Sitz des Kunstgewerbemuseums. Keinesfalls versäumen sollte man einen Rundgang durch den kleinen Schlosspark mit seinen alten Bäumen. An der Spitze der Insel hat man einen reizvollen Blick nach rechts über die Dahme zur Köllnischen Vorstadt und nach links über den Frauentog auf den **Kietz.**

Der Kietz war einst eine Vorstadt Köpenicks, er wurde erst 1898 eingemeindet. Etwa seit dem Jahr 1200 stand hier ein slawisches Fischerdorf, später ließen sich an diesem Ort die Köpenicker Fischer nieder. Der Kietz hat heute noch einen dörflichen Charakter mit seinen oft einstöckigen Häuserzeilen, die inzwischen fast alle restauriert sind.

Auch der Name Frauentog, der Bucht zwischen Schlossinsel und Kietz, kommt von den Fischern. Als sie einmal längere Zeit wenig Fische fingen und Not herrschte, machte ein scheinbar einfältiges Mädchen den Vorschlag, die Kietzfischer sollten doch gleich vor ihrer Haustüre fischen. Der Vorschlag wurde höhnisch abgelehnt. Daraufhin warfen die Frauen nachts alleine in der Bucht die Netze aus – mit Erfolg. Seitdem heißt die kleine Bucht Frauentog.

Kunstgewerbemuseum im Schloss Köpenick
Schlossinsel 1
Tel. (0 30) 2 66 42 42 42
Apr.–Sep. Di–So 11–18,
Okt.–März Do–So 11–17 Uhr

Mutter Lustig
Ausflugslokal an der Spree.
Müggelheimer Str. 1
Tel. (0 30) 64 09 48 84
www.mutter-lustig.berlin
Mi–Fr ab 11, Sa/So ab 9 Uhr

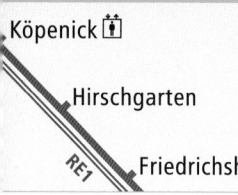

Köpenick 🚉

Hirschgarten

RE1 ╱ Friedrichsha...

Start
Hirschgarten
S3 alle 10 Min.

Wanderung
🟢 Hirschgarten –
Erpetal – Ravensteiner
Mühle – 🟢 Friedrichs-
hagen

Länge
ca. 9 km

Rückfahrt
Friedrichshagen
S3 alle 10 Min.

Im Erpetal

Erpetal

Relikt der Eiszeit

**Das Erpetal ist ein Relikt der letzten Eiszeit –
eines der letzten Fließtäler in Berlin.**

Die **Erpe** entspringt nördlich von Neuenhagen,
schlängelt sich durch eine üppige Wiesenlandschaft und mündet an der Köpenicker Baumgar-
teninsel in die Alte Spree (Müggelspree).

Offiziell heißt das Tal (nach dem Ursprung
des Flüsschens) **Neuenhagener Mühlenfließ** – im
Bachtal gab es diverse Wassermühlen, an man-
chen Stellen kann man das noch erahnen, wenn
man die Staustufen mit starkem Gefälle sieht.
Mehrere Namen erinnern daran: Ravensteiner
Mühle, Heidemühle, Krummendammer Mühle,
Neuenhagener Mühle.

Das Gebiet steht seit 1957 unter Landschafts-
schutz. Es wurde um 1995 behutsam rekultiviert
und 170 Weiden neu gepflanzt. 350 Arten wild-
wachsender Blüten- und Farnpflanzen haben die
Botaniker in dieser grünen Oase am Rande Berlins
gezählt. Viele Vogelarten haben sich angesiedelt,
sogar Eisvögel sind schon gesehen worden. Zahlreiche Wanderwege laden zum Spaziergang durch
die weiten Wiesen und schönen Waldstücke.

Es fällt schwer, angesichts der vielen Möglichkeiten, nur eine Route vorzustellen. Wir haben
uns für eine Tour von **Hirschgarten** aus entschieden. Sie endet am S-Bahnhof Friedrichshagen und
vermittelt einen ersten Eindruck von der
Vielfalt dieses freundlich hellen Tals, außerdem ist
sie verkehrsmäßig besonders günstig gelegen.

Beim Verlassen des S-Bahnhofs Hirschgarten
nehmen wir den rechten Ausgang (Richtung Norden) und folgen dem Schild „Kleingartenkolonie
Erpetal". Durch ein Waldstück gelangen wir zu
einem breiten Weg, den wir ca. 800 Meter in östlicher Richtung, vorbei an der Kleingartenkolonie
bis zur Brücke über die Erpe gehen. Hier, kurz vor
der Mündung der Erpe in die Spree, führt der
Uferweg nach links, am rechten Ufer der Erpe
entlang. Der Blick auf das reizvolle Landschafts-

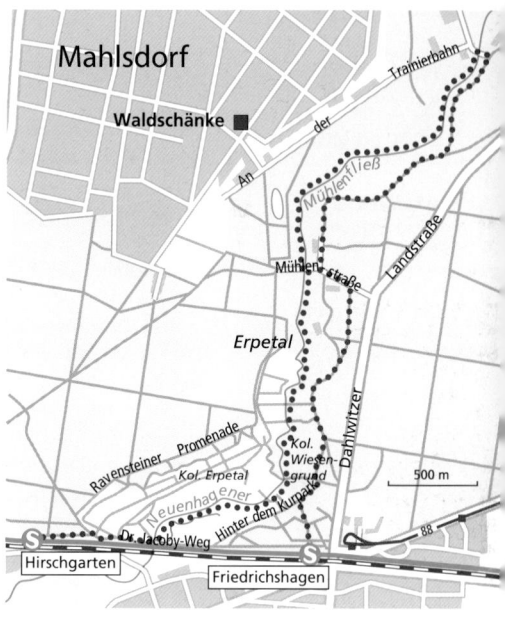

gebiet mit den typischen Kopfweiden öffnet sich. Der Weg wird von Feucht-wiesen, zum Teil mit Rei-sigschutzwällen, gesäumt. Nach etwa 2 Kilometern entlang der quirligen Erpe, das rechte Ufer ist hier noch gelegentlich be-siedelt (Laubenkolonie Wiesengrund), erreichen wir die „Ravensteiner Mühle", nur als Straßen-name noch erhalten. Heu-te befindet sich hier ein DRK-Seniorenheim.

Wir überqueren die Brücke (links) und folgen weiter dem Lauf der Erpe. Links ein verlandender See mit viel Schilf und Vögeln, rechts die Erpe – ein schöner offener Blick auf die reizvolle Wiesen- und Auenlandschaft. Ganz rechts erkennen wir am Horizont den Fried-richshagener Forst, der linke Horizont ist begrenzt von Kiefern. Den dahinter liegenden Ortsteil von Hoppegarten, **Waldesruh,** kann man von hier aus nicht sehen.

Die nächste Brücke über die Erpe ist nach ca. weiteren 2,5 Kilometern am Heidemühler Weg er-reicht. Links befindet sich ein Bauernhof, wir fol-gen dem ersten Weg rechts zum Friedrichshagener Wald und nehmen den Weg zurück am Waldes-rand und über die Erpestraße zur „Ravensteiner Mühle". Besonders schön ist es hier im Frühjahr und Herbst, wenn das Licht durch die Bäume scheint, aber auch der Ausblick auf das Erpetal noch möglich ist. An der Ravensteiner Mühle ge-hen wir ein kurzes Stück links die „Mühlenstraße" entlang und nehmen dann den Waldweg rechts, der uns von hier aus nach 1,5 Kilometern zum S-Bahnhof Friedrichshagen (▸ Seite 62) führt.

Waldschänke
Schöner Biergarten im Grünen. Die einzige di-rekte Einkehrmöglichkeit. Man erreicht das Lokal, wenn man nach Überque-rung der Brücke an der Mühlenstraße rechts in den Weg „Am Vogelherd" einbiegt, am verlandeten See vorbei und über die Straße „An der Trainier-bahn" in den Stichweg, das Lokal befindet sich an der nächsten Ecke.
Köpenicker Allee 18
15366 Hoppegarten-Waldesruh
Tel. (0 30) 5 66 02 71
www.waldschaenke-waldesruh.de
Di–So ab 12 Uhr

Hirschgarten

Friedrichshagen 🚻

Rahnsdorf 🚻

Start und Ziel
Friedrichshagen
S3 alle 10 Min.

Stadtspaziergang
Bölschestraße
Müggelsee

Karte ▸ Seite 65

Stern und Kreisschiffahrt
Anlegestelle am
Müggelpark
Fahrten im Sommer:
Großer Müggelsee,
Treptower Hafen,
Woltersdorfer Schleuse,
Rüdersdorf,
auf der Löcknitz nach
Alt-Buchhorst.

Domaines
Französisches Café und
Restaurant im Müggel-
park.
Josef-Nawrocki-Str. 22
Tel. (0 30) 64 09 18 79
www.domaines-berlin.de
Tgl. ab 12 Uhr

Friedrichshagen

Dichterkreis und Rübezahl

**Um die Jahrhundertwende zog es großstadt-
müde Bohemiens und Literaten nach Friedrichshagen. Sie bildeten den Friedrichshagener Dichterkreis.**

Ihre Namen sind nicht mehr vielen bekannt, aber
was sie hier suchten, kann man auch heute noch
finden: In **Friedrichshagen** ist alles etwas ruhiger
und beschaulicher als in der hektischen Stadt,
und Natur gibt es in Fülle.

Wenn man vom S-Bahnhof die **Bölschestraße**
in Richtung Müggelsee hinunterspaziert, spürt
man noch etwas vom Flair der vorletzten Jahrhundertwende. Die aufwändig restaurierten Häuser, dreistöckige Bürgerhäuser und einstöckige
Gebäude mit Remisen strahlen eine fast südlän-
dische Atmosphäre aus. Gegründet wurde der Ort
von Friedrich dem Großen als Kolonie sächsischer
und böhmischer Baumwoll- und Seidenspinner.
Das ist auch der Grund für die ungewöhnliche
Breite der Bölschestraße: Hier standen die Maul-
beerbäume zum Füttern der Seidenraupen.

Viele kleine Geschäfte, Cafés, Restaurants ver-
locken zum Verweilen, zum Einkaufen, zum Essen und Trinken. Auf halbem Weg zum Müggelsee ragt die **Christophoruskirche** in die Straße hinein. Der üppig gegliederte Backsteinbau stammt
aus den Jahren 1901–03. Auf dem Marktplatz
gegenüber findet man eine wiederhergestellte **Statue Friedrichs des Großen,** von Bürgern
Friedrichshagens gespendet. Ist man am Ende
der „Bölsche" und hat den Müggelseedamm überquert, steht man vor der Brauerei „Berliner Bür-
gerbräu". Links entlang des Brauereigeländes
geht's durch den Müggelpark zu den Ufern des
großen Müggelsees.

Von der Uferpromenade hat man einen herrlichen Blick über Berlins größten See bis hin zu
den gegenüberliegenden Müggelbergen. Hier, wo
die Müggelspree in den großen **Müggelsee** mündet, geht es hinunter in den **Spreetunnel**.

Am Müggelsee

Dieser in den Jahren 1926/27 erbaute Tunnel galt seinerzeit als herausragende technische Leistung, da vorgefertigte Tunnelelemente in die Spree abgesenkt wurden. Am Tunnelausgang auf der anderen Seite hat man die Wahl: Rechts herum geht es an der Müggelspree entlang bis zur Salvador-Allende-Brücke (3 Kilometer). Von hier aus fahren alle Busse Richtung S-Bahnhof Köpenick.

Wer nach der Spree-Unterquerung aber nach links entlang des Müggelsees wandert, kommt zum beliebten Ausflugslokal „Rübezahl" und nach 3 Kilometern zum „Dorint am Müggelsee", der ehemaligen „Müggelseeperle".

Wer sich für Architektur- und Technikgeschichte interessiert, sollte auf der Friedrichshagener Seite des Sees bleiben und den Müggelseedamm Richtung Rahnsdorf nehmen.

Hier liegt das alte **Wasserwerk Müggelsee** mit seinen imponierenden Gebäuden im märkisch-gotischen Backsteinstil. 1893 erbaut, galt es damals als das größte und modernste Wasserwerk Europas. Im stillgelegten Schöpfmaschinenhaus ist heute ein Museum zur Geschichte der Wasserversorgung Berlins mit drei originalen Dampfmaschinen aus dem Jahre 1893 untergebracht. Von hier ist es nicht mehr weit zu den ersten baumbestandenen wilden Badestellen am Müggelsee. Zum großen Strandbad sind es noch 3 Kilometer.

Seebad Friedrichshagen
Müggelseedamm 216
Tel. (0 30) 6 45 57 56
🚋 60, 61 bis Josef-Nawrocki-Straße

Museum im Wasserwerk
Müggelseedamm 307
Tel. (0 30) 86 44 63 93
Führungen am ersten Sa im Monat um 10 Uhr auf Anfrage sowie Termine nach Vereinbarung

Strandbad Müggelsee
Fürstenwalder Damm 838
🚋 60, 61 bis Strandbad Müggelsee

Friedrichshagen

Rahnsdorf

Wilhelmshagen

Start
Rahnsdorf
S3 alle 10–20 Min.

Wanderung
Rahnsdorf – Fischerkiez
(-Friedrichshagen)

Länge
6 km bis Odern-
heimer Straße
(bis Friedrichshagen
ca. 16 km)

Rückfahrt
169 alle 20 Min. ab
Odernheimer Straße
nach S Köpenick

Die Müggelspree in Rahns-
dorf

Rahnsdorf

Idyll an der Müggelspree

**In der ehemaligen Fischergemeinde Rahns-
dorf gibt es heute keinen einzigen Fischer
mehr. Dabei war die Fischerei für über 500
Jahre die Haupteinnahmequelle des Dorfes.
Den Fischerkiez am Dorfanger gibt es bis
heute.**

Der Niedergang dieses Erwerbszweiges begann
gegen Ende des 19. Jahrhunderts, als die Ufer
zunehmend bebaut wurden. Die Spree wurde be-
gradigt, der Oder-Spree-Kanal gebaut. Das entzog
der Spree viel Wasser. Die Teerchemie in Erkner
trug zur Vergiftung des Spreewassers ihren Teil
bei. Durch die Zunahme des Wassersports, besonders nach dem Ersten Weltkrieg, wurden die
Laichplätze am Ufer in Mitleidenschaft gezogen.
Diese Entwicklung endete 1984, als der letzte
Fischer aufgab. Was **Rahnsdorf** trotzdem noch
hat, ist sein Fischerkiez, der alte Dorfkern um die
Dorfkirche herum. Rahnsdorf, 1375 zum ersten
Mal urkundlich erwähnt, besaß bis ins 19. Jahrhundert hinein keinerlei Äcker. Die Einwohner
lebten ausschließlich vom Fischfang.

Der Weg vom S-Bahnhof Rahnsdorf aus ver-
läuft parallel zum Fredersdorfer Mühlenfließ:
Man nimmt einfach gleich den ersten Fußweg
links durch den Wald Richtung Rahnsdorf. Nach
Überquerung des Fürstenwalder Damms lohnt zunächst ein Abstecher weiter am Fließ entlang bis
zur Mündung in den **Müggelsee,** dem Müggeleck.
Es ist wirklich eine schöne Ecke mit stark vom
Schilf zugewachsenem Ufer, in dem unzählige
Vögel zwitschern. Der schöne Ausblick auf den
Müggelsee mit Enten, Schwänen, Blesshühnern
und zuweilen auch dem einen oder anderen Grau-
reiher lädt zum Verweilen ein.

Um zum **Fischerkiez** zu kommen, gehen wir
jetzt wieder ein Stück zurück. Kurz vor dem Ende
dieses Weges führt eine Brücke über das Fließ.
Über diese Brücke und in südöstlicher Richtung
gelangen wir über Brücken- und Wiesenstraße,

Aalstieg und dann rechts in den Lachsfang eingebogen zur gepflasterten Dorfstraße, die rechter Hand zum alten Dorfkern führt. Die Dorfkirche, die den Platz dominiert, wurde nach einem Brand 1872 neu errichtet. Erst teilweise restauriert sind die umliegenden Häuser. Vor der Kirche erinnert ein Gedenkstein an einen der vielen Lebensretter, August Herrmann, der mehr als 100 Menschen vor dem Ertrinken im Müggelsee bewahrte. Um die Jahrhundertwende wurde Rahnsdorf auch „Dorf der Lebensretter" genannt.

Die kurze Kruggasse führt vom Dorfanger zur **Müggelspree,** die es zu überqueren gilt. Hier rudert an Wochenenden in der Sommersaison ein Fährmann seine Passagiere noch höchstpersönlich über die Müggelspree. Auf der anderen Seite angekommen, geht es über die Straße 35 zur Odernheimer Straße. Dort (ca. 600 Meter südwestlich) fährt der Bus zum S-Bahnhof Köpenick. Oder man entschließt sich zur reizvollen Wanderung entlang der Müggelspree, des Kleinen und Großen Müggelsees, bis zum Spreetunnel nach Friedrichshagen (▶ Seite 62) oder noch weiter bis nach Köpenick.

Verkauf von Frisch- und Räucherfisch vom einzigen Fischer des Müggelsees, Herrn Thamm
(Sa/So 10–18 Uhr)
Nahe der Anlegestelle der **F** 23 am Kleinen Müggelsee in Rahnsdorf von Apr.–Sep.

F 24 Ruderfähre über die Müggelspree bei Rahnsdorf

Mai–Anfang Okt. Sa/So/Fei 11–19 Uhr

Neu-Helgoland
▶ Seite 71

Tipps und Informationen
www.am-mueggelsee.de

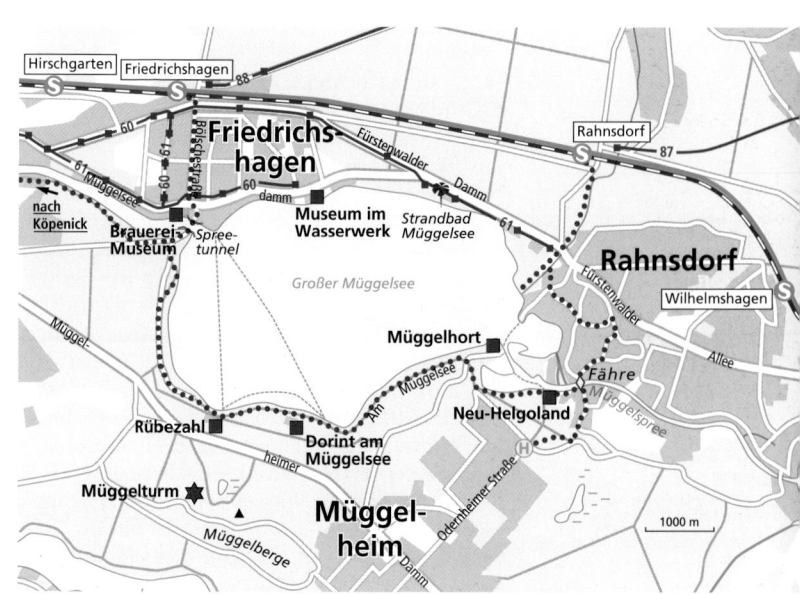

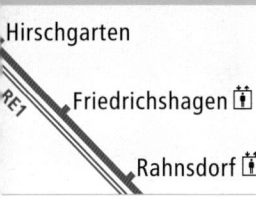

Hirschgarten

Friedrichshagen 🛈

Rahnsdorf 🛈

Start und Ziel
Friedrichshagen
S3 alle 10 Min.
und
🚋 88 alle 20 Min. nach
Rüdersdorf, Heinitzstr.

Museumspark

Karte ▶ Seite 69

🛈 **Tipp** **Museumspark**
Über 750 Jahre wurde in
Rüdersdorf Kalkstein ab-
gebaut. Heute ist rund um
die riesigen Gruben ein
spannender Museumspark
entstanden.
Heinitzstraße 41
15562 Rüdersdorf
Tel. (03 36 38) 79 97 97
(für Anmeldung und
Kasse)
www.museumspark.de
Apr.–Okt. tgl. 10–18 Uhr,
Nov.–März Di–So 10.30–16
Uhr
6 € / 3 €

Rüdersdorf

Technik und Natur hautnah

**Ein ehemaliger Kalksteinbruch und verlas-
sene Baustofffabriken sind heute die Attraktion von Rüdersdorf: der Museumspark. Und
ganz nebenbei erobert sich die Natur ihr
Areal zurück.**

Wer zum **Museumspark** nach **Rüdersdorf** will,
nimmt vom S-Bahnhof Friedrichshagen aus die
Straßenbahn. Man kann dabei noch etwas Natur
genießen bei der Fahrt durch Wälder und Wiesen.
In Schöneiche an der Haltestelle Dorfstraße sollte
man einen Blick auf das Depot der Schöneicher-
Rüdersdorfer Straßenbahn werfen: Vielleicht erspäht man einen der Oldtimer, die hier gepflegt
werden und die gelegentlich zum Einsatz kommen. Auch schöne Spaziergänge sind von hier
aus möglich.

In Rüdersdorf ist die Fahrt an der Haltestelle
Heinitzstraße zu Ende, von der man schnell zum
„Museumspark Baustoffindustrie Rüdersdorf" ge-
langt. Dieser befindet sich am Rand des größten
Kalksteinbruchs Mitteleuropas.

Besucher erwartet eine einzigartige Mischung
aus Technikgeschichte, Geologie, Industrie und
Natur – eine regelrechte Entdeckungsreise. Und
eine vielleicht neue Erkenntnis: Rüdersdorfer
Kalkstein hat das Gesicht Berlins geprägt, unter
anderem sind das Brandenburger Tor, der Berliner
Dom, die Staatsoper, das Schauspielhaus und das
Olympiastadion mit dem hellen Gestein aus dem
hiesigen Tagebau gebaut. Seit ca. 750 Jahren wird
der Kalkstein in Rüdersdorf mit den verschie-
densten Methoden abgebaut. Diese kann man in
einer Ausstellung und an den beeindruckenden
Industriedenkmalen selbst nachvollziehen.

Der Besuch der Ausstellung im Magazingebäude am Eingang des Geländes ist vor der Tour
sehr empfehlenswert, da man dann eine Menge
mehr versteht von dem, was man später sieht.

Rumfordöfen im
Museumspark Rüdersdorf

Sorgfältig wird über die geologische Ausgangssituation informiert, über die Geschichte des Kalksteinabbaus, die Geschichte der Kalkverarbeitung, über die Lebensbedingungen der Arbeiter und über die Veränderung der Rüdersdorfer Landschaft als Folge des Tagebaus.

Anhand eines übersichtlichen Plans kann dann die Tour beginnen: Zum imposanten Portal des Bülowkanals, zu den Rumfordöfen, die zu Beginn des 19. Jahrhunderts das Kalkbrennen revolutionierten, zur Schachtofenbatterie mit 18 Rumfordöfen in Serie, zum Seilscheibenpfeiler und zum Tagebau, an dessen Bruchkante man entlanglaufen kann.

Auf dieser Tour findet man überall ausführliche Hinweise, sodass man schon einiges an Zeit dafür einplanen sollte. Immer wieder stößt man auf bedeutende Industriedenkmale, die erahnen lassen, welche gigantischen Ausmaße die Baustoffproduktion in Rüdersdorf einst hatte.

Nicht nur die Technik, auch die Natur kommt zu ihrem Recht: Sträucher und Bäume haben sich das Gelände zurückerobert und der alte Hafen am Mühlenfließ ist heute ein idyllischer Karpfenteich. Doch auch in Rüdersdorf selbst sind die Kalkwerke noch indirekt präsent: Das in den 1950er-Jahren erbaute Kulturhaus des Betriebs beherrscht unübersehbar die Kuppe des Hasenbergs. Mit seinen prächtigen Säulen ist es ein Paradebeispiel für den stalinistischen Zuckerbäckerstil.

Wer nach dieser Exkursion noch etwas Entspannung und Bewegung zugleich sucht, sollte den folgenden Weg nehmen: Über die Rudolf-Breitscheid-Straße und die Karlstraße wandert man am Ostufer des Kalksees zur Woltersdorfer Schleuse (▸ Seite 68). Dabei kann man sich zwischendurch an einer Badestelle abkühlen und dann mit der Tram zum S-Bahnhof nach Rahnsdorf fahren.

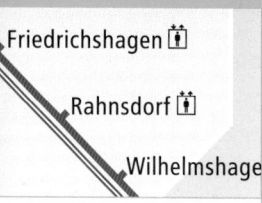

Friedrichshagen 🚻

Rahnsdorf 🚻

Wilhelmshage

Start
Rahnsdorf
🚆 alle 10–20 Min.
und
🚋 87 alle 20 Min. bis
Woltersdorf, Schleuse

Wanderung
Woltersdorfer Schleuse
– Kranichsberge – Fla-
kensee – Ⓢ Erkner

Länge
ca. 5 km

Rückfahrt
Erkner
🚆 alle 10–20 Min.

Die Woltersdorfer Stra-
ßenbahn zuckelt seit über
100 Jahren durch den Ort

Woltersdorf

Hollywood am Kalksee

Das idyllische Gebiet um die Woltersdorfer Schleuse erreicht man am besten mit der Tram vom S-Bahnhof Rahnsdorf.

Für Großstädter ungewohnt fährt sie erst einmal 2 Kilometer durch den Wald, bevor sie das langgestreckte **Woltersdorf** erreicht und mühsam die gelegentlich vorkommenden Steigungen nimmt. Woltersdorf ist seit Ende des 19. Jahrhunderts ein bevorzugtes Ausflugsziel und Siedlungsgebiet für Berliner. Die schöne Lage zwischen Wald, Seen und Hügeln zog auch Künstler an. In der Köpenicker Str. 46 (Tramhaltestelle Thälmannplatz) steht das Atelier des Jugenstilmalers Hugo Höppner, genannt Fidus, das er selbst entworfen hat.

Die Tram rumpelt weiter durch die kurvenreiche Rudolf-Breitscheid-Straße im ältesten Teil von Woltersdorf. An der Endhaltestelle ist die in kräftigem Blau gehaltene **Wolterdorfer Schleuse** nicht zu übersehen. Sie liegt an der Verbindung zwischen Kalksee und Flakensee und ist das eigentliche Highlight von Woltersdorf. Neben der Klappbrücke für den Fahrzeugverkehr sorgt ein höherliegender Fußgängersteg dafür, dass man auch bei hochgezogener Brücke ungehindert auf die andere Seite kommt. Rund um die Schleuse gibt es einige Ausflugslokale.

Auf der gegenüberliegenden Seite der Schleuse steigen schon die waldigen Hügel des Barnim auf. Ein Wegweiser führt zur Liebesquelle, wo man sich erfrischen kann. In Stein gehauen steht dort geschrieben: „Aus märkischem Sand entspring ich hell als Labetrunk und Liebesquell".

Derart gestärkt ist der Weg hoch auf die **Kranichsberge** (106 Meter) sicher kein Problem, zumal der Aussichtsturm oben einen wunderbaren Blick auf die umliegenden Seen und Wälder, bei guter Sicht bis zu den Müggelbergen oder den Rauener Bergen bei Fürstenwalde verspricht. Im Turm erfährt man auch von einer fast vergessenen Epoche: In Woltersdorf wurden nach dem

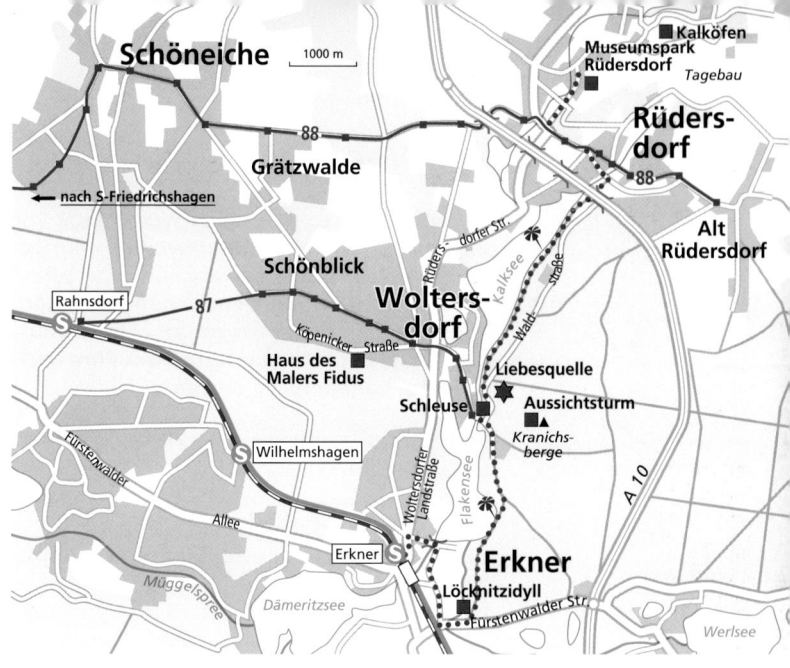

Ersten Weltkrieg diverse Monumentalfilme gedreht. Hier am Kalksee entstanden die Außenauf-
nahmen zu dem Achtteiler „Die Herrin der Welt".
Eine liebevoll zusammengestellte Ausstellung mit
vielen Fotos erinnert an die kurze Geschichte der
Filmstadt Woltersdorf.

An der Schleuse gibt es mehrere Möglichkeiten, die Tour fortzusetzen, zum Beispiel entlang des Kalksees (Ostufer) nach Rüdersdorf
(▸ Seite 66) und von dort mit der Tram zum S-
Bahnhof Friedrichshagen. Wer im Sommer bei
schönem Wetter hier ist, zieht wahrscheinlich den
Weg nach Erkner entlang des Flakensees (Ostufer)
vor. Hinter der Strandpromenade erreicht man
nämlich schon nach kurzer Zeit eine Badestelle
mit breitem Sandstrand.

Nach einer erfrischenden Abkühlung geht es
dann weiter auf einem schattigen Uferweg, später
entlang der Löcknitz, die hier in den Flakensee
mündet. Nach knapp 3 Kilometern erreicht man
am Löcknitzidyll den Ortsrand von Erkner (▸ Seite
72) und hat nur noch den Weg zum S-Bahnhof
vor sich.

Restaurant Liebesquelle
Schöne Terrasse direkt am
Wasser, Deutsche Küche.
Brunnenstraße 2
Tel. (0 33 62) 53 40
Tgl. ab 12 Uhr

**Aussichtsturm
auf den Kranichsbergen**
Apr.–Okt.
tgl. 9.30–15.30 Uhr,
Sa/So/Fei 10–17 Uhr,
Nov.–März
Sa/So/Fei 10–16 Uhr

Baden
Sandstrand am Flakensee

Rahnsdorf

Wilhelmshagen

Erkner **S3**

Start
Wilhelmshagen
S3 alle 10–20 Min.

(Rad-)Wanderung
S Wilhelmshagen –
Brücke über den alten
Spreearm – Neu-Helgo-
land – **S** Friedrichs-
hagen

Länge
15 km

Rückfahrt
Friedrichshagen
S3 alle 10 Min.

In Neu-Venedig

Wilhelmshagen

Neu-Venedig

Die Siedlung Neu-Rahnsdorf wurde kurz vor der vorletzten Jahrhundertwende gegründet, um auch sozial Schwachen eine preiswerte Wohnung auf dem Lande zu bieten. Vielleicht kam daher der große Patriotismus, denn man bat Wilhelm II. um die Ehre, sich nach ihm benennen zu dürfen.

1902 war die Erlaubnis da und seitdem gibt es **Wilhelmshagen**. Heute ist der Ort – durch die Bebauung nach der Jahrhundertwende – eher ein Villenvorort im Grünen und am Wasser.

Einfach ist noch, den Weg vom S-Bahnhof zur Fürstenwalder Allee zu finden. Danach wird es schwieriger: Man muß sich einen Weg zur Müggelspree durch Neu-Venedig suchen.

Wir empfehlen folgenden Weg, der etwas kompliziert, aber dafür sehr schön ist: Von der Fürstenwalder Allee in den Kuckuckssteig, den ersten Weg rechts bis zum Rialtoring. Dann den dritten Weg links und über Elster-, Lerchen- und Schwanenweg wieder zum Rialtoring. Wer sich nicht so gern verirrt, kommt auch so zum Rialtoring: vom S-Bahnhof bis zur Kirche, dann rechts in die Langfuhrer Allee, danach links die Hochlandstraße entlang der Püttberge bis zum Rialtoring.

Neu-Venedig hat seinen Namen nicht umsonst: Das Kanalgewirr ist für den Ortsunkundigen nicht so leicht zu durchschauen. Aber es ist schon sehr ungewöhnlich und für das Auge sehr reizvoll, in der Stadt Berlin so viele Boote und Bootshäuser auf so vielen Kanälen zu sehen. Im Sommer wird man sich über den starken Verkehr auf den Kanälen wundern.

Hat man sich nun südlich bis zur Müggelspree durchgeschlagen, geht es in östlicher Richtung weiter. Der Straßenzug Rialtoring, Biberpelzstraße, Im Haselwinkel, Triclawstraße führt zur Brücke über die Müggelspree und gleich dahinter zur gerade renovierten Fußgängerbrücke über den alten Spreearm.

Hier ist die einzige Möglichkeit, ohne Boot oder Fähre auf die Südseite des Kanal- und Seengebiets zu gelangen.

Ab jetzt ist es einfacher, den richtigen Weg zu finden. Durch den Mischwald, vorbei an der Kolonie Schönhorst, geht es in westlicher Richtung weiter. Der Weg ist ausgeschildert als RE 1 und führt immer an der Müggelspree entlang bis zum Kleinen Müggelsee. Hier bietet eine schöne Badestelle die Möglichkeit, sich zu erfrischen.

Dort, wo die Müggelspree in den **Kleinen Müggelsee** mündet, sorgt die traditionsreiche Gaststätte „Neu-Helgoland" für das leibliche Wohl.

Wer zu Fuß unterwegs ist und hier die Tour beenden will, kann von hier (an der Odernheimer Str.) den Bus zum S-Bahnhof Köpenick nehmen oder während der Saison mit dem Schiff Richtung Treptow fahren.

Radfahrer aber sollten auf jeden Fall weiter den Uferweg an der Südseite des Müggelsees nehmen. (Der offizielle Radweg RE 1 führt jetzt durch den Wald oberhalb des Müggelsees und bietet nicht so schöne Ausblicke.)

Wer die Tour am späten Nachmittag macht, kann mit etwas Glück eine Kolonie von Kormoranen hinter dem renaturierten Schilfgürtel beobachten. Für Gastronomisches ist auch gesorgt. Die großen Ausflugslokale „Rübezahl" und „Dorint" liegen direkt an der Müggelspree.

Die Radtour endet am Spreetunnel, der nach Friedrichshagen (▶ Seite 62) führt. Über die Bölschestraße ist schnell der S-Bahnhof Friedrichshagen erreicht.

Neu-Helgoland
Traditions-Restaurant am Wasser mit Fisch- und Wildspezialitäten.
Neuhelgoländer Weg 1
12559 Berlin
Tel. (0 30) 6 59 82 47
www.neu-helgoland.de
Tgl. ab 11 Uhr
🚌 169 zum S-Bahnhof Köpenick
Ⓕ nach Rahnsdorf

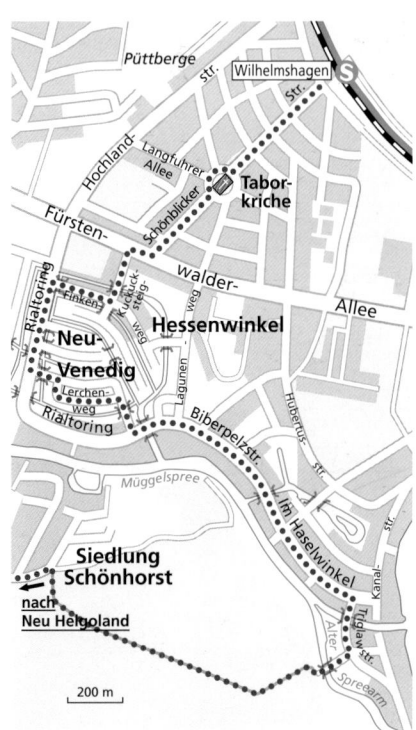

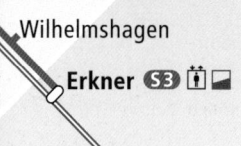

Wilhelmshagen

Erkner ⑤³ 🛈 ▭

Start und Ziel
Erkner
⑤³ alle 10–20 Min.
RE1 alle 30 Min.

Radtour
nach Grünheide

Länge
ca. 12 km

Gerhart-Hauptmann-
Museum

Erkner – Grünheide

Wälder, Villen, Badeseen

Wer vom S-Bahnhof Erkner kommend rechts durch den Tunnel zum Kreisverkehr und zur Friedrichstraße gelangt, kann noch ahnen, dass Erkner Ende des vorletzten Jahrhunderts ein Villenvorort Berlins war.

Zwar bestimmen Plattenbauten und Ladenpassagen das Bild der schnurgerade durch das Städtchen führenden Hauptstraße. Doch dazwischen finden sich sorgsam restaurierte Kleinode wie das Sommerhaus des Klavierfabrikanten Bechstein. In dem markanten Gebäude mit Stuckornamenten ist heute das **Rathaus** von Erkner untergebracht.

Eine noch bedeutendere Perle ist kurz hinter dem Abzweig nach Fürstenwalde die Villa Lassen, in der Gerhart Hauptmann von 1885 bis 1889 wohnte. Heute befindet sich in dem hübsch restaurierten Gebäude ein **Museum**, das über Leben und Werk dieses bekannten deutschen Schriftstellers informiert. Auch Originalmöbel von damals kann man hier besichtigen.

Wir nehmen die Straße nach Fürstenwalde und erreichen bald nach der Unterführung der Bahngleise das Löcknitzidyll. Dort stehen Wandtafeln und Karten, auf denen man sich über die gut ausgeschilderten Rad- und Wanderwege dieser wunderschönen Landschaft informieren kann. Hier ist auch der Ausgangspunkt für unsere Wanderung durch das reizvolle Löcknitztal (▸ Seite 74).

Wer im Sommer schnell an eine schöne Badestelle kommen will, der nimmt den gut ausgebauten Radweg R 1 entlang der Straße und ist nach wenigen Kilometern in **Grünheide.** Mit etwas mehr Zeit kann man sich aber auch einen schönen Waldweg durch die nördlich gelegene Rüdersdorfer Heide suchen und dort die herrliche Ruhe genießen.

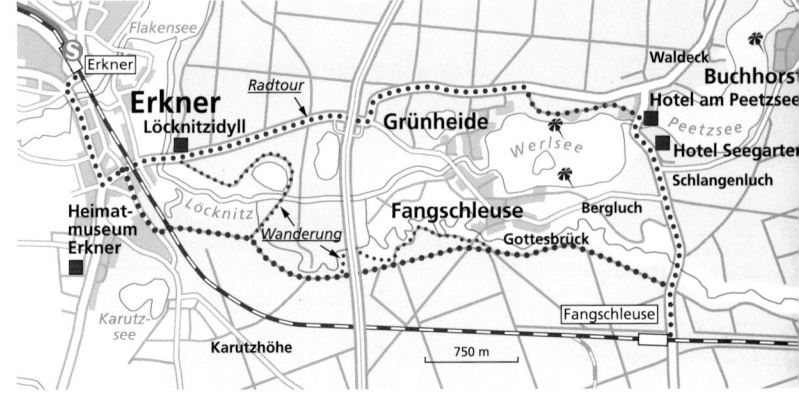

Nach der Unterquerung der Autobahn muss man sich entscheiden: Entweder man fährt über die Ortsteile Fangschleuse, Gottesbrück und Bergluch zur Badestelle an der Südseite des Werlsees oder am Nordufer entlang zur dortigen Badestelle.

Der **Werlsee** hat leider den Nachteil, dass es direkt an seinem Ufer kaum Wege gibt. Dies ist gleichzeitig aber auch ein Vorteil, denn man kann sich seinen Weg durch ruhige Straßen suchen und Villen aus der Zeit um 1900 bewundern.

Zahlreiche Künstler und Literaten zog es in das märkische Kleinod. Walter Leistikow malte hier einige seiner schönsten Bilder. Der Dramatiker Georg Kaiser und der Verleger Ernst Rowohlt hatten hier ihren Wohnsitz, später auch DDR-Regimekritiker Robert Havemann.

Ein Kanal verbindet das östliche Ende des Werlsees mit dem **Peetzsee**. Am Ostufer des Peetzsees gibt es ebenfalls eine schöne Badestelle.

Zur Rückfahrt nach Erkner bietet sich ein anderer, sehr schöner und gut ausgeschilderter Weg an. Man nimmt die Straße zwischen Werlsee und Peetzsee in Richtung Bahnhof Fangschleuse. Kurz nachdem man die Brücke über die Löcknitz überquert hat, biegt rechts oberhalb des Löcknitztals ein idyllischer Wald-Rad-Weg mit schönen Ausblicken auf das **Löcknitztal** ab, der nach Erkner führt. Weiter unten im Tal gibt es auch noch einen Weg, der direkt an der Löcknitz verläuft, aber der ist leider für Radfahrer völlig ungeeignet.

Gerhart-Hauptmann-Museum
Gerhart-Hauptmann-Straße 1–2
Tel. (0 33 62) 36 63
www.gerhart-hauptmann.de
Di–So 11–17 Uhr

Heimatmuseum Erkner Museumshof
Restauriertes Haus von 1758, Ausstellung über die Binnenkolonisierung Mitte des 18. Jahrhunderts.
Heinrich-Heine-Str. 17–18 / Ecke Pfälzer Str.
(am Ortsausgang Richtung Neu-Zittau)
15537 Erkner
Tel. (0 33 62) 2 24 52
Mi/Sa/So 13–17 Uhr

Wilhelmshagen

Erkner 🚋 🛈 ▫

▫ Fangschleuse

Start
Erkner
🚋 alle 10–20 Min.
🚆 alle 30 Min.

Wanderung
Ⓢ Erkner – Löcknitz-
idyll – Löcknitztal –
Bahnhof Fangschleuse

Länge
ca. 8 km einfach

Rückfahrt
Bahnhof Fangschleuse
🚆 alle 60 Min.

Karte ▸ Seite 73

Erkner – Löcknitztal

Wo der Schwarzspecht wohnt

Diese Wanderung durch das romantische Löcknitztal ist genau das Richtige für Ruhe und Natur liebende Stadtbewohner.

Vom Bahnhof **Erkner** geht es über Bahnhof- und Friedrichstraße ins Zentrum von Erkner. Kurz vor dem Gerhart Hauptmann-Haus (▸ Seite 72) biegen wir links in die Fürstenwalder Straße ab. Die eigentliche Wanderung beginnt auf dem Parkplatz gegenüber dem leider nicht mehr bewirtschafteten „Löcknitz-Idyll" an der Straße nach Grünheide und ist gut ausgeschildert (Löcknitztalweg).

Vertrauen Sie auf die Hinweisschilder und erwarten Sie keinen breit angelegten Wanderweg. Manchmal verläuft der Weg schon mal auf schmalem Pfad durch zugewachsenes Gebüsch.

Entlang einer im Frühjahr und Sommer wunderschön blühenden Wiese, auf der man noch Wiesenorchideen finden kann, gelangt man zur Löcknitz. Dieser stellenweise etwas sumpfige Weg führt zu dem kleinen Wupatzsee, den es halb zu umrunden gilt. Ein breiter Schilfgürtel säumt seine Ufer und viele Seerosen bedecken seine Wasserfläche.

Auf einer Holzbrücke überquert man zunächst die Neue Löcknitz, um dann zur eigentlichen **Löcknitz** zu gelangen, die ebenfalls von einer Holzbrücke überspannt wird. Kurz nach der Brücke biegt man links in den breiten **Oberförsterweg** ein. Nach ca. einem Kilometer verlässt man diesen wieder, um den schmalen Weg Richtung **Froschbrücke** zu nehmen. Bald überquert die Autobahn die Löcknitz, der Wanderer unterquert sie an der „Froschbrücke" – zwei steinerne Frösche auf jeder Flussseite gaben ihr den Namen. Sobald der Autolärm nachgelassen hat, befindet man sich in einer der reizvollsten Landschaften in der Umgebung Berlins, zu vergleichen vielleicht nur noch mit dem Spreewald. Auch Pflanzen- und

Die Bäume im Löcknitztal werden vom Schwarzspecht als Kinderstube genutzt

Tierwelt weisen Gemeinsamkeiten auf, auch hier gibt es zum Beispiel den seltenen Eisvogel und das Pfeilkraut. Entlang des Weges kann man den Schwarzspecht und den Graureiher beobachten, nicht zu vergessen die vielen Arten von Schmetterlingen. Mit etwas Glück und wenn man den Ruf kennt, hört man auch einen Pirol.

Links schlängelt sich die Löcknitz durch feuchtes, sumpfiges Gebiet mit angrenzenden, von Erlen gesäumten Wiesen. Rechts sehen wir vor allem Kiefern, manchmal auch Eichen und Buchen.

Wenn wir die Straße nach Gottesbrück überquert haben, entfernt sich der Weg vom Flusslauf und geht etwas oberhalb im Tal weiter. Er wird auch ein wenig schwieriger mit einigem Auf und Ab. Für die größere Anstrengung wird man aber mit schönen Ausblicken auf das reizvolle Flusstal reichlich belohnt.

An der Straße nach **Fangschleuse** beenden wir die Löcknitztalwanderung – an den vielen hier vorhandenen Wanderweg-Hinweisen sieht man, wohin man sie verlängern kann. Der Fuß- und Radweg führt jetzt rechts weiter zum Bahnhof Fangschleuse, den man in kurzer Zeit erreicht.

Wilhelmshagen

Erkner **S3** 🏠 ▭

Start
Erkner
S3 alle 10–20 Min.
RE1 alle 30 Min.

Radwanderung
Ⓢ Erkner – Jägerbude –
Burig – Hartmanns-
dorf – Hangelsberg –
Fürstenwalde

Länge
ca. 35 km

Rückfahrt
Bahnhof Fürstenwalde
RE1 alle 30 Minuten

Karte ▸ Seite 79

Wirtshaus Zum Lindeneck
Deutsch-österreichische
Küche.
15528 Spreenhagen/
Hartmannsdorf
OT Neu Hartmannsdorf
Schulstraße 11
Tel. (03 36 33) 6 95 16
Mi–So 11.30–20 Uhr,
Mo und Di Ruhetag

Erkner – Fürstenwalde

Wo fließt denn die Spree?

Der Spreeradweg führt auf einer Strecke von insgesamt 400 Kilometern von der Quelle der Spree in der Oberlausitz bis an die Stadtgrenze Berlins. Zwischen Erkner und Fürstenwalde ist er zunächst ein schöner Wald-Radweg – der Fluss liegt oft versteckt hinter Bäumen.

Vom S-Bahnhof Erkner führt uns der Weg zunächst über die Friedrichstraße bis zum Gerhart-Hauptmann-Museum (▸ Seite 72). Hier zweigt der ausgeschilderte Spreeradweg über die Gerhart-Hauptmann-Straße und Hohenbinder Straße ab. Schnell lassen wir Erkner hinter uns und radeln durch Wald und Feld. Die Spree, die hier Müggelspree heißt, ist an dieser Stelle recht schmal. Sie verläuft rechter Hand in einer großen Lichtung und lässt sich oft eher erahnen als sehen. Rundherum liegt der 600 Quadratkilometer große Regionalpark Müggel-Spree, der mehr als 25 Seen, zwei Flüsse, viele Pfuhle, Sümpfe und Moore umfasst.

Nach ca. 8 Kilometern kommt man zum Campingplatz **Jägerbude.** Das dazugehörige Restaurant liegt nahe am Ufer der Müggelspree. Hinter Jägerbude wechselt der Spreeradweg auf die andere Seite des Flüsschens. Hier liegt Gut **Burig,** das vor allem aus einem Reiterhof samt noblem Gästehaus besteht.

Nach weiteren 5 Kilometern ist **Hartmannsdorf** erreicht. Hier lohnt ein kleiner Umweg in den Ortsteil **Neu Hartmannsdorf** mit seiner Hoffnungskirche. Das Besondere ist die mit Bienenwachs überzogene Altarwand und der Bienenwachsaltar von 1993. Sie beziehen sich auf eine frühere Haupttätigkeit der Hartmannsdorfer, die Imkerei. Ganze 800 Kilogramm Bienenwachs wurden von der Bildhauerin Brigitte Trennhaus für Altar und Wand verbaut.

Nächste größere Etappe ist der ca. 8 Kilometer entfernte Ort **Hangelsberg.** Hangelsberg erstreckt

An der Spree bei Fürstenwalde

sich über eine Länge von mehr als sechs Kilometern zu beiden Seiten der Landstraße nach Fürstenwalde. Der Bereich vom Bahnhof bis zum Waldschloss ist der älteste Teil von Hangelsberg, das 1644 zum ersten Mal erwähnt wurde. Ein- und Mehrfamilienhäuser geben dem Ortskern einen vorstädtisch-dörflichen Charakter. Hier steht auch die denkmalgeschützte Kirche von 1928. Ihre klare und fast nüchterne Bauweise befindet sich im Einklang mit dem Stil ihrer Zeit, der Neuen Sachlichkeit.

Nachdem wir Hangelsberg durchquert haben, verläuft der Spreeradweg zunächst auf einem Radweg entlang der Landstraße, biegt dann aber wieder rechts in den Wald Richtung Spree ab. Hier beginnt der schönste Teil der Strecke: In Sichtweite des Flusses windet sich der Weg in sanften Kurven Richtung Fürstenwalde. Am Wegesrand liegen Lichtungen und Rastplätze mit Spreeblick.

In **Fürstenwalde** angekommen, sollte man sich noch Zeit für einen Stadtrundgang nehmen. Im Stadtzentrum, das im Zweiten Weltkrieg schwer beschädigt wurde, ist besonders der **Dom St. Ma-**

Dom St. Marien
Domplatz 10
Tel. (0 33 61) 59 18 12
www.kirche-fuersten-
walde.de
Tgl. 10–16 Uhr (im Winter
bis 15 Uhr),
So ab 11.30 Uhr

Stadtmuseum Fürstenwalde
Domplatz 7
Tel. (0 33 61) 21 30
www.museum-fuerstenwalde.de
Apr.–Okt. Di–So 13–17 Uhr,
Nov.–März bis 16 Uhr

Zunfthaus 383
Schmalstes Restaurant
der Stadt, offener Speise-
aufzug, deutsche Küche.
Tuchmacherstr. 12
Tel. (0 33 61) 71 10 04
www.zunfthaus-383.de
Tgl. 12–22 Uhr,
Mi und So Ruhetag

Haus am Spreebogen
Hotel-Restaurant-Bar,
regionale und interna-
tionale Küche, Sommer-
terrasse an der Spree.
Altstadt 27
Tel. (0 33 61) 59 63 40
www.hausamspree-
bogen.de
Tgl. ab 12 Uhr

Spreefischer

rien mit seinem 68 Meter hohen Turm sehenswert. 1446 erbaut, wurde er mehrfach zerstört und wieder aufgebaut. Der dreischiffige Innenraum des Doms wurde vor kurzem wiedererrichtet, nicht historisch getreu, aber in einer interessanten Mischung aus Alt und Neu. Seit dem Mittelalter ist Fürstenwalde neben Havelberg und Brandenburg eine der märkischen Domstädte. Davon zeugt auch das Bischofsschloss.

Im Umkreis des Doms finden sich weitere historische Gebäude, wie das aus dem 15. Jahrhundert stammende **Rathaus** am Marktplatz mit seinem prunkvollen Festsaal. Der Rathausturm wurde erst im Jahre 1624 angebaut. Ein anderes markantes Bauwerk ist das Bürgerhaus aus dem 19. Jahrhundert, das sich zwischen Dom und Marktplatz befindet. Es beherbergt heute das **Stadtmuseum,** in dem man sich ausführlich über die Geschichte Fürstenwaldes informieren kann. Interessierte können sich hier auch den Schlüssel zum jüdischen Friedhof in der Frankfurter Straße ausleihen, auf dem heute noch etwa 25 Grabsteine erhalten sind.

Eine weitere Sehenswürdigkeit Fürstenwaldes sind die noch erhaltenen Reste der alten Stadtbefestigung. Hier gibt es unter anderem am Töpfergraben Mauerreste aus dem 14. und 15. Jahrhundert zu sehen. Am **Niederlagetor** befindet sich das gleichnamige Tor, ein mittelalterliches Wirtschaftstor. Der Name hat allerdings nichts mit einer Niederlage zu tun, sondern erinnert daran, dass Waren vor dem Tor niedergelegt (das heißt zum Kauf angeboten) wurden. Auch am Goetheplatz befindet sich noch ein Teil der Stadtmauer, der heute unter Denkmalschutz stehende **Bullenturm**. Der ruhige Goetheplatz selbst bietet sich mit seinen alten, Schatten spendenden Eichen und einem Abenteuerspielplatz in der warmen Jahreszeit als Ort für eine Pause an. Wer lieber einkehren will, kann zum Beispiel das „Zunfthaus 383" in der Tuch-

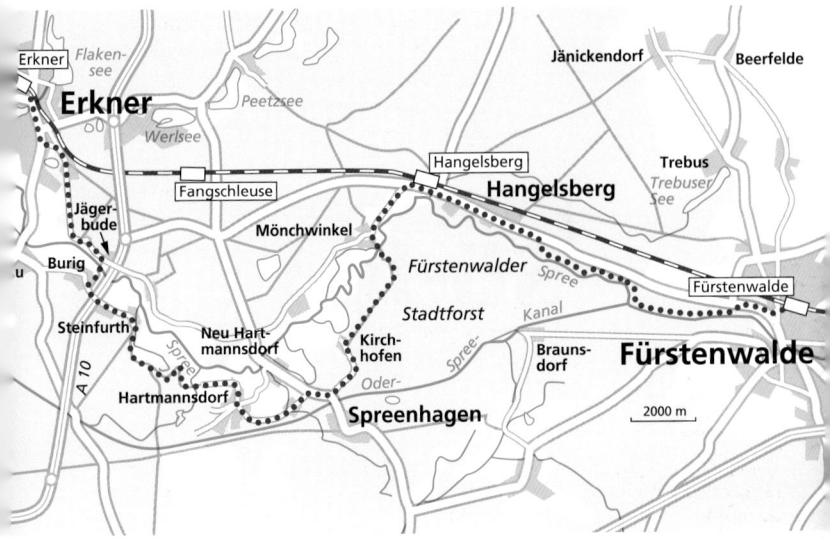

macherstraße aufsuchen. Das heutige Restaurant ist mit 3,83 Metern das schmalste und gleichzeitig eines der ältesten Häuser Fürstenwaldes aus dem 17. Jahrhundert.

Einige Gebäude erzählen noch heute von einer besonderen Tradition des Ortes: der Braukunst. Im 18. Jahrhundert hatten allein 104 Fürstenwalder Bürger das Braurecht. Eine Erinnerung daran findet sich an der Schloß-/Ecke Mühlenstraße im Mords Hof. Das heutige Haus stammt zwar aus dem 18. Jahrhundert, ein einzigartiger hölzerner Umgang im Innenhof berichtet allerdings davon, das hier schon seit dem Mittelalter Bier gebraut wurde.

Wer jetzt eine Erfrischung braucht, dem sei das **Schwapp** empfohlen: In dem 1 300 Quadratmeter großen Spaß- und Sportbad findet man fast jede Art von Wasservergnügungen.

Bevor man am Ende des Ausflugs in den Zug steigt, sollte man ruhig noch einen zweiten Blick auf das eher unscheinbare Bahnhofsgebäude werfen: Der Bahnhof Fürstenwalde wurde nämlich schon 1842 in Betrieb genommen und ist somit einer der ältesten in Deutschland.

**Schwimm- und Wasser-
paradies Schwapp**
Große Freizeit 1
15517 Fürstenwalde
Tel. (0 33 61) 3 63 70
www.schwapp.de
Mo–Do, So 10–20 Uhr,
Fr/Sa 10–22 Uhr
Spaßbad:
3 Std. 15 € / 10 €

Süden

Grünes Abenteuerland in der Stadt: im Ostpark des Parks am Gleisdreieck ▶ Seite 82

Weitläufige Parks, Wälder und Seen locken im Süden von Berlin. Die Landschaft ist meist flach, bis auf Ausnahmen wie die Müggelberge. Vom dortigen Aussichtsturm hat man einen fantastischen Ausblick. In Eichwalde und Zeuthen staunt man über schicke Villen am See.

Rund um Königs Wusterhausen mit seinem Schloss lag einst das Jagdrevier von Friedrich Wilhelm I. Von dort kann man sich aber auch per Fahrrad zu einem Ort namens Kamerun aufmachen.

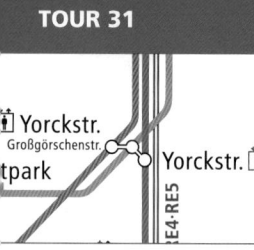

🚉 Yorckstr.
Großgörschenstr.
tpark   Yorckstr. 🚉

Start
Yorckstraße
S1 S2 S25 S26
ca. alle 5–10 Min. oder
Gleisdreieck
U1 U2 ca. alle 5–10
Min.

Stadtspaziergang
Park am Gleisdreieck

Park am Gleisdreieck

Leben und leben lassen

Weite Wiesenflächen, Naturräume zum Erkunden, viel Platz für Spiel und Sport: Der seit 2011 entstandene Park am Gleisdreieck ist eine ganz besondere grüne Oase mitten in Berlin.

Bis in die Mitte der 1940er-Jahre standen auf dem Gelände rund um das Gleisdreieck die Anlagen von zwei großen Güterbahnhöfen. Nach dem Zweiten Weltkrieg blieb nicht viel übrig vom Potsdamer und vom Anhalter Güterbahnhof. Das Areal verfiel und lag vier Jahrzehnte im Dornröschenschlaf. Auch nach dem Ende der Teilung Berlins blieb das Gleisdreieckgelände eine von Mauern umgebene und unzugängliche Brache. Immobilienentwickler schielten nach der zentral gelegenen Fläche. Mitte der 1990er-Jahre entschied der Berliner Senat, dass auf dem Gelände ein großer Park entstehen sollte, der Kreuzberg, Schöneberg und Tiergarten miteinander verbindet. Neue Gebäude durften nur an den Rändern entstehen.

Über 30 Hektar groß, besteht der Park am Gleisdreieck eigentlich aus drei Parks: dem weitläufigen Westpark, der an Schöneberg und Tiergarten grenzt, dem Ostpark auf Kreuzberger Seite und dem schmalen Flaschenhalspark, der sich entlang der S-Bahn-Trasse nach Süden zieht.

Wer am U-Bahnhof Gleisdreieck aussteigt und den kopfsteingepflasterten Weg gleich neben dem Ausgang nimmt, gelangt schnell in den rechter Hand gelegenen **Westpark.** Im Westpark spürt man am besten, dass man zwar im Grünen, aber auch mitten in der Stadt ist: Hier, am Gleisdreieck, kreuzen sich zwei U-Bahn-Linien, die quietschend auf historischen Viadukten und stählernen Streben den Park überqueren – und das im Minutentakt. Darunter herrscht besonders bei gutem Wetter ein buntes Treiben: Auf den Wiesen lagern Grüppchen, Kinder toben an den diversen Spielgeräten. Auch Fitnessgeräte für Erwachsene, eine Skaterbahn und sogar Kleingärten gibt es

Viel Platz bietet der Westpark im Park am Gleisdreieck

im Westpark. Bei den Kleingärten steht auch die originellste Bistrobude des Parks, das „Café Eule".

Verbunden ist der West- mit dem Ostpark durch eine breite, boulevardähnliche Straße nur für Fußgänger und Radfahrer. Zwischen den beiden Parkteilen verläuft die Zufahrt zum Nord-Süd-Tunnel der Bahn. An einem Aussichtspunkt kann man die ICEs vorbeirauschen sehen. Auch die Gleise der Museumsbahn des Deutschen Technikmuseums kreuzen den Verbindungsweg. Lokschuppen und Signale erinnern an die Vergangenheit des Geländes als Bahnanlage.

Im **Ostpark** begeistern unter anderem die Naturräume, die man erkunden kann. Für Kinder wie Erwachsene gibt es Spielplätze und Erlebnisareale wie den beliebten Stangenspielplatz.

Der jüngste Teil des Parks am Gleisdreieck ist der 2014 eröffnete **Flaschenhalspark**. Er ist über eine der Yorckbrücken mit dem Ostpark verbunden und setzt den Grünzug nach Süden fort. Hier ist eine „Gleiswildnis" entstanden, viele Eisenbahnrelikte säumen den Weg. Der Flaschenhals soll in Zukunft bis zum Schöneberger Südgelände (▸ Seite 106) führen.

Café Eule
Betreiberin Kristiana Elig verkauft aus einem umgebauten Container heraus hausgemachte, frische Kleinigkeiten wie Gemüsesuppen, Kuchen, Panini und Quiches.
Nahe den Kleingärten beim Eingang Bülowstraße
Tgl. 10–19.30 Uhr

Im Park gibt es weitere Kioske mit Außensitzplätzen.

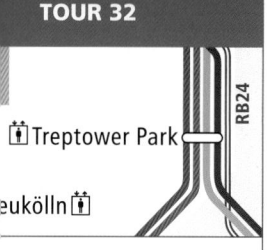

Treptower Park

Spreepromenaden und Sterne gucken

Ins Grüne nach Treptow, das hat Tradition: Heute wie vor mehr als 100 Jahren strömen die Menschen an Sommertagen in den rund 160 Hektar großen Park mit schattigen Wegen und großflächigen Wiesen. Direkt vom S-Bahnhof aus gelangt man in den zwischen 1876 und 1888 angelegten Volkspark.

„Im Grase lagern und Gerstenkaffee aus mitgebrachten Blechflaschen trinken", so erholte man sich um 1900 in **Treptow,** und daran hat sich nicht allzu viel geändert. Lichte Promenaden am Wasser machen den Park auch im Herbst und Winter zu einem beliebten Ziel für Spaziergänger.

Wer vom S-Bahnhof kommend an der Uferpromenade entlangspaziert, trifft gleich links auf die Ausflugsdampfer der „Stern und Kreisschiffahrt". Von den **Anlegestellen** am Treptower Park aus kann man nach Köpenick oder Woltersdorf schippern, mit Kind und Kegel nach Tegel abdampfen, eine Havelseen-Rundfahrt unternehmen oder die Berliner Innenstadt vom Wasser aus erkunden.

Doch auch wer auf dem Festland bleibt, muss sich nicht langweilen. Die Uferpromenade an der Spree führt zum traditionsreichen Ausflugslokal **Haus Zenner.** An sonnigen Tagen tummelt sich im großen Biergarten an der Spreeterrasse ein bunt gemischtes Publikum. Der Grill raucht, das Bier zischt, die Live-Musik sorgt für zünftiges Vergnügen. „Anno 1727" erhielt das „Haus Zenner" das Schankrecht als „Spreebudike" und ist damit das älteste Gartenlokal an der Spree. Stehen geblieben ist die Zeit deshalb nicht, im Erdgeschoss hat sich inzwischen ein Fastfood-Restaurant angesiedelt.

Vom Biergarten aus fällt der Blick auf die kleine **Insel der Jugend** mitten in der Spree. Eine schwungvoll geformte Brücke führt von der Uferpromenade zur ehemaligen Abteiinsel. Tagsüber nimmt die Jugend hier ein Sonnenbad, abends

---

Start und Ziel
Treptower Park
Ⓢ41 Ⓢ42 Ⓢ8 Ⓢ85 Ⓢ9
ca. alle 5–10 Min.

Stadtspaziergang
Treptower Park

Länge
ca. 8 km
(mit Abstecher Plänterwald)

Karte ▶ Seite 87

Stern und Kreisschiffahrt
Puschkinallee 15
(Hauptverwaltung)
Tel. (0 30) 5 36 36 00
www.sternundkreis.de

Haus Zenner
Alt-Treptow 14–17
Tel. (0 30) 5 33 73 70
www.hauszenner.de
Mi–Sa ab 12, So ab 10 Uhr
Mo/Di geschlossen

und nachts finden in dem Gebäude an der Brücke Rock- und Popkonzerte statt.

Geht man den Uferweg weiter entlang, gelangt man in den **Plänterwald**. Hinter den Bäumen ragt ein Riesenrad in den Himmel. Es gehört zum Vergnügungspark Spreepark. Nach der Pleite des Betreibers soll dieser nun zum Kulturpark werden.

Wer statt in den Plänterwald lieber einen Blick in die Welt der Sterne werfen möchte, sollte einen Besuch in der nahen **Archenhold-Sternwarte** nicht verpassen. Man folgt der Bulgarischen Straße, die vis-à-vis der Insel der Jugend zur mehrspurigen Straße Alt-Treptow führt, und biegt in diese rechts ein. Nach wenigen Metern sieht man links über alten Parkbäumen ein gigantisches Linsenfernrohr hervorragen. Die Einweihung des 21 Meter langen Gerätes 1896 zur damaligen Gewerbeausstellung im Treptower Park war eine Sensation. Das Planetarium bietet nicht nur eine Sammlung alter astronomischer Instrumente, sondern auch eine romantische Kulisse für Hochzeiten unterm Sternenzelt. Benannt ist die Sternwarte nach Friedrich Archenhold (1861–1939), ihrem Begründer und ersten Direktor.

Ein kleiner Waldweg links von der Sternwarte führt zum 1946–48 errichteten **Ehrenmal für die gefallenen sowjetischen Soldaten.** Imposanter Mittelpunkt des Ehrenhains, in dem mehr als 5 000 Sowjetsoldaten des Zweiten Weltkriegs ihre letzte Ruhe fanden, ist die Monumentalplastik eines Rotarmisten. Auf dem linken Arm trägt er ein Kind, in seiner Rechten das Schwert, mit dem er das Hakenkreuz zerschlagen hat.

Zurück zum S-Bahnhof gelangt man, wenn man den Ehrenhain über den Ausgang Puschkinallee verlässt, die von prachtvollen Platanen und Autoverkehr geprägte Allee überquert und dann dem Parkweg nach links zum Bahnhof folgt.

Unmittelbar westlich des S-Bahnhofs stehen die „Treptowers", ein Mitte der 1990er-Jahre errichteter Bürokomplex, der von dem 125 Meter hohen gläsernen Turm des Allianz-Konzerns überragt wird. Daneben, mitten in der Spree, funkelt der „Molecule Man", die 30 Meter hohe Stahlskulptur des amerikanischen Künstlers Jonathan Borofsky.

Archenhold-Sternwarte
Alt-Treptow 1
🚌 166, 365, 265
Tel. (0 30) 5 36 06 37 19
www.planetarium.berlin
Mi–So 14–17,
Fr/Sa 14–21 Uhr
Führungen Do 20,
Sa/So 15 Uhr, Himmelsbeobachtung Fr 20 Uhr
(im Winterhalbjahr)
6 € / 3 €

Die Abteibrücke führt auf die Insel der Jugend

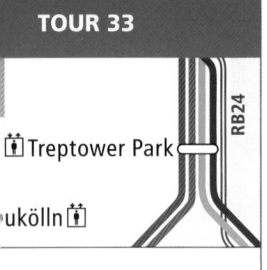

Treptower Park

ukölln

Start
Treptower Park
S41 S42 S8 S85 S9
ca. alle 5–10 Min.

Stadtspaziergang
Halbinsel Stralau

Länge
ca. 7,5 km

Rückfahrt
Rummelsburg
S3 alle 10–20 Min.

Die Kirche auf Stralau

Stralau

Der schiefe Turm von Berlin

Ein Abstecher zur ruhig gelegenen Halbinsel Stralau lohnt sich. Hier lädt ein reizvoller Uferweg zum Flanieren am Wasser ein.

Vom S-Bahnhof Treptower Park überquert man die Spree auf der parallel zur S-Bahn verlaufenden Fußgängerbrücke und biegt nach der Spreeüberquerung rechts in den Uferweg. Er führt hinunter zur Spreepromenade an der Spitze der Halbinsel und weiter um sie herum.

Seit 1990 hat sich Stralau zu einem beliebten Wohngebiet am Wasser entwickelt. Ehemalige Fabrikspeicher wurden zu Lofts, neue Wohnquartiere und Stadtvillen sind entstanden. Die Lage am Wasser prägt auch Stralaus Geschichte: Im 13. Jahrhundert wurde die Halbinsel erstmals als Fischerdorf erwähnt, und der „Stralauer Fischzug" ist den Berlinern bis heute ein Begriff. Der Ursprung dieser Tradition liegt in der im 16. Jahrhundert eingeführten Schonzeit für Fische von Gründonnerstag bis zum Bartholomäustag, dem 24. August. Der Dorfpfarrer bekam den Ertrag der ersten Fischzüge und musste sich mit Bier und Essen für die Fischer revanchieren: Das war die Grundlage für die rauschenden Volksfeste, mit denen der Tag des Anfischens gefeiert wurde.

Mit der Ansiedlung einer Teppichfabrik begann 1865 die Industrialisierung Stralaus, es folgten Brauereien, Bootswerften, eine Palmkernöl- und eine Flaschenfabrik sowie der Bau von Mietskasernen. 1837 hatte Karl Marx auf Stralau noch Erholung gesucht. An seinen Besuch und an den Streik der Glasarbeiter von 1901 erinnert das **Karl-Marx-Denkmal.** Die beiden roten Steinquader mit einem Relief des Philosophen stehen in einer kleinen Grünanlage am Südufer Stralaus, in Höhe der Friedrich-Junge-Straße.

Am Südufer der Halbinsel geht der Weg in den Friedhof der **Stralauer Dorfkirche** mit dem „schie-

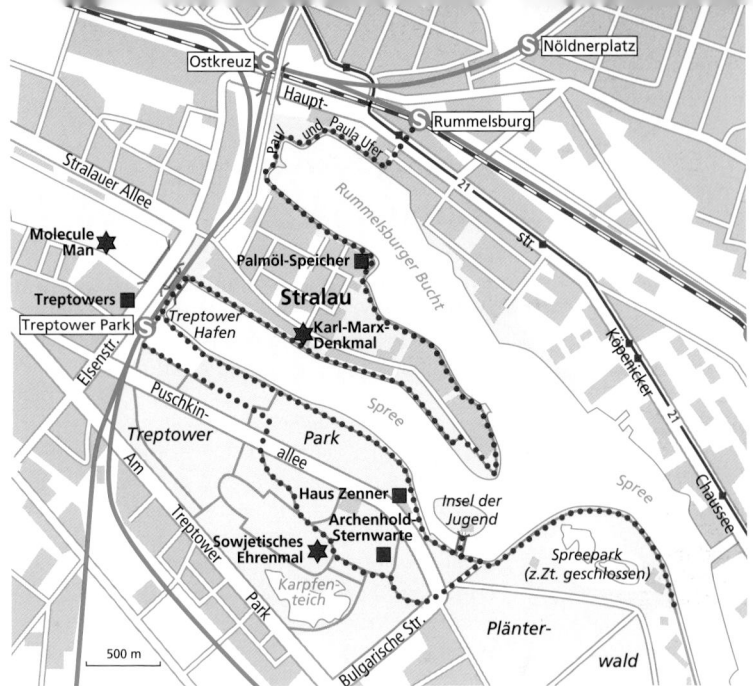

fen Turm von Berlin" über. Der Turm des 1459–64
erbauten Gotteshauses neigt sich knapp fünf Grad
zur Seite. Im Zweiten Weltkrieg schwer beschädigt, wurde die Kirche 1949 wiederhergestellt.

Gleich dahinter liegt ein kleiner Park. Malerisch lassen Trauerweiden ihre Zweige ins Wasser
hängen, Boote und Lastkähne schippern vorbei.
Die Promenade bietet hier einen Blick auf zwei
kleine vorgelagerte Inseln, die Liebesinsel und
den Kratzbruch, den Plänterwald und den Treptower Park. Der Uferweg führt weiter um die Ecke
herum und entlang der Rummelsburger Bucht.
Vorbei an der Marina gelangt man zum Gebäude
der Palmölfabrik. Nachdem der Bau zwischenzeit-
lich – der Palmölfabrikant ging schon 1899 pleite
– als Getreide- und Tierfutterspeicher diente, beherbergt er heute schicke Wohnlofts – Bootsanle-
ger inklusive.

Geht man vom Palmölspeicher weiter an der
Rummelsburger Bucht entlang, kommt man bald
zum **Paul und Paula Ufer** – hier wurde die Boots-
szene des berühmten DEFA-Films „Die Legende
von Paul und Paula" gedreht.

Grünau S85 🚻

Eichwald

Start
Grünau
S46 S8 S85
ca. alle 8–20 Min.

Wanderung
🄵 12 Wendenschloss –
Abzweig Müggelberge
(– Müggelsee)
oder
Wendenschloss –
Große Krampe –
Müggelheim

Länge
bis Abzweig Müggel-
berge ca. 3,5 km, bis
zum Müggelsee wei-
tere 3 km, bis Müggel-
heim weitere 8 km

Rückfahrt
🚌 169 von
Müggelheim/Dorf
Richtung S Köpenick

Strandbad Grünau
Sportpromenade 9
Tel. (0 30) 32 29 52 13 10
Mai–Aug. 10–19 Uhr

Kaffee Liebig
Jugendstil-Kaffeehaus.
Regattastraße 158
Grünau
(nahe der Fähre nach
Wendenschloss)
Tel. (0 30) 67 82 09 36
www.kaffee-liebig.de
Di–So 12–20 Uhr

Grünau

Langer See und Müggelberge

Ausgangspunkt dieser Tour ist Grünau, das Wassersportzentrum Berlins. Der Ort am Langen See ist schon seit dem Bau der Bahnstation 1866 ein beliebtes Ausflugsziel.

Vom S-Bahnhof geht es durch die Wassersportallee zum Ufer der Dahme und zur Fähre, mit der man den Fluss überquert. Auf der anderen Seite, in Wendenschloss, einem ruhigen Villenvorort, nehmen wir rechts die Wendenschloßstraße zum Möllhausenufer, etwa bis zu der Stelle, an der die Dahme im Langen See aufgeht. Entlang dieser Uferpromenade, vorbei am Strandbad Wendenschloss, gelangt man zu dem Weg, der das Ufer des Sees auf dieser Seite in seiner ganzen Länge begleitet.

Fast überall ist der Blick auf den See und das jenseitige Ufer frei. Gegenüber liegt das Strandbad Grünau, auf dem Wasser erkennen wir die Markierungen der traditionellen Regattastrecke, die ihren Höhepunkt bei den Olympischen Spielen 1936 hatte.

Im Sommer ist man nicht ganz ungestört, besonders bei schönem Wetter tummeln sich hier jede Menge Wassersportler. Vorbei an der ehemaligen Gaststätte Schmetterlingshorst gelangt man bald zur Abzweigung Richtung Müggelturm.

Hier besteht die Möglichkeit, den Weg über die Müggelberge zum Teufelssee und dann zum **Müggelsee** zu wählen, den man etwa auf der Höhe des Restaurants Rübezahl erreicht. Auf den Müggelbergen sollte man sich die Mühe machen, den 1961 errichteten **Müggelturm** zu besteigen, um den schönen Rundblick zu genießen. Von oben reicht der Blick über Seen und Wälder bis zum Fernsehturm am Alexanderplatz. Am nahen Teufelssee bietet das Lehrkabinett naturinteressierten Kindern und Erwachsenen einen sehr informativen und sinnlichen Überblick über Flora und Fauna.

Man kann natürlich auch anders laufen: Wer sich den Abstecher zum Müggelturm spart, geht weiter den Uferweg am Langen See entlang, der jetzt beschaulicher wird. Die Zahl der ihn überall säumenden schönen alten Stieleichen wird größer, die der Wassersportler kleiner.

Hier kommt noch einmal eine sehr schöne Badestelle mit Sandstrand und Liegewiese, die überwiegend von FKK-Anhängern benutzt wird. Kurz hinter dieser Stelle sieht man eine Insel, den Großen Rohrwall, und eine Landzunge ragt in den See.

Hier bietet sich nun die Möglichkeit, auf einem ruhigen Waldweg direkt nach Müggelheim zu gelangen.

Weiter entlang des Sees kommt man zur Krampenburg, einem Dauercampingplatz, vor dem man zum ausgeschilderten Uferweg an die Große Krampe abbiegen sollte. Auch auf diesem schönen, sehr ruhigen Weg kommt man nach **Müggelheim.** Am Dorfanger liegt die Haltestelle des Busses zum S-Bahnhof Köpenick.

Strandbad Wendenschloss
Möllhausenufer 30
Tel. (0 30) 84 51 89 07

Müggelturm
Mit Gastronomie
Tgl. 10–20 Uhr

Lehrkabinett Teufelssee
In den Müggelbergen.
Tel. (0 30) 6 54 13 71
So–Do 10–16 Uhr

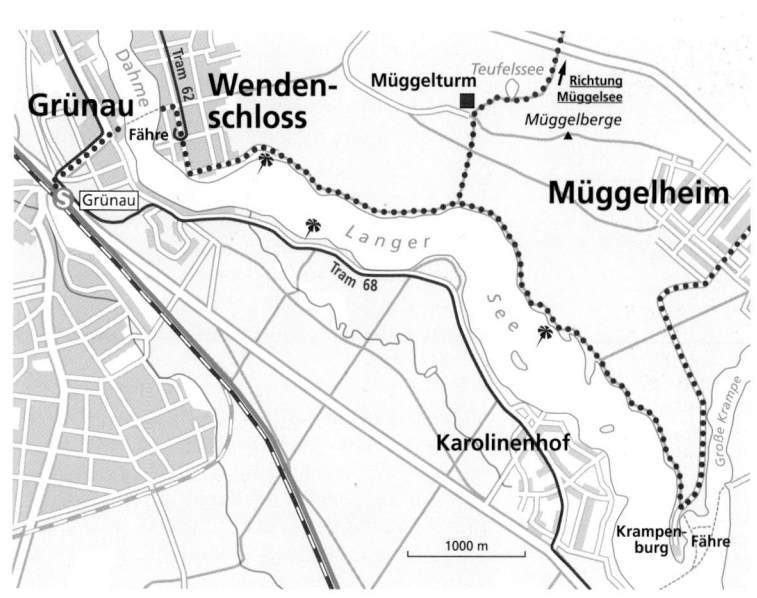

Grünau **S85**

Eichwald

Start und Ziel
Grünau
S46 **S8** **S85**
ca. alle 8–20 Min.
und
Tram 68 nach Alt-
Schmöckwitz
alle 20 Min.

Wanderung
Schmöckwitz – Oder-
Spree-Kanal – Gosen-
Bergpark – Schmöck-
witz

Länge
ca. 11 km

Strandlust
Gaststätte auf einem
Schiff mit schönem Blick
auf den Seddinsee.
Seddinpromenade 3a
Schmöckwitz
Tel. (0 30) 67 58 62 6
www.restaurant-
strandlust.berlin
März–Okt. Mi–So ab 11
Uhr

Schmöckwitz

Wo Spione lernten

**Den landschaftlich reizvollsten Weg nach
Schmöckwitz nimmt die Straßenbahn, die
seit 1911 hier verkehrt. Die 7,8 Kilometer
lange Strecke der Uferbahn gilt als schönste
Straßenbahnstrecke Berlins.**

Vom Bahnhofsvorplatz am S-Bahnhof Grünau
fährt sie entlang des Langen Sees, vorbei am
Strandbad und der Grünauer Regattastrecke. Auf
der einen Seite der Lange See, auf der anderen der
Berliner Stadtforst.

Die Endhaltestelle ist **Alt-Schmöckwitz**. Der
Blick fällt auf die Dorfkirche und zwei weitere
Gebäude, die im gleichen historisierenden Stil
errichtet sind: die Feuerwache und das ehemalige
Rathaus.

Schmöckwitz ist fast ganz von Wasser umgeben: Das erkennt man am besten von der Brücke an der Wernsdorfer Landstraße. Hier kann
man einen herrlichen Blick auf den Langen See,
die Große Krampe und den Seddinsee genießen.
Hinter der Schmöckwitzer Brücke beginnt der
Schmöckwitzer Werder – eine waldreiche Halbinsel. Gleich nach der Brücke zweigt links ein
Treppenpfad durch üppiges Grün ab. Er führt zur
Seddinpromenade, die sich am Seddinsee entlang-
zieht. Hier scheint ein wenig die Zeit stehenge-
blieben zu sein: Sommerhäuschen und Bootsun-
terstände sehen so unscheinbar und gleichzeitig
heimelig aus wie zu DDR-Zeiten. Dazu passt auch
bestens das Restaurant „Strandlust", ein ausge-
musterter Industrieschlepper, der als Kaffeekahn
am Ufer liegt.

Um weiter Richtung Gosen zu spazieren oder
mit dem Rad zu fahren, nimmt man nun den
Waldweg, der etwas waldeinwärts des Seddinsees
verläuft. Hier gelangt man nach gut einem Kilometer an den **Oder-Spree-Kanal**. An diesem noch
einmal 1 000 Meter weiter, führt eine Brücke über
den Kanal, die Richtung Gosen führt. Auf der anderen Seite des Kanals geht man wieder Richtung

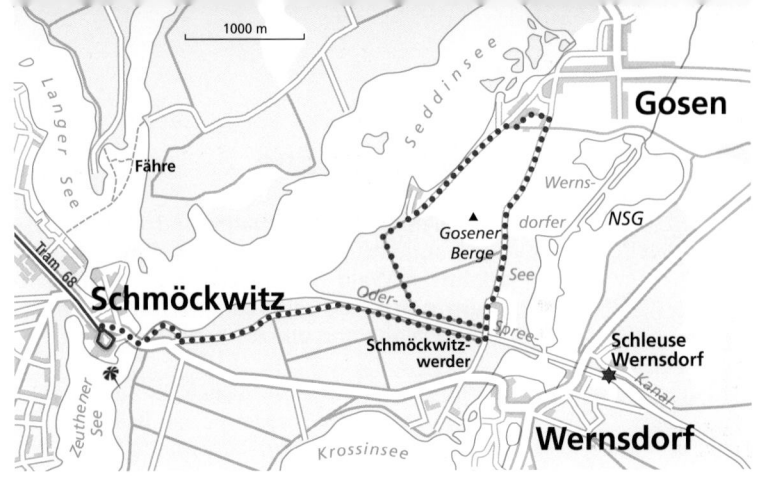

Seddinsee, aber nur bis zur ersten Abzweigung halb rechts. Auf diesem Weg gelangt man nach weiteren 500 Metern wieder ans Seeufer. Und zwar ungefähr an der Stelle, wo die Berliner Stadtgrenze überschritten wird. Von dort geht es ufernah durch Datschengebiet, bis unvermittelt eine große Lichtung mit Plattenbauten auftaucht: Der seltsame, etwas abgelegene Ort nennt sich heute **Bergpark** – und hat eine besondere Geschichte, die man nur noch erahnen kann, denn das Gelände wurde vom Ministerium für Staatssicherheit der DDR genutzt. Ab Juli 1988 wurden hier DDR-Spione für Einsätze im westlichen Ausland ausgebildet. Nur zwei Jahre später holte der Lauf der Geschichte die Stasi ein. Nach der Wende wurde erfolglos versucht, aus der ehemaligen Stasi-Liegenschaft in den Gosener Bergen ein Hotel- und Konferenzzentrum zu entwickeln. Seit 2007 wird das Areal Stück für Stück in ein Wohn-, Erholungs- und Bürozentrum umgebaut. Für die Naherholung sind eine Liegewiese am See, eine Skulpturen- und eine Streuobstwiese entstanden. Auch eine große Gaststätte gibt es.

Hügelanwärts und am Skulpturenpark vorbei erreicht man die Eichwalder Straße. Links herum geht es in den Ort **Gosen**. Von dort verkehren Busse Richtung Berlin. Rechts führt das kaum befahrene Sträßchen wieder zurück zur Brücke über den Oder-Spree-Kanal und damit Richtung Schmöckwitz.

Blick von der Schmöckwitzer Brücke auf den Seddinsee

Start
Eichwalde
S46 S8 alle 20 Min.

(Rad-)Wanderung
S Eichwalde –
Eichwalder Bade-
wiese – Villensiedlung
Seegarten – Dorfaue
Zeuthen – S Zeuthen

Länge
ca. 7 km

Rückfahrt
Zeuthen
S46 S8 alle 20 Min.

Eichwalde

Villen am See

**Die Gemeinden Eichwalde und Zeuthen lie-
gen südöstlich von Berlin in einem ausge-
dehnten Wald- und Seengebiet. Den Berlinern gelten sie seit Jahrzehnten als bevorzugte Wohnlage und als Ausflugsziele.**

1893 gegründet, ist **Eichwalde** die jüngste Gemeinde im Dahme-Seengebiet. Am Bahnhofsplatz
prägen mehrgeschossige Häuser im Stil der Gründerzeit das Bild. Hier liegt auch das Zentrum von
Eichwalde mit Geschäften und Gaststätten.

Für unseren Spaziergang nehmen wir die von
Eichen gesäumte Bahnhofstraße. Bald passiert
man das rekonstruierte Humboldt-Gymnasium.
Es bildet ein architektonisches Ensemble mit der
Alten Feuerwache, dem kulturellen Zentrum Eich-
waldes. Wo die Bahnhofstraße endet, biegen wir
rechts in die Gosener Straße ein, die bald God-
bersenstraße heißt. Sie führt schnurgerade durch
ein Waldstück (das übrigens zu Berlin gehört).
Am Ende des Waldstücks biegen wir rechts in die
Lindenstraße ein.

Ab jetzt bewegen wir uns parallel zum **Zeuthener See.** Der ist Teil des Dahme-Seen-Gebietes
und somit ein Zufluss der Spree. Allerdings bekommen wir vom Wasser zunächst wenig zu sehen. Denn zwischen Lindenstraße und See stehen
respektable Ein- und Zweifamilienhäuser mit
großzügigen Gärten. Und eigenem Seezugang,
versteht sich. Hier müsste man wohnen. Doch
auch wir Spaziergänger bekommen bald, an der
Tschaikowskistraße, das Wasser zu sehen: an der
Eichwalder Badewiese, einem idyllischen Fleck-
chen mit uralten Bäumen, Sandstrand und Spielplatz.

Weiter auf der Lindenstraße überschreiten wir
jetzt die Stadtgrenze nach **Zeuthen.** Hier beginnt
die Villensiedlung Seegarten – die Gegend wird
jetzt noch ein wenig vornehmer. Bald erreicht
man die neu gestaltete Uferpromenade. Hier liegen – neu gebaute – Stadtvillen hinter dem Ufer-

Promenade Am Seegarten

weg, sodass jeder vorbeikommende Spaziergänger den Seeblick genießen kann.

Herrschaftlich geht es am Ende der Promenade weiter. Wo der Weg auf die Havellandstraße trifft, steht gegenüber die 1910 erbaute Hertzog-Villa – ein Schmuckstück mit Rokoko- und Neubarock-Elementen. Heute gehört die Villa zur Dussmann-Gruppe, die sie nach aufwendiger Renovierung als Gästehaus und Schulungszentrum nutzt.

Über die Niederlausitzer Straße geht es zur Seestraße und vorbei an weiteren Villen. Gegenüber der Einmündung der Maxim-Gorki-Straße liegt links ein weiteres Kleinod: der kleine **Chinesische Garten.**

Wo die Seestraße endet, beginnt die Dorfaue von Zeuthen. Hier kann man noch erahnen, dass Zeuthen einst – vor dem Bauboom der Gründerzeit – nur ein winziges Fischerdorf im Dahme-Seengebiet war. Heute haben sich nahe der Dorfaue verschiedene Segelvereine niedergelassen.

An der Platanenallee werfen wir noch einen letzten Blick auf den Zeuthener See. Zurück geht es über die Eichenallee, die Ahornallee und die Lindenallee zum S-Bahnhof Zeuthen.

Chinesischer Garten
Eine Oase der Ruhe – hier ergänzen sich chinesische Gartenkunst und zeitgenössische Elemente.
Seestraße 79a
15738 Zeuthen
Apr.–Okt. 8–22,
Nov.–März 8–18 Uhr

Idau 🚻 Niederlehme Zernsdorf
RB36

Königs Wusterhausen

Zeesen

Start und Ziel
Königs Wusterhausen
S46 alle 20 Min.

Stadtspaziergang

Karte ▶ Seite 97

Königs Wusterhausen

Im Jagdrevier des Königs

Es war „des Königs Wusterhausen". Der König, nach dem es 1734 benannt wurde, war der Soldatenkönig Friedrich Wilhelm I., der schon früh das dortige Schloss zu seinem Lieblingsaufenthalt erkor. Hier hielt er sein „Tabakskollegium" ab, frönte seiner Jagdleidenschaft und kultivierte seinen kargen Lebensstil.

Heute steht der zweigeschossige Renaissancebau mit Rundturm fast im Zentrum von „KW", wie Einheimische ihr Städtchen gern nennen. Seit Oktober 2000 restauriert, ist das **Schloss Königs Wusterhausen** wieder als Museum geöffnet und eine der Hauptattraktionen der Stadt. Auch der Schlosspark ist mit seinen barocken Elementen wieder kunstvoll gestaltet worden. Zu finden ist das Schloss vom S-Bahnhof aus, indem man einfach den Wegweisern folgt – die ca. einen Kilometer lange Route führt überwiegend durch Grünanlagen.

Das äußere Zeichen einer weiteren Attraktion ist nicht zu übersehen: der 210 Meter hohe, rot-weiße Antennenmast auf dem heutigen Funkerberg am nördlichen Stadtrand. Vom Schloss aus biegt man in die Berliner Straße ein, von der bald die Straße Funkerberg abzweigt. Auf dem Weg zum Antennenmast kommen wir links am Aussichtsturm mit Biergarten vorbei. Doch bevor wir dort einkehren, erklimmen wir den **Funkerberg**. Hier war die Geburtsstunde des Rundfunks in Deutschland. Nach ihrer Nutzung als Militärfunkstation ab 1916 wurde 1920 erstmals ein Weihnachtskonzert live auf Langwelle übertragen. Das war der Beginn der kulturellen Nutzung des Rundfunks. Allerdings durften diese erste Rundfunksendung nur offiziell genehmigte Stellen empfangen. Das zugehörige Museum ist nach längerer Schließung nun wieder für Besucher geöffnet. Seitdem die Stadt KW 2007 das Funkerberg-Gelände übernahm, kümmert sich der

**Schloss
Königs Wusterhausen**
Schlossplatz 1
Tel. (0 33 75) 21 17 00
www.spsg.de
Apr.–Okt.
Di–So 10–17.30 Uhr,
Nov.–März
Sa/So 10–16 Uhr
6 € / 5 €

Schloss Königs Wuster-
hausen

Förderverein „Sender Königs Wusterhausen" um
die Betreuung des Museums.

Nach so viel Kultur und Technik bietet sich ein
Spaziergang am Nottekanal an. Die Notte wurde
schon 1568 kanalisiert, um Gips aus Sperenberg
heranzuschaffen, und 1856 als „Töpferkanal"
ausgebaut für den Ziegeltransport aus Töpchin
und Motzen. Mit dem Ausbau der Bahn verlor der
Kanal seine Bedeutung. Heute ist der Wasserweg,
der mitten durch die Stadt fließt, ein verträumtes
Gewässer, das sich die Natur zurückerobert hat.
Das Ufer ist zugewachsen und Teichrosen blühen.
Der Uferweg führt auf der südlichen Seite aus KW
heraus. Die andere Seite des Ufers gibt durch viele
Baumgruppen und Hecken den Blick frei auf eine
Feld- und Wiesenlandschaft.

Nach etwa 3 Kilometern erreicht man die Abzweigung nach **Schenkendorf.** Im Jahre 1995 hatte hier ein Nachfahr des Grafen Dracula das um
1900 vom Verleger Rudolf Mosse im italienischen
Renaissancestil errichtete Schloss erworben. Sein
„Schloss und Rittergut Dracula" musste allerdings
Insolvenz anmelden. Seit einem Brand 2014 ver-
fällt Schloss Schenkendorf zusehends.

Heimatmuseum
Schlossplatz 7
15711 Königs Wuster-
hausen
Tel. (0 33 75) 29 30 34
www.heimatverein-kw.de
Di–Sa 10–16 Uhr

**Sender- und Funktechnik-
museum**
Funkerberg Haus 1
15711 Königs Wuster-
hausen
www.funkerberg.de
Tel. (0 33 75) 29 47 55
Di/Do/Sa/So 13–17 Uhr
5 € / 3 €

Idau Niederlehme Zernsdorf

RB36

Königs Wusterhausen

Zeesen

Start und Ziel
Königs Wusterhausen
S46 alle 20 Min.

(Rad-)Wanderung
Königs Wusterhausen –
Kameruner See

Länge
ca. 14 km hin und
zurück

Königs Wusterhausen – Neu Kamerun

Badetour nach Kamerun

Von Königs Wusterhausen mit dem Rad bis nach Kamerun? Kein Problem! Denn Kamerun liegt im Brandenburger (Ur-)Wald – gerade einmal 7 Kilometer vom S-Bahnhof entfernt.

Dabei ist der Weiler so abgelegen, dass er auf vielen Karten gar nicht verzeichnet ist. Doch damit nicht genug – noch versteckter liegt mitten im Kiefernwald der **Kameruner See.** Für die kleine Expedition sollte man sich allerdings gut mit Proviant eindecken – am Ziel gibt es keine gastronomische Versorgung.

Aber erst einmal hinfinden, nach Kamerun. Wir starten von der Ostseite des Bahnhofs in Königs Wusterhausen, also der von der Stadt abgewandten Seite. Über den Kirchsteig geht es den Wegweisern folgend in Richtung **Neue Mühle.**

Nach ca. 5 Minuten Radeln oder 15 Minuten zu Fuß ist die historische Schleuse erreicht. Die beeindruckt vor allem durch die Zugbrücke: Zur Erbauung der Ausflügler wird sie selbst für das kleinste Segelboot hochgezogen. Fußgänger können von einem Extrasteg aus dem Spektakel zuschauen. Autos und Radfahrer müssen am Brückenrand warten, bis die Zugbrücke nach dem Passieren des Wasserfahrzeugs wieder heruntergelassen wird.

Der Weg nach Kamerun führt an der Schleuse Neue Mühle vorbei

Aber wir wollen ja nach Kamerun und bleiben deshalb diesseits der Schleuse: Wir nehmen die in südlicher Richtung verlaufende Tiergartenstraße. Von dieser zweigt gleich halb links ein gut mit dem Rad zu befahrender Pfad durch den Tiergarten von Königs Wusterhausen, ein kleines Wäldchen, ab. Nach ca. einem Kilometer erreicht man kurz vor der Siedlung Waldesruh die Landstraße und folgt dieser ca. 200 Meter in Richtung Süden, um dann rechts in die Gräbendorfer Straße abzubiegen.

Diese ruhige Siedlungsstraße wird bald zur ebenso wenig befahrenen Körbiskruger Straße, auf der wir uns immer geradeaus halten. Am Ende der Siedlung wird die Strecke zur Schotterpiste, die aber noch gut mit dem Rad befahrbar ist. Nachdem man etwa 2 Kilometer parallel zum Zeesener See durch den Wald geradelt ist, taucht die Siedlung Körbiskrug auf. Am Ende von Körbiskrug stößt der Fahrweg auf eine Bundesstraße, an der es ca. 100 Meter entlang Richtung Süden geht, bis links die Piste mit dem verheißungsvollen Straßenschild Kamerun abzweigt.

Auf Betonplatten fahren wir nun Richtung Osten und erreichen bald eine Ansiedlung: Ein paar Häuser und Datschen am Fahrweg, umgeben von viel Grün – eigentlich hatten wir uns unter Kamerun etwas anderes vorgestellt.

Hinter dem Weiler und weiter Richtung Wald wird der Weg etwas sandig – hier geht es zum See. Dieser versteckt sich zwischen Bäumen und schimmert bald malerisch zwischen Kiefernzweigen hervor. Kleine, teils versteckte Badestellen locken zum Bad in dem klaren Gewässer, das auch Großer Tonteich genannt wird. Einige Camper scheinen den Ort so wunderbar zu finden, dass sie ihre Zelte unter den Bäumen im Mischwald aufgestellt haben. Die können später ihren Freunden erzählen, dass sie ihren Urlaub in Kamerun verbracht haben.

Idau 🚉 Niederlehme Zernsdorf

RB36

Königs Wusterhausen

Zeesen

Start
Königs Wusterhausen
S46 alle 20 Min.

Radtour
Königs Wusterhausen –
Mittenwalde – Groß
Machnow – Rangsdorf
– Blankenfelde

Länge
ca. 33 km (bis Rangs-
dorf: ca. 26 km)

Dauer
ca. 3 Stunden
(ohne Pause)

Ziel
Blankenfelde
S2 alle 20 Min.
oder Bhf Rangsdorf
RE5 und RE7

Karte ▸ Seite 100

Mittenwalde

Weißes Gold am Salzmarkt

„Im allgemeinen darf man fragen: wer reist nach Mittenwalde? Niemand. Und doch ist es ein sehenswerter Ort, der Anspruch hat auf einen Besuch in seinen Mauern" (Theodor Fontane). Und weil das bis heute so ist, lohnt sich eine Radtour in das beschauliche Landstädtchen.

Vom S-Bahnhof **Königs Wusterhausen** führt uns der Weg durch die Bahnhofstraße, die Einkaufsstraße von „KW". An deren Ende überquert man die Schlossstraße (ein Abstecher zum nahen Schloss lohnt sich unbedingt! ▸ Seite 94) und befindet sich auch schon auf dem (anfangs asphaltierten) Weg „Am Nottekanal". Von nun an geht es immer geradeaus am idyllischen Nottekanal. Der Kanal diente im 19. Jahrhundert dazu, Ziegel und andere Baustoffe zu transportieren.

Nach gut 7 Kilometern kündigt sich Mittenwalde zuerst durch die Reste einer alten Eisenbahnbrücke über den Kanal an. Kurz darauf folgt die Brücke für den Straßenverkehr. Diese nehmen wir und erreichen auch gleich den Ort.

Mittenwalde, 1307 zum ersten Mal urkundlich erwähnt, war im Mittelalter ein strategisch wichtiger Ort an der Grenze der Mark Brandenburg zur Lausitz. Davon zeugt noch heute das nördliche Stadttor mit dem 25 Meter hohen Pulverturm, die einzigen Reste der ehemals starken Befestigungsanlage. Die Stadt war durch den florierenden Salzhandel sehr reich. 1562 lieh sich Berlin sogar Geld von Mittenwalde, das es anscheinend immer noch nicht zurückgezahlt hat ...

Nach dem Dreißigjährigen Krieg allerdings lag Mittenwalde in Schutt und Asche. Die Einwohnerzahl war 1645 von 1 000 auf 250 zurückgegangen. Damals kam Probst Paul Gerhardt an die Pfarrkirche St. Moritz und sprach den Menschen Mut zu, auch durch seine volkstümlichen Lieder wie „Geh aus mein Herz und suche Freud", die ihn berühmt gemacht haben.

Einladend und bunt: die
Altstadt von Mittenwalde

Ein weiterer berühmter Einwohner Mitten-
waldes war der preußische Generalfeldmarschall
Johann David Ludwig Graf Yorck von Warten-
burg. Er ließ 1806 das Wohnhaus an der heutigen
Yorckstraße 45 errichten. Die Yorckstraße trug
zu DDR-Zeiten übrigens den Namen des KPD-
Abgeordneten des Preußischen Landtags Erich
Steinfurth, der 1934 im Konzentrationslager er-
mordet wurde. Heute erinnert eine Gedenktafel in
der Nr. 11 an den Widerstandskämpfer.

Die Yorckstraße führt geradewegs in und durch
die Altstadt. Dort erzählen Infotafeln von der Geschichte der Stadt. Ein schöner Rundgang führt
zunächst zur **Kirche St. Moritz,** einem dreischif-
figen, gotischen Hallenbau aus Feld- und Back-
steinen. Im südlichen Kirchgarten steht ein Denkmal, das an Paul Gerhardt erinnert. Nicht weit
davon entfernt findet man den schönsten Platz in
Mittenwalde, den **Salzmarkt.** Auf dem dreieckigen
Platz wurde im 16. Jahrhundert mit dem „weißen
Gold" gehandelt. So wurden die Steinsalzkristalle
genannt, denn ab dem Mittelalter und bis ins 19.
Jahrhundert wurden sie mit Edelsteinen aufgewo-
gen. In Haus Nr. 5 gibt es ein Heimatmuseum, in

Kirche St. Moritz
Hallenkirche mit Sternge-
wölben und Umgangschor
aus dem 15 Jh., renoviert
1860/61, sehenswerter
Schnitzaltar mit Antwer-
pener Rentabel von 1514.
Paul-Gerhardt-Straße

Museum am Salzmarkt
Stadtgeschichte, Leben
um die Jahrhundertwende
19./20. Jh.
Salzmarkt 5
Tel. (03 37 64) 2 22 70
www.salzmarkt5.de
Dez.–Feb. geschlossen,
ansonsten Sa/So 13–16,
Mai–Sep. 13–17 Uhr

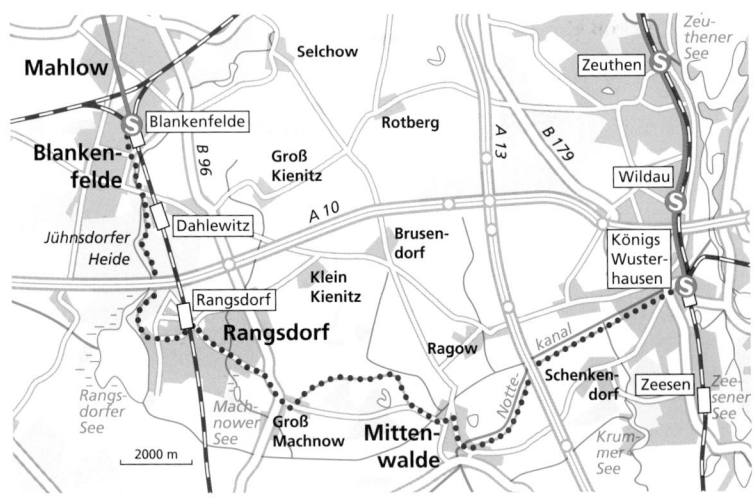

dem man einiges über die wechselvolle Geschichte von Mittenwalde erfährt: Stadtgründung und Entwicklung, Wohlstand, Pest, Hungersnöte und Dreißigjähriger Krieg. Zu sehen sind auch eine historische „Schwarze Küche" und ein Wohnzimmer aus der Gründerzeit.

Wieder zurück auf der Yorckstraße geht es nach links zum nördlichen **Stadttor** mit dem Pulverturm.

Um Mittenwalde zu verlassen, durchqueren wir das Stadttor und halten uns zunächst links, um nach wenigen Metern rechts in die Chausseestraße einzubiegen. Dieser folgen wir, bis an der ersten Straßenbiegung hinter dem Ortsende ein Fahrweg rechts abzweigt. Auf diesem Weg geht es leicht bergan, vorbei an Brach- und Lagerflächen. Bei der Weggabelung fahren wir nach links. Zunächst ist dieser Weg unbefestigt und stellenweise sandig, später rollt man auf Betonplatten. Nach Norden hin bietet sich ein grandioser Blick über Felder und Wiesen. Im Frühjahr und Herbst kann man mit etwas Glück ein besonderes Naturschauspiel erleben: Hunderte, vielleicht auch tausende von Kranichen nutzen die feuchten Wiesen zum Rasten auf ihrem Flug nach Süden oder Norden.

Bald ist **Groß Machnow** erreicht. Der Name des Dorfes erinnert an die slawische Zeit. Machnow bezeichnet einen Ort in einer feuchten, moosreichen Gegend. Erwähnung fand Groß Machnow erstmals 1375 als deutsches Kolonistendorf. Damals besaß der Ort bereits eine Kirche, zwei Windmühlen und zwei Gaststätten. Die Feldsteinkirche aus dem 13. Jahrhundert steht heute immer noch mitten im Dorf.

In Groß Machnow fährt man bis zur Bundesstraße 96, überquert diese und folgt dem Radweg abseits der Fahrbahn Richtung Norden. Gleich an der ersten Abzweigung biegt man links ab Richtung **Rangsdorf,** das bald erreicht ist. Die meisten Häuser des lang gezogenen Ortes liegen unter hohen Kiefern. Rangsdorf wurde schon im 19. Jahrhundert wegen seiner Lage am Rangsdorfer See zu einem beliebten Ausflugsziel für Berliner. Von 1940–1961 fuhr sogar die S-Bahn bis hier. Seit der Wiedervereinigung im Jahr 1990 steigt die Zahl der Besucher und Einwohner des Ortes auch wieder deutlich.

Vorbei am Bahnhof erreicht man schließlich den **Rangsdorfer See.** Den sollte man unbedingt gesehen haben. Dieser ist zwar kein Badesee, doch der weite Blick vom Sandstrand über den flachen, schilfgesäumten See lohnt allein schon den Weg (▸ Seite 105).

Nun muss man sich entscheiden: Entweder man folgt der schönen, aber teils etwas sandigen Radroute ins ca. 6 Kilometer entfernte **Blankenfelde** (führt zunächst nah am See entlang) zum dortigen S-Bahnhof. Oder man radelt zurück zum Bahnhof Rangsdorf und nimmt dort die Regionalbahn Richtung Berlin (2x stündlich).

Das nördliche Stadttor von Mittenwalde stammt aus dem Mittelalter

■Ma

■ S2 Blankenfelde
•Dah

Start und Ziel
Blankenfelde
S2 alle 20 Min.

(Rad-)Wanderung
Blankenfelde –
Diedersdorf

Länge
ca. 6 km einfach

Schloss Diedersdorf

Blankenfelde

Tradition und Gaudi

Eigentlich ist Blankenfelde südlich von Berlin noch ein typisches märkisches Dorf. Daran haben auch die Erweiterungen des Ortes mit Einfamilienhäusern ringsherum nicht viel geändert. Das Märkische spürt man besonders am alten Dorfanger.

Dieser liegt heute fast am Rand von **Blankenfelde,** 1,5 Kilometer vom S-Bahnhof entfernt. Man durchquert zunächst das neue Ortszentrum am Brandenburger Platz. Über ruhige Wohnstraßen geht es in südwestlicher Richtung bis zur Hauptstraße, der man in westlicher Richtung folgt. Nahe der Ampelkreuzung mit der Dorfstraße am Ortsrand erstreckt sich links der alte Dorfkern. Hier gibt es noch den Dorfteich, die Kirche und ein paar Bänke, die Jugendlichen als Treffpunkt dienen. In der restaurierten **Dorfschmiede** aus der Zeit des Dreißigjährigen Krieges kann man manchmal sogar einem Schmiedekünstler bei der Arbeit zusehen. Und im Gasthaus zur Eiche, dem alten Dorfkrug, lässt es sich märkisch speisen.

Etwas unterhalb vom Dorfanger führt bald die Triftstraße von der Blankenfelder Dorfstraße in westlicher Richtung abgehend aus Blankenfelde heraus. Am Ortsende wird die Teerstraße zu einem Fahrweg mit Betonplatten, der vorbei an kleinen Wäldchen durch die flache Diedersdorfer Heide führt.

Bald taucht rechts in der Ferne eine Ansiedlung auf. Wer genau hinsieht, erkennt es auch schon, das **Diedersdorfer Schloss.** Ein Abzweig an einer Stromleitung führt direkt in das 800-Einwohner-Dorf, welches den größten Biergarten Brandenburgs sein eigen nennt. So dreht sich auch fast alles in Diedersdorf um den ehemaligen Gutshof und die wiederhergestellte Schlossanlage,

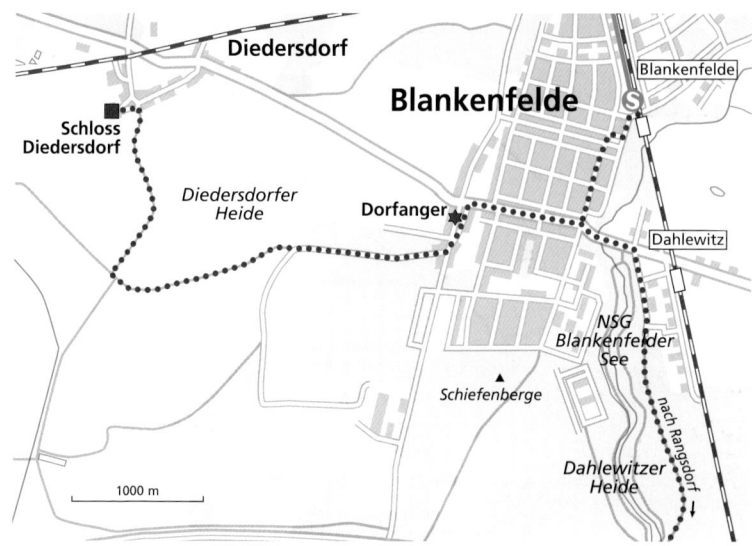

Diedersdorf
Blankenfelde
Blankenfelde
Schloss
Diedersdorf
Diedersdorfer
Heide
Dorfanger
Dahlewitz
NSG
Blankenfelder
See
Schiefenberge
nach Rangsdorf
Dahlewitzer
Heide
1000 m

einen barocken Putzbau aus dem 18. Jahrhundert.
Hauptanziehungspunkt ist der Biergarten vor dem
Schlosspanorama, in dem gleichzeitig bis zu 2 000
Gäste ihren Durst stillen können. Von den langen
Bänken aus fällt der Blick auf saftig-grüne Wiesen, die sanft nach Süden hin abfallen, wie auch
das ganze Dorf an einem leichten Südhang erbaut
ist. Wenn man nicht genau wüsste, dass man hier
nahe Berlin ist – man könnte meinen, plötzlich
nach Bayern versetzt zu sein. Auch das Speisen-
und Getränkeangebot im Biergarten ist entsprechend: Schweins-Haxen gibt es, und das Bier wird
als halbe oder ganze „Maß" ausgeschenkt. Nebenan wird Kindern einiges geboten: Kinderkarusell,
Hüpfburg, ein Streichelzoo und ein Spielschloss
sorgen bei den kleinen Besuchern für Kurzweil.
Auch ein Reiterhof fehlt nicht.

Doch damit nicht genug: Im Schloss selbst ist
ein Hotel untergebracht, in den Nebengebäuden
des ehemaligen Gutshofes weitere Restaurants,
Läden und Veranstaltungsräume. In der Schmiede
wird brandenburgische Küche serviert, der Pferdestall ist der gehobenen Gastronomie vorbehalten.
Sogar heiraten kann man auf Schloss Diedersdorf
– ein Standesamt wurde eigens eingerichtet.

Alte Dorfschmiede
Werner Mohrmann-Dressel
Blankenfelder Dorf-
straße 14
15827 Blankenfelde
Tel. (0 30) 6 91 83 50
www.werners-esse.de
Di–Fr 10–17 Uhr, 1. Sa im
Monat 13–17 Uhr

Schloss Diedersdorf
Kirchplatz 5–6
15831 Diedersdorf
Tel. (0 33 79) 35 35–0
www.schlossdieders
dorf.de
Biergarten März–Okt.
11–21 Uhr

**Restaurant Pferdestall im
Schloss Diedersdorf**
Rustikale Gastronomie
Tgl. ab 7 Uhr,
ganzjährig geöffnet

S2 Blankenfelde

Dah

Start
Blankenfelde
S2 alle 20 Min.

Wanderung
Blankenfelde –
Blankenfelder See –
Rangsdorf

Länge
ca. 7 km einfach, mit
dem kompletten Rund-
kurs Blankenfelder See
5 km mehr

Rückfahrt
Bahnhof Rangsdorf
RE5 und RE7 nach
S Blankenfelde (oder
weiter Richtung Berlin
Hbf oder Stadtbahn)

Karte ▸ Seite 100

Seehotel Berlin-Rangsdorf
Hotel, Restaurant, Biergarten, Bootsverleih, Kiosk.
Am Strand 1
15834 Rangsdorf
Tel. (03 37 08) 92 88-0
www.see-hotel-berlin.de

Blankenfelde – Rangsdorf

Verschwundener See

**Blankenfelde eignet sich gut als Startpunkt
für eine schöne Wanderung nach Rangsdorf
– mit oder ohne Fahrrad.**

Vom Bahnhof Blankenfelde aus nimmt man die
Karl-Marx-Straße in südwestlicher Richtung. Vorbei am neuen Ortskern geht es weiter auf der
Erich-Klausener-Straße bis zum Verkehrskreisel,
wo man links in **Bahnhofstraße** abbiegt. Nach ca.
100 Metern zweigt rechts ein Waldpfad ab (Wegweiser **Naturpfad Blankenfelder See**). Wo heute
Naturpfad und Feuchtgebiet sind, erstreckte sich
vor 70 Jahren eine weite Wasserfläche – der Blankenfelder See. Seitdem sank der Wasserstand Jahr
für Jahr, das Gewässer ist verlandet – und hat ein
kleines Naturparadies entstehen lassen.

Vom See selbst ist nur das Niedermoorgebiet
erhalten geblieben, das von dem kleinen Glasowbach durchzogen wird. Selten gewordene Vogelarten haben sich in dem seit 1986 unter Naturschutz stehenden Gebiet niedergelassen. Auch der
schon lange vom Aussterben bedrohte Fischotter
ist hier wieder heimisch geworden.

Durch das Naturschutzgebiet führt in einem
5,5 Kilometer langen Rundkurs der „Naturpfad"
an stillen Gewässern entlang, durch mit dichtem
Moos überzogene Kiefernhaine und an dicken
Eichen vorbei. Nahe dem Glasowbach ist eine
Raststelle eingerichtet. Mit etwas Glück kann man
hier Spechte in den Baumkronen entdecken.

Wen es mehr zu einem „echten" See zieht, der
wandert oder radelt weiter in Richtung Süden
nach **Rangsdorf**. Ein schöner Waldweg verläuft
parallel zum Naturschutzgebiet. Nach dem Un-
terqueren der Autobahn (Berliner Ring) führt ein
markierter Weg in Sichtweite des Rangsdorfer
Sees durch Mischwald in den beschaulichen Aus-
flugsort.

Bald ist auf dem Uferweg das „Seehotel Berlin-Rangsdorf" erreicht, Ziel und Treffpunkt für
jeden Rangsdorf-Besuch. Das heutige Seehotel

ist ein großzügiger Neubau an der Stelle seines traditionsreichen Vorgängergebäudes. Dort trafen sich schon frühere Generationen von Rangsdorf-Ausflüglern, um es sich bei Kaffee und Kuchen gut gehen zu lassen.

Das war die große Zeit von Rangsdorf: Scharenweise kamen die Berliner am Wochenende mit der Bahn zum „Lido des Berliner Südens". Auch heute findet sich nebenan im Strandbad Rangsdorf noch ein Sandstrand mit wunderschönem Seeblick.

Einen Schönheitsfehler hat die Strandidylle allerdings: Wegen zu geringer Sichttiefe war in den vergangenen Jahren das Baden im See nur eingeschränkt erlaubt. Das Naturerlebnis wird dadurch nur wenig getrübt: Der See, teils mit Schilf bewachsen, steht zu großen Teilen unter Naturschutz. Hier brüten seltene Vögel, an den

Am Rangsdorfer See

moorigen Rändern auf der Westseite ist das Gehen deshalb nur auf ausgeschilderten Wegen erlaubt. Der **Rangsdorfer See** lohnt übrigens nicht nur im Sommer einen Besuch: Wenn der See zugefroren ist, treffen sich hier die Eissegler.

Doch Rangsdorf hat noch mehr als Natur zu bieten. Neben ruhigen Wohnvierteln auf dem Hügel oberhalb des Sees oder unter hohen Kiefern gibt es einen besonderen Ortsteil: **Klein Venedig.**

Klein Venedig liegt südlich vom Seehotel. Kanäle und Brücken sorgen dafür, dass hier tatsächlich ein Hauch vom Lebensgefühl der Lagunenstadt zu spüren ist.

Vom Seehotel aus führt die Straße Am Strand und daran anschließend die Seebadallee zunächst zum historischen Dorfanger mit Feldsteinkirche. Wer den kleinstädtischen, mit Bäumen gesäumten Boulevard weiter entlanggeht, kommt nach gut einem Kilometer zum Bahnhof von Rangsdorf.

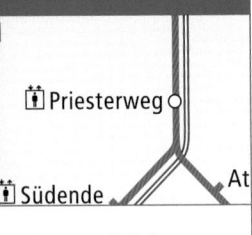

⚏ Priesterweg ○

⚏ Südende ⟋⟋ At

Start und Ziel
Priesterweg
S2 S25 S26
alle 5 Min.

Stadtausflug
Natur-Park Schöne-
berger Südgelände

**Natur-Park Schöneberger
Südgelände**
Eingang: Am Südausgang
Ⓢ Bahnhof Priesterweg
Tgl. von 9 Uhr bis Anbruch
der Dunkelheit
Radfahren und Ausführen
von Hunden verboten

Vogelkundliche und stadt-
ökologische Führungen:
BUND-Bund für Umwelt-
und Naturschutz Berlin
Deutschland e. V.
Landesverband Berlin
Tel. (0 30) 78 79 00-0
Infos auch online unter:
www.gruen-berlin.de

Natur-Park Südgelände

Ein Biotop zwischen den Schienen

Schon vom Bahnsteig aus ist die gelbe Mauer mit den bogenförmigen Durchgängen zu sehen. Einige Schritte durch den Südausgang, und ein europaweit einmaliges Landschafts- und Naturschutzgebiet ist erreicht.

Einmalig, weil es 70 Jahre lang industriell genutzt wurde und der Natur nicht die geringste Chance bot. Wenige Jahrzehnte genügten, um aus dem 1952 aufgegebenen Bahngelände ein schutzwürdiges Biotop zu machen. Seit dem Sommer 2000 steht es, so groß wie 18 Fußballfelder, Besuchern zu einem Eintrittspreis von 1 € offen.

Große Teile des Parks, der sich schmal und lang nach Norden erstreckt, sind Naturschutzgebiet. Deshalb gelten einige Verbote. Radfahren und das Ausführen von Hunden sind untersagt, die sensiblen Kernbereiche können nur über Stege, angelegt von der Künstlergruppe Odious, begangen werden.

Doch diese Einschränkungen nimmt der einsichtige Besucher hin, denn das Ensemble aus Natur und Technik wirkt gleich auf den ersten Blick ungewöhnlich interessant. Der denkmalgeschützte **Wasserturm** von 1927, eine alte Dampflok der 50er Baureihe, eine Drehscheibe erinnern an den früheren Rangierbahnhof Tempelhof und die Fernstrecken in Richtung Dresden und Anhalt. Moderne Eisenkonstruktionen in vielen Formen betonen diese Vergangenheit.

Beherrscht wird das Bild jedoch von stellenweise geradezu urwaldartigem Bewuchs – ein reizvoller Kontrast, den man von einer Sonnen- oder Schattenbank aus unbeschwert genießen kann. Nach einer sommerlichen Führung, also mit einigem Hintergrundwissen, machen Spaziergänge aber noch mehr Spaß. Wie Flechten, Moose und anspruchslose Baumarten – Pappeln, Birken, Robinien – in Schotter und Kohlengrus wortwört-

lich den Boden bereiteten für Eichen und Hain-
buchen, ist ein spannendes Stück Stadtökologie.
Auf dem Trockenrasen der Lichtungen haben sich
botanische Raritäten angesiedelt, die der Laie
übersieht. Insgesamt sind es etwa 370 Arten. Ohne
Düngen und Wässern wuchs ein Pfirsichbäum-
chen heran. Im übrigen kreuchen und fleuchen
auf dem Gelände Dachs und Fuchs, 30 Brutvogel-,
95 Wildbienen- und 57 Spinnenarten, darunter
die weit gereiste Südfranzösische Höhlenspinne.
Viele sind als gefährdet oder selten eingestuft, so
die Blauflüglige Ödlandschrecke und an Vögeln
der Berghänfling, die Gartengrasmücke und der
Trauerschnäpper. Falls die Erkundung hungrig
und durstig gemacht hat: Am Nordeingang des S-
Bahnhofs gibt es ein beliebtes Lokal mit Biergarten, die „Alte Ziegenweide" in der gleichnamigen
Kleingartenkolonie, in der Brückenmeisterei ein
kleines Café.

Das **Schöneberger Südgelände** gehörte bis zur
Wiedervereinigung Deutschlands der Reichsbahn
und danach der Deutschen Bahn
AG. Erst nachdem die Bahn auf
ihre Betriebsrechte verzichtet
hatte, konnte der Wunsch von
Bürgerinitiativen erfüllt und mit
großzügiger Hilfe der Allianz
Umweltstiftung ein Park gestaltet
werden.

Am nördlichen Ende führt
eine Brücke über die S-Bahn-
gleise. Von dort geht es zum S-
Bahnhof Südkreuz oder zurück
zum Priesterweg durch den Hans-
Baluschek-Park. Hier ist alles
möglich, was im Naturschutzgebiet unterbleiben muss, wie Spiel
und Sport. Geometrische Formen
bilden einen reizvollen Gegensatz
zur Wildnis, die der Spaziergänger gerade hinter sich ließ. Der
Maler Hans Baluschek hatte in
der Nähe sein Atelier und bevorzugte Eisenbahnmotive.

Industrieruinen und Natur
– beides findet man auf
dem Schöneberger Süd-
gelände

Lichter

5 S26 **Teltow Stadt**

Bir

Start
Teltow Stadt
S25 S26 alle 10 Min.

(Rad-)Wanderung
S Teltow Stadt – Alt-
Teltow – Ruhlsdorf –
Bhf Teltow

Länge
ca. 10 km

Rückfahrt
Regionalbahnhof
Teltow
RE4 stündlich nach
Lichterfelde Ost, Süd-
kreuz, Potsdamer Platz
und Berlin Hbf

Das alte Rathaus in Teltow

Teltow

Rübchen und mehr

**Bei dieser Tour durchstreift man die Altstadt
und die Umgebung von Teltow. Dabei kann
man erfahren, was Teltower Rübchen sind
und dass auch Schweine ein Museum haben.**

Vom S-Bahnhof Teltow Stadt führt ein Fuß- und
Radweg entlang der Mahlower Allee in die Altstadt. Nach 400 Meter überqueren wir eine verkehrsreiche Kreuzung und biegen auf der gegenüberliegenden Seite halb rechts in die Berliner
Straße ein. Hier beginnt die Altstadt, oder besser
gesagt das, was Brände, Krieg und Nachkriegszeit
von der ehemaligen Ackerbürgerstadt übrig gelassen haben. Und das ist sehenswert.

Die Ursprünge der Stadt **Teltow** reichen bis ins
12. Jahrhundert. Die ältesten erhaltenen Bauten
zählen allerdings nur 300 Jahre. An der Andre-
askirche vorbei geht es bis zum hübsch renovierten Marktplatz, wo das blumengeschmückte
alte Rathaus steht. Neben Bänken und einem
neuen Springbrunnen erhebt sich das Denkmal
von 1908 für Landrat Stubenrauch, den „Schöpfer
des Teltow-Kanals", wie wir einer Tafel entneh-
men können. Der 38 Kilometer lange Teltowkanal
verbindet seit 1906 die Potsdamer Havel mit den
Gewässern südöstlich von Berlin.

Rund um den Marktplatz wurde und wird
die historische Stadtgestalt rekonstruiert – ein
Ruhepol im aufstrebenden Teltow, wo High-Tech-
Betriebe und neue Wohngebiete entstanden sind.
Wir verlassen die Altstadt über die Alte Potsdamer Straße in Richtung Westen. Wo diese auf die
verkehrsreiche Potsdamer Straße trifft, überqueren
wir die Verkehrsader in südlicher Richtung und
landen bald auf dem Weinbergsweg. Von diesem zweigt der idyllische Hollandweg links ab
und führt uns über ein paar Kurven und durch
üppiges Grün bis zur Ruhlsdorfer Straße. Auf
dieser geht es zum gleichnamigen Dorf. Wer die
Landstraße mit dem schmalen Rad-Fußweg mei-
den möchte, biegt nach einem Kilometer (Höhe

„Pflanzen-Kölle") rechts in den Schenkendorfer Weg ein und folgt dem asphaltierten Fahrweg. So oder so kommt man nach einem weiteren Kilometer (über Schenkendorfer Weg: 3 Kilometer) zum Ortskern von **Ruhlsdorf,** erkennbar an der Bushaltestelle und einem Übersichtsplan. Hier steht auch „Hammers Landhotel", wo man von Mitte September bis in den Januar hinein „Teltower Rübchen" probieren kann. Dieses besonders schmackhafte Wurzelgemüse wussten schon Friedrich der Große und Goethe zu schätzen. Es wächst nur rund um Teltow und wird deshalb auch jährlich mit dem „Teltower Rübchenfest" geehrt.

Auf der gegenüberliegenden Seite der Landstraße zweigt die beschauliche Dorfaue von Ruhlsdorf ab. Die hat neben der Feldsteinkirche von 1250 eine weitere Sehenswürdigkeit zu bieten: Das **Deutsche Schweinemuseum.** Hier kann man fast alles über das Leben der Schweine erfahren. Oder wussten Sie, dass bis Anfang des 19. Jahrhunderts alle Schweine frei in Wald und Flur herumliefen, sich von dem ernährten, was der Wald hergab und sich mit Wildschweinen paarten? Davon erzählt das Museum.

Über die Dorfstraße weiter geradeaus gelangt man nach 3 Kilometern auf die Mahlower Straße, wo gleich rechts der Regionalbahnhof Teltow liegt.

Ältestes Haus Heimatmuseum
Hoher Steinweg 13
Tel. (0 33 28) 47 41 20
Apr.–Okt. So 14–18,
Nov.–März So 14–17 Uhr

Vogelpark und Streichelzoo Teltow
Papageien, Kakadus und andere Vögel, aber auch Ziegen, Schafe, Affen und Rehe sind zu bestaunen. Die Kleinen können auf dem Pony oder dem Esel reiten oder in der Riesenbuddelkiste spielen.
Kastanienstraße 13–19
Tel. (01 71) 3 86 17 63
Sommer 9–19,
Winter 9–17 Uhr

Deutsches Schweinemuseum
Dorfstraße 1
14513 Teltow-Ruhlsdorf
Tel. (0 33 28) 43 61 45
Mai–Sep. Sa 13–17 Uhr,
Sondervereinbarungen sind per Mail oder Telefon möglich.

Zehlendorf 🛈 Sundg

Start
Zehlendorf
🚇 alle 10 Min.

(Rad-)Wanderung
🚇 Zehlendorf – Düppel – Kleinmachnow – Griebnitzsee

Länge
ca. 15 km

Rückfahrt
Griebnitzsee
🚇 alle 10 Min.

🔅 **Tipp** Museumsdorf
Düppel
Hier kann man erleben,
wie unsere Vorfahren vor
800 Jahren lebten.
Clauertstraße 11
14163 Berlin
Tel. (030) 8 02 66 71
www.dueppel.de
Während der Saison
(Ostern–Anfang Okt.)
Sa/So/Fei 10–18 Uhr
🚌 115

Kleinmachnow

Entlang der Stammbahn

Eine Radtour entlang junger und alter Siedlungs- und Technikgeschichte eröffnet ganz neue Perspektiven.

Dass die Berliner schon Mitte des 19. Jahrhunderts in so großer Zahl aus der Stadt hinaus kamen, das lag an der preußischen Stammbahn. Diese 1838 eröffnete Strecke Berlin – Zehlendorf – (Düppel) – Potsdam war die erste preußische Eisenbahn gleich nach der Verbindung Nürnberg – Fürth. Inzwischen ist sie, bedingt durch die ehemalige Sektorengrenze südwestlich von Zehlendorf, aufs Neben- und Abstellgleis geraten und streckenweise nur noch zu erahnen.

Am S-Bahnhof **Zehlendorf** nehmen wir den Südausgang und radeln entlang der Berlepschstraße – parallel zur ehemaligen preußischen Stammbahn – bis zur Kreuzung Clauertstraße/ Ludwigsfelder Straße. Rechts sehen wir den 1972 in Betrieb genommenen und 1980 wieder außer Dienst gestellten S-Bahnhof „Zehlendorf Süd". Neben dem Bahnhof „Buckower Chaussee" war er der einzige neue Bahnhof der von der Deutschen Reichsbahn betriebenen S-Bahn auf West-Berliner Gebiet. 1980, als die Betriebspflicht der Reichsbahn im Westteil der Stadt erlosch, wurde der Betrieb auf der Stummelstrecke eingestellt.

Einige Meter weiter können wir auf der linken Straßenseite ein Hinweisschild erkennen. Hier ist ein Stück Geschichte zu sehen, das es in sich hat: Im **Museumsdorf Düppel** ist ein ganzes Dorf mitsamt seiner Umwelt so rekonstruiert worden, wie es vor rund 800 Jahren existiert hat.

Weiter die Berlepschstraße entlang, erreichen wir nach gut einem Kilometer den Straßenzug Benschallee/Karl-Marx-Straße und befinden uns an der Grenze zwischen Zehlendorf und Kleinmachnow. Ein Holzkreuz erinnert an Menschen, die den Fluchtversuch aus der DDR mit dem Leben bezahlten. Hier liegt auch das Areal der ehemaligen Stammbahn-Station Düppel-Kleinmachnow. Es lässt erahnen, warum das ab 1900 erschlossene Kleinmachnow ein derartiges Straßenmuster besitzt. Nahezu alle Wege führen zum Bahnhof.

Unser Weg führt entlang der Karl-Marx-Straße. Wo sie einen Rechtsknick macht, geht der Weg geradeaus durch die Straßen Uhlenhorst und Meiereifeld und nach ca. einem Kilometer rechts durchs „Jägerhorn" wiederum zur Karl-Marx-Straße. An deren Ende befindet sich das große Eingangstor zur **Hakeburg**. Das burgähnliche Landhaus liegt auf dem Seeberg an der Nordseite des Machnower Sees. Erbaut wurde es 1906 von der Adelsfamilie derer von Hake, die in diesem Landstrich über Jahrhunderte ansässig waren.

Weiter geht es unten am Machnower See entlang, bis die unter Denkmalschutz stehende Kleinmachnower Schleuse erreicht ist. Sie gehört zum 1906 fertig gestellten Teltowkanal, der damals als südliche Umfahrung Berlins für die Binnenschifffahrt angelegt wurde. Hinter der Schleusenbrücke fährt man bis zum Kreisel vor und dann rechts zur Alten Potsdamer Landstraße. Ihr folgend radeln wir am **Stahnsdorfer Südwestkirchhof** vorbei (Ein Abstecher lohnt! ▸ Seite 160) und weiter geradeaus durch die Parforceheide auf leidlichen alten Wegen nach Potsdam hinein.

Nach dem Überqueren der Eisenbahnbrücke an der Stahnsdorfer Straße geht es nach rechts durch das Studentendorf zum Bahnhof Griebnitzsee.

Mittelalterlich gekleidete Frau im Museumsdorf Düppel

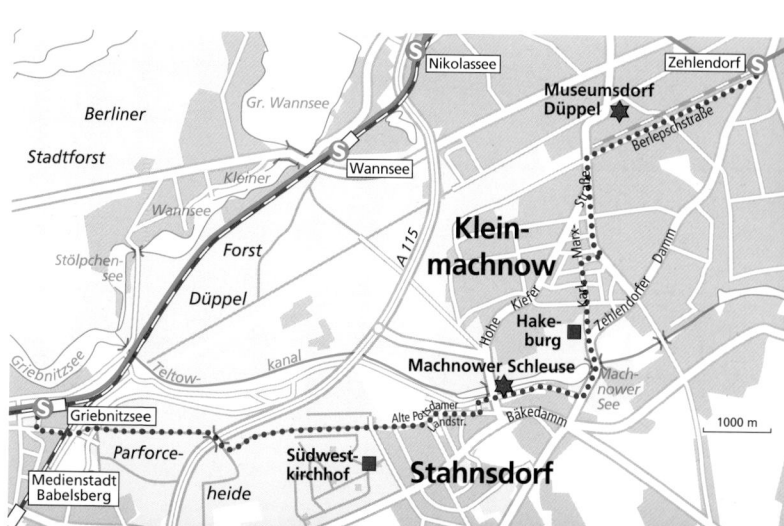

🚉 Ⓤ**9 Rathaus Ste**

🚉 **Botanischer Garten**

chterfelde West

Start und Ziel
Botanischer Garten
Ⓢ**1** alle 10 Min.

Stadtausflug
Botanischer Garten
Botanisches Museum

Botanischer Garten
Eingänge: Unter den
Eichen/Begonienplatz,
Königin-Luise-Straße 6–8
Tel. (030) 8 38 50–100
www.bgbm.org
Tgl. geöffnet
Nov.–Jan.   9–16 Uhr
Feb.   9–17 Uhr
März   9–18 Uhr
Apr.–Okt.   9–20 Uhr
(die Schauhäuser und Kas-
sen werden 30 Min. eher
geschlossen)
6 € / 3 €,
Familienkarte 12 €

Botanischer Garten

Ab in die Tropen

**Der S-Bahnhof Botanischer Garten, ein re-
staurierter Jugendstilbau, liegt sinnigerwei-
se im Lichterfelder Blumenviertel: Über den
Asternplatz geht es rechts die Straße Unter
den Eichen entlang zum Begonienplatz.**

Ihm gegenüber befindet sich einer der beiden Eingänge zum **Botanischen Garten** – ein attraktives
Ziel zu jeder Jahreszeit und geradezu ein Heil-
mittel bei Winterdepressionen. Denn in den 16
Gewächshäusern sind rund 18 000 Pflanzenarten
auf mehr als 6 000 Quadratmetern zu bestaunen.

Eines der größten Gewächshäuser der Welt, das
Große Tropenhaus, steht hier. Von den Kakteen
der Wüste bis zu den Lianen der Urwälder lässt
sich die Pflanzenwelt hier erkunden. Über Brück-
chen, vorbei an Wasserfällen führt der Rundweg
zu „alten Bekannten" aus Urlaubstagen in wär-
meren Gegenden, die hier fachmännisch gepflegt
vielleicht sogar besser gedeihen als in ihren Hei-
matländern. Oder zu seltenen Pflanzen, die in
Deutschland heimisch sind, doch in der freien
Natur meist übersehen werden.

In der warmen Jahreszeit kann man im Botanischen Garten problemlos einen ganzen Tag an-
genehm verbringen, Hunger und Durst stillen und
sogar Geschenke besorgen. An den Eingängen informieren Tafeln darüber, wo auf dem Gelände
gerade etwas besonders Interessantes zu sehen ist.
Überall laden Bänke zu Ruhe- oder Lesepausen
ein. So kann man nacheinander die Botanik der
nördlichen gemäßigten Klimazonen besichtigen,
von den Alpen über den Kaukasus bis zum Hima-
laya, den Sumpf- und Wassergarten besuchen,
den Bauerngarten und die Nutz- und Arznei-
pflanzen.

Häufig liegen die Ursprünge botanischer Gärten in Arzneipflanzengärten. Im Heilkräutergarten
sind ungefähr 230 Heilpflanzen zu sehen, nach
ihren medizinischen Anwendungsbereichen ge-
ordnet. Auf den dazugehörigen Etiketten kann

sich der Besucher darüber infomieren, wie giftig oder heilkräftig eine Pflanze ist und welche Stoffe für die jeweilige Wirkung verantwortlich sind. Der Duft- und Tastgarten vermittelt noch einmal ganz ungewohnte Eindrücke von der Schönheit der Pflanzenwelt. Er ist besonders auf die Bedürfnisse sehbehinderter Menschen zugeschnitten.

Der Botanische Garten zog in seiner Geschichte mehrmals um. Zur Zeit der brandenburgischen Kurfürsten gab es bereits den heute noch so genannten Lustgarten an der Spree. 1679 kam auf Geheiß des Großen Kurfürsten der heutige Kleistpark dazu. Da der Garten dort nicht vergrößert werden konnte, wurde er zwischen 1896 und 1910 am jetzigen Ort neu angelegt. Im 19. Jahrhundert erhöhten berühmte Botaniker und Naturwissenschaftler wie de Lamarck, Darwin und Haeckel seine wissenschaftliche Bedeutung. Bis heute spielt die Wissenschaft hier eine wichtige Rolle, so gehen jährlich rund 40 000 Pflanzen und Pflanzenteile als Lehrmaterial an die Berliner Hochschulen – der Garten ist inzwischen eine Zentraleinrichtung der Freien Universität Berlin.

Wer mehr über die Geschichte der Botanik wissen möchte, sollte ein bisschen Zeit für das **Botanische Museum** reservieren. Von der Stammesgeschichte und -geographie der Pflanzen bis hin zu Funden aus altägyptischen Pharaonengräbern kann man hier allerhand Wissenswertes erfahren.

Ob im Großen Tropenhaus oder in der großzügigen Parkanlage: Der Botanische Garten zeigt die bunte Pflanzenvielfalt aller Kontinente

Pflanzenreich
Bücher und Geschenkartikel, links vom Eingang des Tropenhauses.

Botanisches Museum
Königin-Luise-Str. 6–8
Tgl. 10–19 Uhr
(Bibliothek Mo–Fr von 9–18 Uhr)
Die Karte für den Botanischen Garten gilt auch für das Museum, auf Wunsch an verschiedenen Tagen (abzeichnen lassen).
Ⓢ/Ⓤ-Rathaus Steglitz
und 🚌 X83
oder Ⓤ Breitenbachplatz
und 🚌 101

Westen

Der schönste Platz an der Havel: die Heilandskirche in Sacrow ▸ Seite 130

Südwestlich von Berlin liegt die berühmte Potsdamer Garten- und Schlösserlandschaft, ein einzigartiges Gesamtkunstwerk. Pfaueninsel, Glienicker Park, Sanssouci, Neuer Garten und mehr: Hierhin lohnen sich immer wieder Ausflüge, man wird jedes Mal etwas Neues entdecken. Aber auch der riesige, urwüchsige Grunewald und das nahe Havelufer mit seinen Badestränden bieten Erholung pur.

Und auch rund um Spandau mit seiner historischen Altstadt und der mächtigen Zitadelle warten Wälder, Wiesen und allerlei Attraktionen darauf, erkundet zu werden.

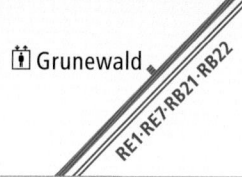

🚉 Grunewald

RE1·RE7·RB21·RB22

Start
Grunewald
S7 alle 10 Min.

Wanderung

Länge
ca. 8 km

Rückfahrt
Havelchaussee
🚌 218 stündlich bis
Ⓢ Wannsee oder
Ⓤ Theodor-Heuss-Platz

Ökowerk e. V.
Teufelsseechaussee 22–24
Tel. (0 30) 3 00 00 50
www.oekowerk.de
Mi–Fr 10–18 Uhr,
Sa/So/Fei 12–18 Uhr
(Nov.–März Mi–Fr 10–16,
Sa/So/Fei 11–16 Uhr)
Mit Bio-Bistro

Grunewaldturm
Herrlicher Rundblick auf
55 m Höhe.
Tgl. 10–18 Uhr

**Restaurant und Biergarten
Grunewaldturm**
Terrasse mit Havelblick,
barrierefreier Zugang,
moderne deutsche Küche.
Havelchaussee 61
Tel. (0 30) 41 72 00 01
Tgl. ab 10 Uhr

Grunewald

Zum Kuhhorn

Der Grunewald, mit 40 Quadratkilometern der größte Berliner Forst, bietet mit seinen Seen, Reit- und Wanderwegen sowie dem grün-verwilderten, aus Trümmerschutt des Zweiten Weltkrieges bestehenden Teufelsberg vielfältige Ausflugsmöglichkeiten.

Besonders reizvoll ist eine Tour durch den urwüchsigen, westlichen **Grunewald** zu den sandigen Ufern der Havel.

Vom S-Bahnhof Grunewald geht es in westlicher Richtung unter der Avus – einst als Automobil-Verkehrs- und Übungsstraße die älteste deutsche Autorennstrecke – hindurch. Über den Parkplatz an der Eichkampstraße hinweg taucht man in den Mischwald ein. Hier beginnt der breite, leicht ansteigende Schildhornweg. An der Försterei vorbei wird er bald zu einer von Kastanien gesäumten Allee. Nach etwa 1,5 Kilometern schaut man links in eine ehemalige Sandgrube, die heute ein Naturidyll ist: Die Sandberge und Grundwassertümpel sind für Kinder ein Abenteuergelände, die umliegenden Wiesen bieten sich zum Familienpicknick an.

Wenige Schritte weiter auf dem Schildhornweg sieht man den **Teufelssee** aus einer kleinen Senke heraufschimmern – er lädt im Sommer zum Baden, der Wiesenhang davor zum Sonnen ein. FKK bestimmt das Bild. Rechts neben dem Teufelssee ragt zwischen den Bäumen ein schlanker Backsteinturm auf, das Wahrzeichen des Naturschutzzentrums **Ökowerk**. Es entstand 1985 auf dem Gelände des ältesten, in Berlin noch erhaltenen Wasserwerks. Auf eigene Faust, in Workshops oder bei geführten (Rad-)Wanderungen kann man hier etwas über Umweltfragen, Heilkräuter sowie über die Geschichte des Wasserwerks und das kostbare Nass selbst erfahren.

Weithin sichtbar sind die einst von den US-Amerikanern militärisch genutzten weißen Radartürme des nordöstlich vom Teufelssee gelegenen

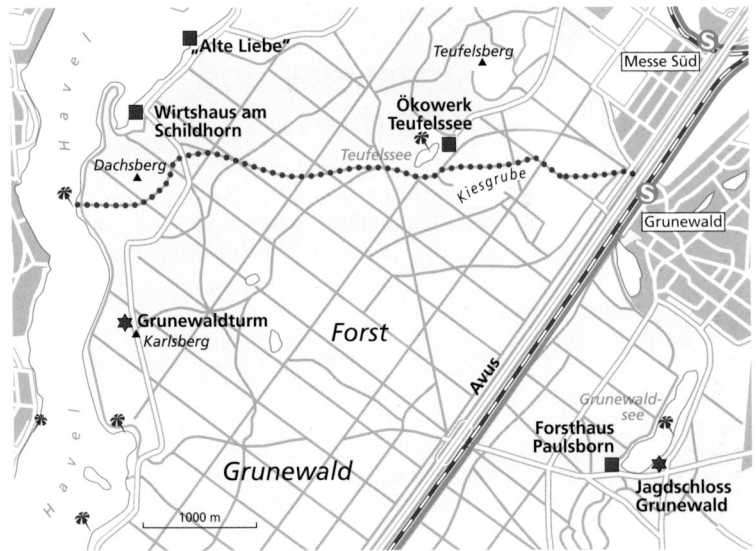

115 Meter hohen **Teufelsbergs.** Das benachbarte Plateau wird von Drachenliebhabern genutzt, die ein buntes Treiben am Himmel veranstalten. Auch Gleitschirmflieger kann man den Hang hinunterschweben sehen. Im Winter finden sich hier hervorragende Schlittenabfahrten.

Vom Teufelssee aus weiter in Richtung Westen gelangt man nach ca. 4 Kilometern an die Havel, zum Beispiel über den sich zum Ufer hin öffnenden Havelweg ans schön gelegene **Kuhhorn** mit betreuter Badestelle. Der Fluss hat sich auf der Höhe des Grunewalds ein breites Bett geschaffen und die märkische Sandbüchse hat an seine Ufer Strände neben den Schilfbewuchs gezaubert, die nicht nur im Sommer Urlaubsatmosphäre aufkommen lassen. Flussabwärts führt der Uferweg in Richtung des **Grunewaldturms,** der von hier unten allerdings nicht zu sehen ist. Einziger Hinweis darauf: die Wasserrettungsstation Grunewaldturm, ca. 1,5 Kilometer südlich vom Kuhhorn. Zu Ehren von König Wilhelm I. errichtet, hat man von dem an der Havelchaussee gelegenen Turm einen schönen Rundblick über Fluss, Wald und die Stadt im Osten.

Wirtshaus Schildhorn
Romantisch-gediegenes Gebäudeensemble direkt an einer Havelbucht.
Straße am Schildhorn 4a
Tel. (0 30) 30 88 35 00
www.wirtshaus-schildhorn.de

Restaurant-Schiff Alte Liebe
Deftig-maritime und deutsche Küche.
Havelchaussee 107
Tel. (0 30) 3 04 82 58
www.alte-liebe-berlin.de
Mai–Sep. tgl. 12–22,
Okt.–Apr. Fr–So ab 12 Uhr

🚉 Grunewald

RE1·RE7·RB21·RB22

Start
Grunewald
S7 alle 10 Min.

Wanderung
Ⓢ Grunewald –
Ⓢ Schlachtensee oder
Ⓢ Nikolassee

Länge
ca. 8,5 bzw. 10 km

Rückfahrt
Schlachtensee oder
Nikolassee
S1 alle 10 Min.
Von Nikolassee auch
S7 alle 10 Min.

Waldmuseum
Königsweg 4 (Jagen 57)
Tel. (0 30) 8 13 34 42
www.waldmuseum-
waldschule.de
Di–Fr 10–15,
So 13–16 Uhr

Jagdschloss Grunewald
Hüttenweg 100
Tel. (03 31) 9 69 42 00
www.spsg.de
Apr.–Okt. Di–So 10–17.30
Uhr
März/Nov.–Dez.
Sa/So/Fei 10–16 Uhr,
Jan. und Feb. geschlossen

Grunewald Seentour

Hundekehle und Fischerhütte

Eine schöne Wanderung führt vom S-Bahnhof Grunewald vorbei an Villen, Seen und Feuchtgebieten zum Schlachtensee.

Gleis 17? Wohl noch ein altes Schild, denkt man sich, wenn man durch den Tunnel zum Ostausgang des Bahnhofs Grunewald schlendert. Stimmt. Es ist ein Hinweisschild zum **Mahnmal am Gleis 17**. Von hier aus wurden von 1941–1945 über 50 000 Berliner Juden in Konzentrations- und Vernichtungslager deportiert. Die in den Bahnsteig eingelassenen Eisenplatten geben nüchtern darüber Auskunft, wann und wohin wie viele Menschen gebracht worden sind. Die Stille des Gleises zwingt Bilder des an sich Unvorstellbaren auf. Außen am Bahnhofsgebäude führt linker Hand noch eine Rampe ein Gleis hinauf. Eine Betonmauer mit schemenhaften Einlassungen erinnert an das Schicksal der Verschleppten.

Auf dem Bahnhofsvorplatz steht eine Bücher-box-Telefonzelle. In der öffentlichen Straßenbibliothek gibt es Bücher zum Mitnehmen und Austauschen, in einem Regal Literatur zum Mahnmal Gleis 17. Immer wieder finden hier Lesungen und Veranstaltungen statt.

Ein kleiner Weg parallel zu den Gleisen führt am Supermarkt vorbei, dann biegen wir rechts in die Auerbachstraße. Wer durch den Auerbachtunnel geht und in den übernächsten Weg rechts einbiegt, kann neben der kleinen Wanderung in die Natur noch eine Tour durch das Waldmuseum der Waldschule Grunewald machen. Für alle anderen führt die Route zunächst am Tennisstadion vorbei hinunter zum **Hundekehlesee**. Die prächtigen Villen an seinem Ostufer zeigen deutlich, dass hier das reiche Berlin zu Hause ist.

Wir folgen der Königsallee ein Stück links und biegen dann rechts in den gut ausgebauten Wan-

Im Jagdschloss Grunewald ist unter anderem eine Gemäldesammlung untergebracht

derweg zum **Grunewaldsee** ein. Hier ist am Wochenende einiges los. Seitdem die anderen Seen für frei laufende Hunde gesperrt sind, können hier umso mehr Beobachtungen und Kontakte mit mannigfaltigen Hunderassen gemacht werden. Vom Westuferweg (rechts) erspäht man am anderen Ufer das weiß getünchte **Jagdschloss Grunewald,** einen Renaissancebau, der Anfang des 18. Jahrhunderts barock umgebaut wurde.

Diese älteste erhaltene Hohenzollern-Residenz Berlins hat auch ein wenig mit Hunden zu tun. Denn von Kurfürsten bis zu Kaisern vergnügte sich hier der Hof mit Parforce-Jagden (par force = mit Gewalt): Eine Hundemeute hetzt das Wild bis zur totalen Erschöpfung, sodass die Jäger das gestellte Tier am Ende leicht erledigen können. Damals wurden ganze Wälder mit großzügigen Schneisen für die schnellen Parforce-Ritte angelegt. Parforcejagden sind in Deutschland mittlerweile verboten.

Im Jagdmuseum im Schlossbau können Jagdfans Handfeuerwaffen und Radschlossgewehre aus dem 16. bis 18. Jahrhundert ansehen. Interessanter, weil bekannter, ist die Gemäldegalerie im Schloss: Nachdem der Schlossbau den Zweiten Weltkrieg unbeschadet überstanden hatte, wurde er 1949 wiedereröffnet – als erstes öffentlich zugängliches Kunstmuseum im Nachkriegsberlin.

Forsthaus Paulsborn
Restaurant und Hotel.
Hüttenweg 90
Tel. (0 30) 8 18 19 10
www.12-apostoli.de/grunewald
Tgl. ab 10 Uhr,
Mo/Di Ruhetag (Winter)

Fischerhütte am Schlachtensee
Biergarten und Restaurant, saisonale Küche, brunchen im Liegestuhl am See.
Fischerhüttenstraße 136
Tel. (0 30) 80 49 83 10
www.fischerhuette-berlin.de
Tgl. ab 10 Uhr

Baden:
Grunewaldsee: am
Westufer auch FKK
Krumme Lanke: Bade-
stellen am Nordostufer
und Badewiese an der
Südspitze
Schlachtensee: Bade-
wiese nahe Ⓢ Schlach-
tensee

Zwar waren einige Gemälde von sowjetischer Seite – sagen wir – „konfisziert" worden, doch durch die Auslagerung von Gemälden aus Stadtschloss und Schloss Monbijou wuchs die Sammlung im Grunewald auf 200 Bilder an, darunter Werke der beiden Cranachs und einiger niederländischer Maler. Besonders sehenswert ist der befriedigte Gesichtsausdruck einer Frau mit dem Kopf eines Mannes in der Hand. „Judith mit dem Kopf des Holofernes" wurde von Lucas Cranach dem Älteren 1530 gemalt.

Wer von seinem Renaissance-Barock-Schock verschnaufen muss, möge sich ins Forsthaus Paulsborn begeben, einen wilhelminischen Bau am Südzipfel des Sees. Dem Zeitgeist entsprechend gibt es hier außer Speis und Trank auch ein Hunderestaurant.

Am Parkplatz halten wir uns links und steigen kurz vor der Brücke rechts hinab zum Naturschutzgebiet Langes Luch (etwas besser ausgebaut und kürzer ist der Weg kurz nach der Brücke). Vor uns liegt der schönste Abschnitt des Ausflugs: Unser Pfad schlängelt sich durch modernde Holzbestände, vorbei an duftenden Pflanzen und zwit-

Am Schlachtensee

schernden Vögeln. Hier kann man tief durchatmen und das hektische Großstadttreiben vergessen.

Der Weg führt über die Onkel-Tom-Straße hinweg weiter in das nächste Naturschutzgebiet, das **Riemeisterfenn**. Schon liegt die **Krumme Lanke** vor uns, auf deren Westufer (rechts) nachmittags lange die Sonne steht und sich malerisch auf der Wasseroberfläche spiegelt.

Über das rechte oder linke Ufer gelangen wir an der Südspitze der Krummen Lanke über die Treppe zum größten Gewässer der Seenkette, dem **Schlachtensee**. Früher waren die eiszeitlichen Grunewaldseen vom Grundwasser gespeist. Durch starke Entnahme zu Beginn des 20. Jahrhunderts fielen die Wasserpegel, bis die Berliner Wasserbetriebe 1913 begannen, gereinigtes Havelwasser in die Seen zu pumpen. So füllen sie zugleich das Grundwasser auf, aus dem das Berliner Trinkwasser kommt.

Zehlendorfs ältestes Café „Fischerhütte" liegt direkt am See. Wer nun schon Heimweh hat, sollte am Ostufer spazieren und nach ca. 1,5 Kilometern die breite Treppe zum S-Bahnhof Schlachtensee hoch nehmen. Wer noch das gesamte Seepanorama genießen möchte, wähle den Westuferweg rechts. Hier weht eine steife Brise und es bietet sich ein herrlicher Blick auf das Gewässer. Die lärmende Großstadt scheint weit entfernt. Der S-Bahnhof Nikolassee ist von der Südspitze des Sees über rechts Am Schlachtensee und dann rechts die Spanische Allee hinunter erreichbar.

🚉 Nikolassee

🚉 **Wannsee**

Start
Nikolassee
S1 **S7** alle 10 Min.

(Rad-)Wanderung
Ⓢ Nikolassee –
Wannseebadweg –
entlang der Havel
(Uferweg und Rad-/
Fußweg an der Ha-
velchaussee) –
Ⓢ Pichelsberg

Länge
ca. 12 km

Rückfahrt
Pichelsberg
S5 alle 10 Min.

Strandbad Wannsee
Wannseebadweg 25
14129 Berlin
Tel. (0 30) 8 03 54 50
Mai–Mitte Sep.
tgl. 10–19 Uhr,
Mitte Juli–Aug.

Nikolassee

Pack die Badehose ein

Bahnhof Nikolassee – von hier sind es 800 Meter bis zum berühmten Strandbad Wannsee.

Und wer es weniger trubelig mag, lässt das Strandbad einfach links liegen und sucht sich seinen Traumstrand an der Havel. Vorbei am Avus-Treff an der Spinner-Brücke, wo sich bei gutem Wetter hunderte von Berliner Bikern treffen, geht es über den Wannseebadweg zum „Berliner Lido". Im Sommer verkehren Pendelbusse zwischen Bahnhof und Strandbad.

Die erste öffentliche Badestelle gab es an dem langen und flachen Strand schon 1907. Bald erfreute sich die Badeanstalt großer Beliebtheit. Allerdings galten im kaiserlichen Deutschland noch strenge Reglements für die Badenden: Eine züchtige Badebekleidung war obligatorisch und am Strand waren Männer-, Frauen- und Familienabschnitte mit Holzzäunen voneinander getrennt.

Das heutige Strandbad mit dem markanten rotgelben Eingangsgebäude wurde 1929/30 gebaut. Hauptanziehungspunkt ist der weit über einen Kilometer lange und bis zu 80 Meter breite Strand. Es ist tatsächlich ein wenig wie an der Adria: Über die ganze Länge des Strandes zieht sich die Promenade mit dem dahinter liegenden Hauptgebäude. Imbissstände, Snackbars und Restaurants locken mit vielfältigen Angeboten von Eiscreme über Pizza und Currywurst bis hin zu vegetarischen Speisen. Auch gehobene Gastronomie hat das **Strandbad Wannsee** zu bieten. In einer Ladenpassage kann man sich mit Sonnencreme, Badetüchern und Lesestoff versorgen. Wasserrutschen und Sprungbretter sind nur einige der Attraktionen am Strand.

So ist es denn kein Wunder, dass an heißen Sommertagen bis zu 20 000 Menschen ins größte Binnenbad Europas kommen. Eine Badehose müssen die Badegäste heute allerdings nicht mehr unbedingt einpacken: im Wannseebad gibt es einen abgeteilten FKK-Bereich. Wer es ruhiger mag, der sollte auf dem Wannseebadweg weiter Richtung Havelufer spazieren oder radeln.

Am Ende des Fahrwegs führt eine Brücke, von der man einen herrlichen Blick auf die Havel hat, zur Insel **Schwanenwerder**. Ihren klangvollen Namen erhielt sie erst seit 1901 auf ausdrücklichen Wunsch ihres damaligen Besitzers, des Lampenfabrikanten Wilhelm Wessel. Zuvor hieß sie märkisch schlicht „Sandwerder".

Die kleine Insel ist ein ruhiger und diskreter Ort: Herrschaftliche Villen in großen Gärten zeugen davon. Die 1 400 Meter lange, von Eichen gesäumte Inselstraße führt in einem Kreis durch das Innere des Eilands. Etwa 200 Meter nach der Inselbrücke erreicht man den einzigen öffentlichen Aussichtspunkt. Neben dem schönen Ausblick auf die Havel kann man hier auch ein Fragment des Tuilerien-Schlosses in Paris bewundern. Das königliche Palais wurde bei den Kommuneaufständen 1871 zerstört. Der Gründer der Villenkolonie hatte das Ruinenteil erworben und auf der Insel aufstellen lassen.

Zurück auf dem Festland führt nördlich der Schwanenwerderbrücke ein anfangs etwas sandiger Weg an der Havel entlang, vorbei an schönen Strandabschnitten. Allen, die abseits vom Wannseebadtrubel baden möchten und trotzdem Sandstrand und Urlaubsstimmung lieben, sei diese Seite der Havel empfohlen.

Nach wenigen hundert Metern gelangt man schon zur Badestelle am **Großen Fenster**. Der Strand verteilt sich hier auf mehrere Abschnitte, der nördliche Teil ist etwas breiter. Bäume bieten an vielen Stellen Schatten, Schilf raschelt idyllisch an den Rändern. Und so geht es weiter:

An der **Steinlanke** ist der längste Strand der Unterhavel. An der **Lieper Bucht** teilt man sich den Strand oft mit Enten und Schwänen und hat Ausblick auf die winzige Insel Lindwerder. Auch unterhalb des Grunewaldturms (▸ Seite 117) und weiter nördlich finden sich schöne Strände.

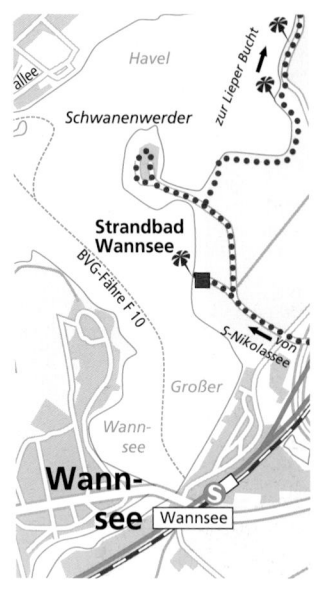

Baden an der Unterhavel:
(Entfernung jeweils von Ⓢ Nikolassee)

Großes Fenster
DLRG-Station, 2,5 km

Große Steinlanke
DLRG-Station, 3 km
🚌 218

Lieper Bucht
DLRG-Station, 4,5 km
🚌 218

Badestelle nahe Grunewaldturm
5,5 km

Gastronomie
▸ Seite 117

S1 RB33 🚻 **Wannsee**

🚻
Griebnitz-

Start
Wannsee
S1 S7 alle 10 Min.

(Rad-)Wanderung
Wannsee – Heckes-
horn – Tiefenhorn –
Moorlake – (Volkspark
Klein-Glienicke)

Länge
ca. 11 km

Rückfahrt
Glienicker Lake oder
Nikolskoer Weg
🚌 316 alle 20–40 Min.
bis Ⓢ Wannsee

Karte ▸ Seite 127

Wannsee

Pfaueninsel und Moorlake

**Berlin-Wannsee: Das ist nicht nur eine be-
vorzugte Wohnlage, sondern auch der Ausgangspunkt für Touren zu beliebten Aus-
flugszielen an der Havel.**

Am Bahnhof in Wannsee hat man die Wahl:
Entweder eine Schiffstour vom nahen Hafen, mit
einem der Ausflugsbusse direkt zu den schönsten
Plätzen an der unteren Havel – oder die große
Wannsee-Havel-Wanderung bis zum Volkspark
Klein-Glienicke, eine Tour gespickt mit Sehens-
würdigkeiten und Ausblicken.

Vom S-Bahnhof geht es zunächst links bis zur
Königsstraße und über die Königsbrücke. Nach
einigen hundert Metern zweigt rechts die ruhige
Straße Am Großen Wannsee ab. Sie führt parallel
zum Großen Wannsee vorbei an Villen und Einfa-
milien-Häusern in bester Lage – Seeblick inklusive.

Der seit 1920 bestehende Ortsteil Wannsee ist
aus der „Colonie Alsen" hervorgegangen: Mitte des
19. Jahrhunderts entwarf der Gartenbaudirektor
Gustav Meyer die Villenkolonie auf Initiative des
Bankiers Wilhelm Conrad. Dieser verkaufte Grund-
stücke an wohlhabende Bürger, Industrielle, Künstler, Bankiers und Verleger. Bald wurden ein Elektri-
zitäts- und ein Wasserwerk gebaut und die Stadtli-
nie der Berliner Bahn bis Wannsee erweitert. Unter
den Nationalsozialisten wurden viele Besitzer ent-
eignet oder flohen ins Exil, die Häuser dienten als
NS-Dienststellen. Nach dem Krieg zogen Segelvereine in einige der Villen, andere wurden abgerissen
und es entstanden neue Wohnhäuser.

An der kleinen Stichstraße Colomierstraße, die
zum See führt, liegt das von Paul Baumgarten entworfene ehemalige **Sommerhaus des Malers Max
Liebermann.** Das 1909 erbaute „Schloss am See"
wurde mitsamt der dazugehörigen Gartenanlagen
liebevoll rekonstruiert. Es beherbergt heute ein
Museum zu Leben und Werk des Künstlers. Liebermann selbst hielt die Blütenpracht des Gartens in
über 200 Gemälden fest, einige davon kann man

Im Garten der Liebermann-Villa

hier bewundern. Max Liebermann starb am 8. Februar 1935. So musste er nicht mehr miterleben, wie seine Witwe 1940 von den Nazis gezwungen wurde, das Haus an die Reichspost zu verkaufen, kurz vor ihrer drohenden Deportation nahm sie sich 1943 das Leben. Der Besuch der Villa bietet die einzigartige Gelegenheit, Leben und Werk Liebermanns am Originalschauplatz kennenzulernen.

Weiter auf der Straße Am Großen Wannsee kommt bald in der ebenfalls von Paul Baumgarten entworfenen ehemaligen Villa Marlier das **Haus der Wannsee-Konferenz.** Hier wurde 1942 von den Nationalsozialisten die „Endlösung der Judenfrage" beschlossen: der Völkermord an elf Millionen europäischen Juden. Die sehenswerte Ausstellung informiert über die Hintergründe und Folgen der Konferenz.

Hinter dem Haus der Wannsee-Konferenz biegt bald rechts ein Weg zum Löwendenkmal und zur Schiffsanlegestelle Heckeshorn ab. Der **Flensburger Löwe** wurde ursprünglich vom Bildhauer Herman Wilhelm Bissen zur Feier eines dänischen Sieges über Schleswig-Holstein geschaffen und kam 1864 nach Berlin. Zehn Jahre später ließ W. Conrad eine Zinkkopie gießen, die seit 1938 hier steht. Beim

via Tipp **Liebermann-Villa**
Ein Traum von Kunst und Natur: Im ehemaligen Sommerhaus von Max Liebermann am Wannsee findet beides zusammen. Colomierstr. 3
Tel. (0 30) 8 05 85 90-0
www.liebermann-villa.de
Apr.–Sep. tgl. (außer Di) 10–18, Okt.–März tgl. (außer Di) 11–17 Uhr
8 € / 5 €

**Haus der Wannsee-
Konferenz**
Am Großen Wannsee
56/58
14109 Berlin
Tel. (0 30) 80 50 01-0
www.ghwk.de
Tgl. 10–18 Uhr
🚌 114

Fähre zur Pfaueninsel
März/Okt. tgl. 9–18,
Apr./Sep. 9–19,
Mai–Aug. 9–20 Uhr

Löwen beginnt auch der ca. 4 Kilometer lange
Uferweg, der zur Pfaueninsel führt und hier zunächst noch Haveleck heißt. Wunderbare Ausblicke
auf Havel und Wannsee sind garantiert. Vorbei
am Kleinen und Großen Tiefenhorn, taucht bald
die Pfaueninsel in der Havel auf. Doch es dauert
noch eine Weile bis zu der Stelle, an der die Fähre
ablegt, um die ca. 50 Meter bis zur Insel zurückzu-
legen.

Die **Pfaueninsel** gehört schon zur berühmten
Potsdam-Glienicker Gartenlandschaft. Seinen Namen hat das pittoreske Eiland, das unter Naturschutz steht, von den rund 60 bunt gefiederten
Großvögeln, die hier leben. Ende des 18. Jahrhunderts wurden hier erstmals Pfauen ausgesetzt –
vorher hieß die Insel Kaninchenwerder.

Hauptattraktion ist das Schloss im Ruinenstil,
das Friedrich-Wilhelm II. 1794–97 von Johann
Gottfried Brendel für seine Geliebte Wilhelmine
Enke am Westufer bauen ließ. An dem Bau fällt
besonders die gusseiserne Brücke auf, die die beiden markanten Rundtürme in einiger Höhe miteinander verbindet. Die Fassade ist mit Eichenbret-
tern verschalt, die eine Steinfassade vortäuschen.
Die Innenräume des Schlosses sind noch weitgehend original eingerichtet.

Bei einem Spaziergang kann man weitere Ku-
riositäten auf der Insel entdecken: ruinenartige
Gebäude nach dem Geschmack der Romantik, den

Das Schloss auf der
Pfaueninsel

Luisentempel, das Kavaliershaus und einen Wasservogelteich. Fontänen und Kübelpflanzen wechseln mit wildnishaften Partien, in denen mächtige alte Eichen das Bild bestimmen. Auf der Picknickwiese gibt es, sobald es wärmer wird, einen Imbiss und einen Grillwagen. Beliebt ist die Pfaueninsel bei Familien, da weder Fahrrad noch Hund erlaubt sind und sogar Rauchverbot besteht.

Zurück auf dem Festland geht es weiter an der Havel entlang oder schräg den Weg hinauf zum historischen **Blockhaus Nikolskoe.** Ebenfalls im russischen Blockhausstil steht daneben die **Kirche St. Peter und Paul,** deren Glockenspiel zu jeder vollen Stunde erklingt. Auf der anderen Seite des Nikolskoer Wegs liegen das Forsthaus und der sehenswerte alte Friedhof.

Weiter am Havelufer ist nun bald die Moorlake erreicht. Das 1840 im bayrischen Stil gestaltete **Wirtshaus Moorlake** wurde im Rahmen der Landschaftsgestaltung von Klein-Glienicke errichtet. Der Schinkel-Schüler Ludwig Persius war Erbauer dieses Forsthauses, das den preußischen Königen als Jagdhaus diente. Schon seit 1896 wird das Anwesen als Gasthaus genutzt. Vom Waldhaus Moorlake aus kann man weiter am Havelufer durch den Volkspark Klein-Glienicke (▶ Seite 128) bis zur Glienicker Brücke spazieren.

Blockhaus Nikolskoe
Großer Biergarten
Nikolskoer Weg 15
Tel. (0 30) 8 05 29 14
www.blockhaus-
nikolskoe.de
Mai.–Sep. tgl. ab 12 Uhr,
Okt.–Apr. 11–ca. 20 Uhr

Wirtshaus Moorlake
Regionale Spezialitäten
sowie hausgemachte
Kuchen und Torten.
Moorlakeweg 6
Tel. (0 30) 8 05 58 09
www.moorlake.de
Tgl. ab 11 Uhr

Baden
(Entfernungen ab
Ⓢ Wannsee)
Heckeshorn 3 km,
Tiefenhorn 4 km,
Jagen 95 5 km

☷Nikolassee

S1 **RB33** ☷ Wannsee

☷
Griebnitz-

Start und Ziel
Wannsee
S1 **S7** alle 10 Min.
und
🚌 316 alle 20–40 Min.
bis Glienicker Lake

Wanderung
Volkspark Klein-
Glienicke

Karte ▸ Seite 127

Klein-Glienicke

Preußens Arkadien

**Wer wissen möchte, wie Arkadien ausge-
sehen haben mag, kann an der Havel einen
Eindruck davon bekommen.**

Im **Volkspark Klein-Glienicke** fühlt man sich an
einem sonnigen Tag in das klassische Italien
versetzt: Vor dem klassizistischen Hauptschloss
(1825–27, Schinkel) an der Königstraße steht
die imposante Löwenfontäne nach dem Vorbild
eines Brunnens im Garten der Villa Medici in
Rom. Zwischen **Schloss Glienicke** und Havel ist
es gepflegt englisch: der Pleasureground, ein
Blumengarten mit kurz gehaltenen Rasenflächen
und geharkten Wegen. Vom Säulenrondell mit
dem schönen Namen „Große Neugierde" (Schinkel / Persius, 1835–37) kurz vor der Glienicker
Brücke hat man einen idealen Überblick über die
Havellandschaft und wird eingeladen, sie näher
zu erkunden. Am Ufer lockt schon das nächste
Bauwerk, das ebenfalls von Schinkel entworfene,
klassizistische **Casino** (1824). Dessen Pergolen-
gang verbindet harmonisch Gebäude, Park und
Wasser miteinander. Und so geht es weiter: Der
weitläufige Park bietet immer wieder Überraschungen, kleine Lauben mit Steinbänken und
Skulpturen. Besonders eindrucksvoll ist die **Teu-
felsbrücke** von Ludwig Persius, die in Havelnähe
über eine künstliche Schlucht führt. Weiter am
Havelufer entlang gelangt man oberhalb eines
Steilhanges zum Krughorn (und weiter Richtung
Gasthaus Moorlake, Nikolskoe und Pfaueninsel
▸ Seite 126). Der Blick reicht zum Neuen Garten
und zum Pfingstberg, zur Heilandskirche in Sacrow (▸ Seite 130) am gegenüberliegenden Ufer,
zur Pfaueninsel und bis zum Babelsberger Park.
Von diesem Glienicker Höhenweg erkennt man
besonders gut, wie kunstvoll hier Gewässer, Gär-
ten und Bauwerke zusammengefügt wurden. Der
Gestalter dieser romantischen Parklandschaft,
Preußens berühmter Gartenkünstler Peter Joseph
Lenné (1789–1866), sah „die Havel als einen See

mit einem großen Park". Doch der „gewachsene" Eindruck der Landschaft ist Ergebnis sorgfältiger Planung – von 1833 datiert Lennés „Verschöne-rungs-Plan der Umgebung von Potsdam". Das an-tike Traumland Arkadien war das Ideal, nach dem Lenné seine Parks entlang der Havel schuf, häufig in Zusammenarbeit mit Karl Friedrich Schinkel.

Jüngere Geschichte wurde an der **Glienicker Brücke** geschrieben. Während der Teilung Deutschlands hieß die eindrucksvolle Stahlkon-struktion „Brücke der Einheit" – zynisch, denn auf ihr verlief die innerdeutsche Grenze. In den 60er-Jahren verhalfen spektakuläre Agentenaus-tausche der Brücke zu Weltbekanntheit. Heute treffen hier in aller Stille die Bundesländer Berlin und Brandenburg aufeinander.

Südlich der Königstraße liegt das **Jagdschloss Glienicke** mit seinem Park. Auch hier hat Len-né, zusammen mit Prinz Carl von Preußen, ab 1859 die Landschaft gestaltet. Wer jetzt noch nicht genug hat von den Parklandschaften des preußischen Arkadien, kann vom Jagdschloss über das eigentliche Dorf Klein Glienicke und die Parkbrücke in den Babelsberger Park gelangen (▸ Seite 138). Auf dem Weg dorthin darf man sich erneut wundern: In einem Taleinschnitt stehen Häuser im Stil schweizerischer Alpenvillen – eine Idee von Prinz Carl, der ein wenig Schweizer Flair in die Mark zaubern wollte.

Zwei goldene Löwen schmücken den Brunnen vor Schloss Glienicke

Schloss Glienicke und Casino
Tel. (03 31) 9 69 42 00
Apr.–Okt. Di–So 10–17.30,
März Sa/So/Fei 10–16 Uhr
Schlossbesichtigung (nur mit Führung) 6 € / 5 €

Restaurant Schloss Glienicke und Remise
Feinschmeckerrestaurant, im Sommer mit schöner Außenterrasse.
Königstraße 36
Tel. (0 30) 8 05 40 00
www.schloss-glienicke.de
Di–So 12–21 Uhr

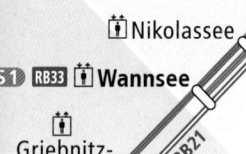

Ⓣ Nikolassee

S1 RB33 Ⓣ Wannsee

Ⓣ
Griebnitz-

Start und Ziel
Wannsee
S1 S7 alle 10 Min.
und
Fähre Ⓕ 10 stdl. nach
Alt-Kladow

(Rad-)Wanderung
Alt-Kladow – Sacrow
(oder von Alt-Kladow
mit 🚍 697 stdl. bis
Schloss Sacrow)

Länge
ca 10 km einfach

Karte ▸ Seite 132

BVG-Fähre
Stündlich Wannsee –
Kladow bis 19 Uhr (im
Winter werktags bis 18, So
bis 19 Uhr). Für die Fähre
gelten VBB-Tickets (Zone
AB).
Mit dem Fahrrad am Wo-
chenende nicht unbedingt
die letzte Fährverbindung
zurück nehmen, da es nur
begrenzt Plätze gibt.

Sacrow

Am heiligen Hafen

**Dieser Tagesausflug bietet jedem Anspruch
etwas: Bootsfahrt auf der Havel, Radtour
durch ein Naturschutzgebiet und Wanderung um einen Klarwasser-Badesee. Auch
Kunst und Architektur sind inmitten Len-
néscher Parklandschaft zu bestaunen.**

Sommertag, blauer Himmel? Schnell mit dem
Fahrrad zur nächsten S-Bahnstation und bis
Wannsee fahren. Hier legt an der ausgeschilderten Schiffsanlegestelle stündlich neben zahl-
reichen Ausflugsdampfern die BVG-Fähre nach
Alt-Kladow ab. Das Fahrrad nehmen wir einfach
mit auf die Fähre. Nach 20 vergnüglichen Boots-
fahrtminuten kommt man in Alt-Kladow an.

Wir fahren aus dem Hafentrubel gleich links
die Imchenallee westwärts. Nach kurzer Strecke
wird sie zum unasphaltierten, aber fahrradtaug-
lichen Uferweg. Aber hier beginnt erst die piek-
feine Gegend! Imposante alte Villen aus dem 19.
und 20. Jahrhundert säumen die staubige Straße.
An der Uferseite laden immer wieder Ruheplätze
mit Bänken und Tischen zum Picknicken und
Entspannen an der Havel ein. Die Imchenallee endet am Sakrower Kirchweg. Hier fahren wir links
bis zu seinem Ende, der Sakrower Landstraße.
Dort wenden wir uns wieder nach links und verlassen nach kurzer Strecke das Land Berlin.

Eben noch durch Wohnsiedlungen geradelt,
befinden wir uns nun im Naturschutzgebiet „Sacrower See und Königswald". Es zeichnet sich
durch Moore, Röhrichte, Auenwälder und Dünen
aus. Wer diese Landschaft erleben will, sollte
einem der ausgeschilderten Wanderwege folgen.

Ziel unserer kurzen Radtour ist jedoch der kleine Ort **Sacrow,** der inmitten dieser wunderbaren
Landschaft liegt und der seit 1939 zu Potsdam
gehört. Diese ursprünglich slawische Siedlung
fand erstmals 1375 urkundliche Erwähnung. „Sa-
crowje" bedeutet im Alt-Slawischen soviel wie
„hinter dem Gebüsch". Und so erscheint Sacrow

Die Heilandskirche in Sacrow steht direkt an der Havel

auch immer noch, wenn wir nach ca. 2 Kilometern durch sonnendurchfluteten Mischwald am Ortseingang ankommen: als ein verstecktes Dorf im Wald an der Havel. Kein Wunder, dass 1840 Friedrich Wilhelm IV. das „Gut Sacrow" erwarb, um dort seine architektonischen Ideen in majestätisch schöner Landschaft verwirklichen zu können.

Immer der Hauptstraße nach kommen wir linker Hand an einen der Eingänge zum Sacrower Schlossgarten. Die Vision Friedrich Wilhelms IV. sah vor, Berlin und Potsdam innerhalb eines riesigen Gartens zu verbinden, in dem Architektur und Landschaft miteinander verschmelzen sollten. „Lenné soll später die Umgebung ordnen und bepflanzen", notiert Ludwig Persius, ein Schüler von Schinkel und der Architekt des Schlosses und der Heilandskirche auf dem Gartengelände. Aus finanziellen Gründen konnten die Pläne jedoch nicht vollständig umgesetzt werden.

Das Schloss war ursprünglich ein Herrenhaus und wurde von der Königsfamilie nie bewohnt. Neben einer Sonnenuhr über dem Eingang ist es schlicht gehalten und beherbergt keine weiteren sehenswerten Schätze. Wir können unsere Auf-

Potsdamer Wassertaxi
Linienverkehr mit festem Fahrplan, 13 Stationen. Verbindungen ab Sacrow Richtung Potsdam und Volkspark Glienicke. Fahrradmitnahme möglich. www.potsdamer-wasser-taxi.de
Mai–Anfang Okt.
4–10 € pro Fahrt, Fahrräder 3 €, Tageskarte 19 €

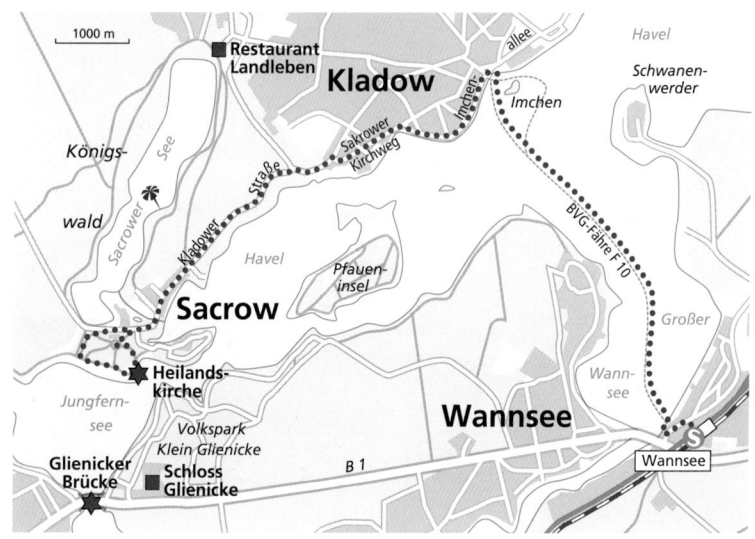

Heilandskirche Sacrow
Gruppenführungen nach
Anmeldung (ganzjährig)
Tel. (03 31) 50 43 75
www.heilandskirche-
sacrow.de
Mai–Aug. Di–So 11–16,
März–Apr./Sep.–Okt.
Di–So 10–15.30,
Jan.–Feb./Nov.–Dez.
Sa/So/Fei 11–15.30 Uhr

Zum Sacrower See
Deutsche Küche und selbst
gebackener Kuchen. Hier
kann man gegen Anmel-
dung in einem Rittersaal
mittelalterlich speisen.
Weinmeisterweg 1
Tel. (03 31) 50 38 55
www.rittersaal-sacrow.de
Tgl. 12–22 Uhr,
Nov.–März Mo Ruhetag

merksamkeit daher getrost zur Uferseite wenden.
Hier ergeben sich nämlich durch die lennésche
Gartenarchitektur drei Sichtachsen in die Ferne:
Man erblickt am gegenüberliegenden Havelufer
Potsdams Zentrumssilhouette, den Flatowturm
in Babelsberg und den Jägerhof in Glienicke.
Der so genannte „Sichtenfächer" wurde erst wieder aufgrund der umfassenden Sanierungsmaß-
nahmen seit 1993 ermöglicht. Denn bis 1989
war der Gesamtkomplex verödeter Grenzstreifen
zwischen DDR und Bundesrepublik. Vor Ort sind
auf den Parkwegen Tafeln angebracht, die interessante Informationen zum Sanierungsstand lie-
fern. Ein Rundgang rechter Hand – vorbei an der
1 000-jährigen Eiche und der Streuobstwiese mit
über hundert Jahre alten Obstbäumen – führt im
Bogen an das Havelufer.

Dort erhebt sich bald die „**Heilandskirche am
Port in Potsdam-Sacrow**". Sie sieht wie die Mini-
aturausgabe einer großartigen mediterranen Basilika aus. Im Namen „Port von Sacrow" steckt das
Wortspiel „portus sacro": heiliger Hafen. In längst
vergangener Zeit suchten Havelfischer bei Sturm
gerade diese schützende Bucht auf. Vom Wasser
her sieht die Heilandskirche wie ein ankerndes

Schiff im Hafen aus. Die Kirche wurde von Persius zwischen 1840–44 erbaut und lag dem Anwesen des Bruders von Friedrich Wilhelm IV. direkt gegenüber. Sie zog viele Schaulustige an, jedoch weniger wegen ihrer Architektur als vielmehr wegen des Hofstaats, der aus Potsdam zur Messe in die Heilandskirche kam.

Der freistehende 20 Meter hohe Glockenturm (Campanile) ist mit einer der ältesten Glocken (1406) Potsdams bestückt. Von hier aus glückte 1897 auch der erste deutsche drahtlose Telegraphieversuch über eine kurze Distanz von 1,6 Kilometer zur gegenüberliegenden kaiserlichen Matrosenstation. Eine Gedenktafel über der Eingangstür gibt über dieses Ereignis Auskunft.

So verspielt die Kirche von außen wirkt, so schlicht erscheint der Innenraum. 1961 wurde noch nach dem Mauerbau der letzte Weihnachtsgottesdienst in der Heilandskirche gehalten. Anschließend demolierten DDR-Grenzsoldaten die gesamte Inneneinrichtung, sodass weitere Gottesdienste in der Kirche unmöglich wurden. Zur Wendezeit war die Heilandskirche in einem stark verfallenen Zustand. Sie wurde wie der Garten in den 1990ern saniert. Im Innenraum fallen neben dem schönen Apsisgemälde (Christus als Weltenrichter umgeben von den vier Evangelisten) die zwölf Apostelstatuetten aus Lindenholz von Jacob Alberty auf. Die Orgel von 1844 erscheint wie gemalt über dem Portal. Sie wurde nach historischem Vorbild 2009 neu gebaut, das Gehäuse 2010 originalgetreu rekonstruiert.

Wenn wir das Gelände wieder verlassen und der Fährstraße links folgen, erscheint nach einigen Kurven der **Sacrower See**. Wer der Bewegung noch nicht genügend gefrönt hat: Hier beginnt ein ausgeschilderter, 8 Kilometer langer Rundwanderweg um den vom alten Königswald umschlossenen See. Da es sich um ein naturgeschütztes Gewässer handelt, sollte man nur die beiden offiziellen Badestellen nutzen, um sich abzukühlen.

Auf dem Rückweg nach Kladow gibt es direkt im Ort Sacrow Verköstigungsmöglichkeiten. Ein Besuch im gemütlichen Restaurant und Biergarten „Zum Sacrower See" ist zu empfehlen.

via Tipp **Restaurant Landleben**
Ein Ausflugslokal, in dem alles stimmt: In einem ehemaligen Stasi-Erholungsheim am Nordrand des Sacrower Sees wird feine Küche mit frischen, regionalen Zutaten aufgetischt.
Seepromenade 99
14476 Groß Glienicke
Tel. (03 32 01) 3 12 91
www.landleben-potsdam.de
Di–So 12–22 Uhr

Romantischer Glockenturm der Heilandskirche

Start
Griebnitzsee
S7 alle 10 Min.

Stadtspaziergang
Villenkolonie
Neu-Babelsberg

Rückfahrt
694 nach S Babels-
berg oder S Grieb-
nitzsee (Haltestelle
Hiroshima-Platz)
Alternativ kann man
durch den Babels-
berger Park und Alt-
Nowawes (▸ Seite 138)
zum S Babelsberg
schlendern.

**Führung durch die
Villenkolonie**
Potsdam Tourismus Service
Tel. (03 31) 27 55 88 99
www.potsdamtourismus.de

Griebnitzsee

Prominente Gegend

Am Ufer des Griebnitzsees liegt unter hohen Kiefern eine ebenso glanzvolle wie geschichtsträchtige Wohngegend: die Villenkolonie Neu-Babelsberg.

Gegen Ende des 19. Jahrhunderts ließen sich hier Bankiers und Industrielle in prachtvollen Gebäuden nieder. Mit dem Entstehen der Babelsberger Filmstudios gesellten sich Ufa-Stars und Regisseure hinzu. 1945 zog für einige Tage die Weltpolitik in **Neu-Babelsberg** ein: Während der Potsdamer Konferenz, auf der die Siegermächte des Zweiten Weltkriegs über die Aufteilung Deutschlands entschieden, residierten die „Großen Drei" hier: Truman, Churchill und Stalin.

Unser Rundgang beginnt am S-Bahnhof Griebnitzsee. Über die Rudolf-Breitscheid-Straße geht es zur Karl-Marx-Straße, die rechts abzweigt. Gleich in Haus Nr. 2 wohnte während der Potsdamer Konferenz der Präsident der Vereinigten Staaten **Harry S. Truman.** Von hier erteilte er auch den Befehl zum Abwurf der Atombomben auf Hiroshima und Nagasaki. Der repräsentative Putzbau, der an ein englisches Landhaus erinnert, war einst für einen Verlagsbuchhändler gebaut worden. Damals traf sich dort die High Society der Kaiserzeit. Heute hat die FDP-nahe Friedrich-Naumann-Stiftung ihre Geschäftsstelle in der Villa.

Schräg gegenüber, in Nr. 66, steht das ehemalige **Gästehaus der Ufa.** In dem Gebäude mit dem Zinnenkranz wohnten während der Dreharbeiten Stars wie Heinz Rühmann und Marlene Dietrich.

In der Virchowstraße 23 kam 1945 der britische Premierminister **Winston Churchill** unter. Diese Villa wurde 1916 für den führenden Bankier Urbig gebaut. Architekt war der junge Ludwig Mies van der Rohe, der viele Jahre später die Neue Nationalgalerie in Berlin schuf.

Etwas weiter, am Johann-Strauß-Platz 11, steht eine Villa im Landhausstil. Sie wurde von Hermann Muthesius für den Seidenfabrikanten Hans

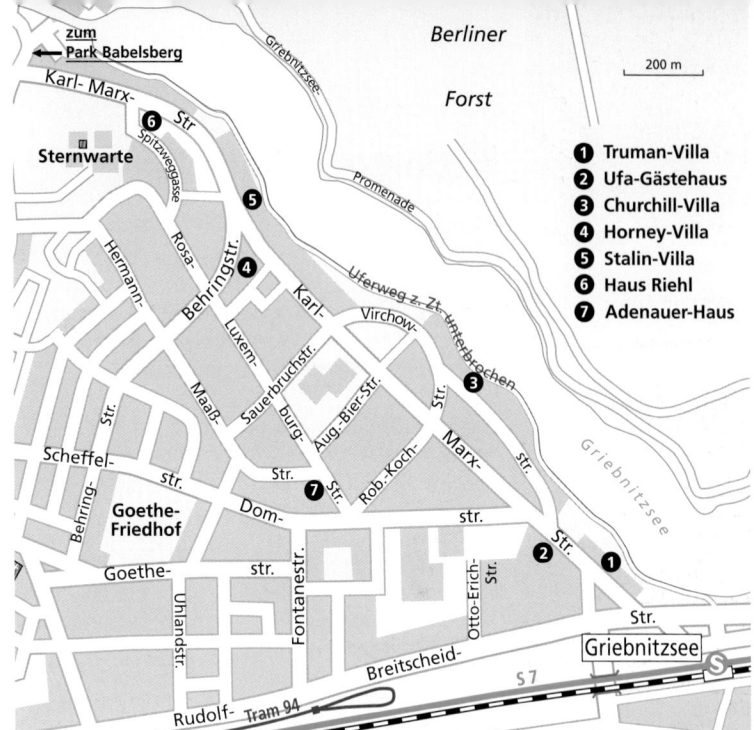

zum
← Park Babelsberg

Berliner

Forst

200 m

Sternwarte

1 Truman-Villa
2 Ufa-Gästehaus
3 Churchill-Villa
4 Horney-Villa
5 Stalin-Villa
6 Haus Riehl
7 Adenauer-Haus

Griebnitzsee

Goethe-Friedhof

Griebnitzsee

S 7

Tram 94

Gugenheim entworfen. Als dieser emigrieren musste, zog Ufa-Star **Brigitte Horney** in das Anwesen.

In der Karl-Marx-Straße 27 wohnte **Stalin**
während der Potsdamer Konferenz. Das Gebäude
stammt von Alfred Grenander, der in Berlin viele
U-Bahnhöfe geschaffen hat. Gegenüber führt ein
Weg in die Spitzweggasse hinauf. Das **Haus Riehl**
in der Nr. 3 war das erste von Mies van der Rohe
realisierte Bauwerk. Dort befand sich lange Zeit
die Hochschule für Film und Fernsehen „Konrad
Wolf". In der Rosa-Luxemburg-Straße 40 lebte der
spätere Bundeskanzler **Konrad Adenauer** 1934–
35, nachdem ihn die Nazis als Oberbürgermeister
von Köln abgesetzt hatten.

Für den Rückweg würde sich der reizvolle
Uferweg anbieten, auf dem zu DDR-Zeiten die
Grenze verlief. Leider sind Teile des Weges seit
einiger Zeit gesperrt: Grundstückseigentümer ver-
weigern der Öffentlichkeit den Durchgang. Die
Stadt Potsdam will den öffentlichen Uferweg
durchsetzen, doch das kann noch Jahre dauern.

Start und Ziel

Griebnitzsee

S7 alle 10 Min.

und

696 bis Medienstadt
Babelsberg

oder ca. 15 Min.
Fußweg

oder

RE7 / RB 33 bis
Bahnhof Medienstadt
Babelsberg

Filmpark

Filmpark Babelsberg

Eingang Großbeeren-
straße 200

Tel. (03 31) 7 21 23 45

www.filmpark-
babelsberg.de

Geöffnet Ostern–Ende Sep.

tgl. 10–18 Uhr, im Okt. bis
17 Uhr, produktionsbe-
dingt tageweise Schlie-
ßungen möglich.

22 € / 18 € / Kinder (4–16
Jahre) 15 €

Medienstadt Babelsberg

Action garantiert

Hollywood im märkischen Sand: Seit 1912 werden in Babelsberg Filme gedreht. Heute sind die Filmstudios auf dem weitläufigen Gelände an der August-Bebel-Straße einer der größten Film-, Fernseh- und Medienproduktionsstandorte in Deutschland.

Die ersten Filme wurden noch in großen gläsernen Studiohallen mit Tageslicht gedreht. Bald entwickelten sich die Babelsberger Studios jedoch zum führenden europäischen Filmzentrum. Hier entstanden Klassiker wie „Metropolis", „Das Cabinet des Dr. Caligari" oder der legendäre Film „Der blaue Engel" mit Marlene Dietrich. Im Jahr 1929 errichtete man mit dem „Tonkreuz" das modernste Tonfilmstudio der Zeit.

Während der Naziherrschaft wurden in den Ufa-Studios Unterhaltungs- und Agitationsfilme gedreht – Propagandaminister Joseph Goebbels überwachte oft selbst alle Phasen der Produktion. Aber auch der erste deutsche Nachkriegsfilm, der sich kritisch mit der gerade vergangenen Ära auseinandersetzt, kommt aus Babelsberg: „Die Mörder sind unter uns" mit Hildegard Knef. Unter Leitung der Defa (Deutsche Filmaktiengesellschaft) entstanden hier während der DDR-Zeit zahlreiche Literaturverfilmungen, Historiendramen und Indianerfilme, darunter der ungebrochene Publikumsliebling „Die Legende von Paul und Paula" mit Angelica Domröse und Winfried Glatzeder.

Nach dem Mauerfall übernahm ein französischer Konzern die Entwicklung und Vermarktung der neuen Medienstadt, in der neben der Film-, Fernseh- und Medienproduktion mit dem Filmpark auch ein Besuchermagnet entstanden ist.

Im hochmodernen Film- und Fernsehzentrum werden heute unter anderem Daily Soaps wie „Gute Zeiten, Schlechte Zeiten" oder Kinderserien wie „Schloss Einstein" gedreht. Auch der Rundfunk Berlin Brandenburg (RBB) sendet teilweise vom Babelsberger Gelände.

Für Besucher öffnet sich die Welt der Babelsberger Traumfabrik vom Filmpark aus: Hier startet jede halbe Stunde die Studio-Tour, die zu den legendären Studios und Werkstätten führt. Doch damit nicht genug: Im **Filmpark Babelsberg** begibt man sich mitten in die Fantasiewelt des Kinos und des Fernsehens. Auf dem 40 000 Quadratmeter großen Gelände mit den originalen Filmkulissen kann man Schauspielern, Maskenbildnern, Trick- und Pyrotechnikern bei ihrer Arbeit am Set über die Schulter schauen. Eine Stunt-Crew sorgt durch wagemutige Darbietungen vor einer riesigen Vulkankulisse für jede Menge Action. Am Beispiel bekannter Filme wie „Metropolis", „Münchhausen" und „Katharina die Große" erhalten die Besucher spannende Einblicke in die Welt hinter den Kulissen – die Welt der Spezialeffekte, Spiegel- und Kameratricks. Ein Action-Kino, die Tauchgangsimulation „Boomer – das U-Boot", der Kostüm- und Requisitenfundus und die Dreharbeiten unter dem Motto „Der verflixte letzte Drehtag" sind weitere Publikumsrenner.

Auch Kinder kommen voll auf ihre Kosten: Sie lernen das Sandmann-Studio kennen, fahren mit dem Boot durch Janoschs Traumland Panama, bereisen die Gärten des kleinen Muck und besuchen die Filmtierschule. Ein besonderes Erlebnis ist es für die Kinder, sich von einem professionellen Maskenbildner schminken zu lassen.

Das alles anzuschauen und zu erleben braucht natürlich seine Zeit. Deshalb empfehlen die Veranstalter, für einen Besuch im Filmpark ca. sechs Stunden Zeit einzuplanen.

Prinz Eisenherz
Mittelalter-Erlebnis-Restaurant im Filmpark.
August-Bebel-Str. 26–53
Tel. (03 31) 7 21 27 50
www.prinz-eisenherz.info

Stunt im Filmpark Babelsberg

Potsdam Hbf

Start
Babelsberg
S7 alle 10 Min.

Stadtspaziergang
Weberviertel
Park Babelsberg

Länge
ca. 7 km (bis zur Bushaltestelle)

Rückfahrt
694 ab Park Babelsberg über S Babelsberg nach
S Potsdam Hbf oder nach S Griebnitzsee

Bauernmarkt
auf dem Weberplatz
Sa 7–13 Uhr

Park Babelsberg
Eingänge an der Neuen oder der Grenzstraße, an der Sternwarte und der Karl-Marx-Straße

Nuthepark
Der Uferweg im Park Babelsberg Richtung Süden führt in den neu angelegten, naturnah belassenen Nuthepark und weiter zum Potsdamer Hauptbahnhof.

Babelsberg

Gartenkunst und Weberviertel

Garn-, Tuchmacher- und Spindelstraße erinnern bis heute daran: Seit 1750 siedelten sich in Babelsberg Weber aus Böhmen an und gründeten Nowawes („Neues Dorf").

Friedrich II. hatte die Tuchmacher, die in ihrer Heimat wegen ihres evangelischen Glaubens verfolgt wurden, ins Land geholt. In den Gründerjahren entstanden in Potsdams „Südvorstadt" Textilfabriken und Lokomotivwerkstätten und die ersten Arbeiterquartiere.

Vom S-Bahnhof Babelsberg geht es über die Karl-Liebknecht-Straße in nordöstlicher Richtung, bis bald rechts die kleine Schornsteinfegergasse abzweigt. Sie führt auf den stimmungsvollen Weberplatz, der fast vollständig von den typischen eingeschossigen Weberhäuschen gesäumt ist – einige sind Neubauten nach historischem Vorbild. Die Friedrichskirche in der Mitte des Platzes mit den alten Eichen entstand 1752/53 nach Plänen des holländischen Baumeisters Johann Boumann.

Auf der anderen, der westlichen Seite der Karl-Liebknecht-Straße geht der Rundgang weiter: Über die Garnstraße wird bald die kopfsteingepflasterte Straße Alt-Nowawes erreicht. Hier spürt man noch viel von der Atmosphäre der alten **Weberkolonie.** Auf den breiten Wiesenstreifen vor den kleinen Häusern wurden die Stoffe getrocknet und gebleicht. Nördlich des Weberviertels, da wo die Straße Alt-Nowawes zu Ende ist, beginnt der romantische **Park Babelsberg,** der bis zur Havel reicht (die sich hier zum Tiefen See verbreitert). Weite Wiesenflächen wechseln mit bewaldeten Abschnitten, und die Silhouette von Potsdam ist reizvoll in den Park mit einbezogen. Auch bei diesem Park hat zunächst die ordnende Hand des Gartenkünstlers P. J. Lenné gewirkt, später die seines Konkurrenten Fürsten Pückler-Muskau. Doch der Park ist nicht nur etwas fürs Auge:

Ein Strandbad an der Havel, ein Bootsverleih und die Wiesensenken laden zu Sport und Spiel.

Unser Spaziergang führt zuerst zum **Flatowturm,** der weithin sichtbar auf einer Anhöhe thront. Der grandiose Aussichtspunkt wurde 1853 in Anlehnung an den Eschenheimer Torturm in Frankfurt am Main erbaut. Der Weg hinunter zum Havelufer führt an weiteren Kleinbauten vorbei, die für die Potsdamer Kulturlandschaft charakteristisch sind: das Matrosenhaus, von dem früher die kaiserlichen Boote in See stachen, und die Gerichtslaube. Das **Kleine Schloss** am Ufer des Tiefen Sees ließ Prinz Wilhelm 1840–42 für seinen Sohn errichten, der dort später mit seiner jungen Frau Victoria, der Tochter der Queen, die Flitterwochen verbrachte. Wilhelm selbst bewohnte das eigentliche **Schloss Babelsberg,** das mit seinen Zinnen und Türmchen stark an eine mittelalterliche Burg erinnert. Der Bau zeugt außen wie innen vom extravaganten Geschmack des Prinzen, der 1871 deutscher Kaiser wurde. 1835 von Schinkel erbaut, wurde es 1844–49 erweitert. Deutlich erkennbar ist hier der Wunsch, Architektur und Natur harmonisch miteinander zu verbinden: Von dem verschachtelten Bau führen Terrassen in den Park. Sie verwandeln sich in wellige Rasenböschungen, die schließlich in das natürliche Havelufer übergehen.

Für den weiteren Weg eröffnen sich mehrere schöne Möglichkeiten: zurück entlang des Havelufers über den Nuthepark nach Potsdam, durch das Innere des Parks in südlicher Richtung zurück nach Babelsberg oder nach Norden, vorbei am historischen Maschinenhaus hinunter zur Parkbrücke, die über die Parkanlage am Jagdschloss zur Glienicker Brücke und zum Volkspark Klein-Glienicke (▸ Seite 128) führt.

Flatowturm
Besichtigung der Innenräume
Mai–Okt.
Sa/So/Fei 10–17.30 Uhr
Tel. (03 31) 9 69 42 00

Kleines Schloss
Lauschiges Restaurant-Café im Park Babelsberg.
Tel. (03 31) 70 51 56
www.kleinesschloss.de
Apr.–Okt. Di–So 11–18,
Nov.–März Di, Do–Sa
von 11 Uhr bis Anbruch der Dunkelheit

Park Sanssouci Char-lotten-hof Babelsberg Grie s

Potsdam Hbf
S7 RB20 RB21 RB22
RB23

Start und Ziel
Potsdam Hbf
S7 alle 10 Min.
RE1 alle 30 Min.

Tram ins Zentrum:
Tram 91, 92, 96, 98
Vom Platz der Einheit
ca. 10 Min. Fußweg

Stadtspaziergang

Karte ▸ Seite 147

Im Potsdamer Stadtver-kehr gelten VBB-Tickets der Tarifzone C

Potsdam-Innenstadt

Alte Residenzstadt und moderner Kulturort

Alles fing mit einem Bootsausflug an: Als der brandenburgische Große Kurfürst Fried-rich Wilhelm Mitte des 17. Jahrhunderts auf der Havel unterwegs war, fand er an dem unbedeutenden Marktflecken Potsdam großen Gefallen.

So beschloss er, an der Mündung von Nuthe und Havel eine Residenz zu errichten. 1670 war der Umbau der alten Burg zum barocken Schloss vollendet. Holländische Ingenieure legten bald das sumpfige Gelände in der heutigen Innenstadt trocken. Es entstand die barocke Handwerker-stadt. Schon der Große Kurfürst hatte die Vision, aus der Residenz einen „schönen Ort zu machen, der weder in Italien noch in Frankreich seines-gleichen hat". Doch erst seine Nachfahren schufen die spätere anmutige Kulturlandschaft. Über einen Zeitraum von zwei Jahrhunderten entstand die einzigartige Potsdamer Parklandschaft, in der Stadt, Gärten und Havellandschaft miteinander verwoben sind. 1990 wurden weite Bereiche Pots-dams zum Weltkulturerbe der UNESCO erhoben.

Zunächst wurde unter Friedrich Wilhelm I. (1688–1740), dem Soldatenkönig, die Stadt aber erst einmal zur Garnison ausgebaut. Der Monarch schenkte seinen Untertanen sogar die Häuser – mit der Auflage, den „Langen Kerls", seinen Sol-daten, eine Unterkunft zu bieten. Seinem Sohn und Nachfolger waren diese so genannten Typen-häuser dann doch zu kärglich. Der kunstsinnige Friedrich II. (1712–86) wollte der Stadt ein reprä-sentatives Aussehen verleihen. Nach Vorbildern italienischer Palazzi entwarfen Architekten und Bildhauer, darunter Knobelsdorff, im Auftrag des Königs ganze Straßenzüge neu.

Nicht von ungefähr kommt also in Potsdam an einem Sommertag ein geradezu südländisches Flair auf. Die farbenfrohen Fassaden der Innen-

stadt beherbergen kleine Geschäfte, Cafés und Boutiquen. Manche Innenhöfe erinnern an mediterrane Patios mit Kopfsteinpflaster und Kübelpflanzen. Plätze lockern das strenge Raster des barocken Stadtgrundrisses auf und bilden kleine städtische Oasen.

Am Brandenburger Tor in Potsdam

Dabei hat sich Potsdam bis heute seine zwei Gesichter bewahrt – Garnisonsstadt und Kulturort. Typenhäuser aus der Zeit des Soldatenkönigs findet man zum Beispiel in der Hermann-Elflein-Straße oder in der Brandenburger Straße. Bauten der darauf folgenden Epoche stehen in der Charlottenstraße oder am Neuen Markt.

Für den nun folgenden Spaziergang, der am Hauptbahnhof beginnt und durch die barocke Altstadt bis zum Kapellenberg führt, sollte man sich mindestens einen halben Tag Zeit nehmen. Über die Lange Brücke geht es Richtung Potsdamer Altstadt. Dabei überspannt die Brücke die zwischen zwei Havelarmen eingebettete **Freundschaftsinsel**. Hier befindet sich ein Park mit wun-

Schifffahrt in Potsdam
Tel. (03 31) 2 75 92 10
www.schifffahrt-in-potsdam.de

Schifffahrten
ab Lange Brücke

Nostalgiefahrten mit dem Dampfschiff Gustav
März–Okt. Do–So

Das Holländische Viertel entstand im 18. Jahrhundert (▶ Seite 145)

Museum Barberini
Kunst von der Renaissance bis heute.
Humboldtstraße 5–6
Tel. (03 31) 2 36 01 44 99
www.museum-barberini.com
Mo, Mi–So 10–19 Uhr, jeden 1. Do im Monat bis 21 Uhr, Di geschlossen
14 € / 10 €
Kinder und Jugendliche bis 18 Jahre frei

derschönen Staudenpflanzungen nach Plänen des Pflanzenzüchters Karl Foerster (1874–1970). Große alte Bäume, Skulpturen, Brunnen und eine Spiellandschaft schaffen eine erholsame Atmosphäre am Wasser. Ein kleines Café sorgt fürs leibliche Wohl und ein Bootsverleih ermöglicht andere Blicke auf die Stadt.

Am Ende der Langen Brücke stoßen wir auf den **Alten Markt:** Beherrschendes Bauwerk am Platz ist das wieder aufgebaute Stadtschloss. Es stand hier seit 1670 und war so etwas wie das Herz der Residenzstadt. 1950 wurden die Reste des im Zweiten Weltkrieg zerstörten Schlosses abgetragen und stattdessen eine breite Straße gebaut. Nun strahlt das äußerlich dem Original nachempfundene Schloss wieder in neuem Glanz, und der Autoverkehr muss einen Bogen darum machen. Seit der Fertigstellung tagt der Brandenburger Landtag im Schloss. Weitere Gebäude am Alten Markt sind das **Alte Rathaus** mit der turmkrönenden goldenen Atlasfigur und Schinkels klassizistische **Nikolaikirche** von 1849. Als Vorbild für deren mächtige Kuppel diente dem Baumeister die St. Paul's Cathedral in London. Seit seiner Rekonstruktion schmückt auch das Palais Barberini wieder die Südostseite des Platzes. Es beherbergt das **Museum Barberini,** welches in wechselnden Ausstellungen Kunst von den Alten Meistern bis zu zeitgenössischen Werken präsentiert.

Auf der anderen Straßenseite liegt der Lustgarten, eine ursprünglich zum Stadtschloss gehörige Anlage. Sie ist heute ein moderner Stadtgarten, der bis ans Havelufer reicht. Unter dem Soldatenkönig war hier ein Exerzierplatz, zu DDR-Zeiten ein Sportstadion. Die Ringerkolonnaden von Knobelsdorff und das große Neptun-Bassin erinnern an das historische Erscheinungsbild des Lustgartens. Oberhalb des Lustgartens fällt ein markantes Gebäude ins Auge: der rot gestrichene Marstall (erbaut 1685/1746). Er beherbergt heute das **Filmmuseum Potsdam** mit einer Ausstellung zur Geschichte der Babelsberger Filmstudios. Hinter dem Marstall führt eine Gasse zum pittoresken **Neuen Markt** mit seinen barocken Bürgerhäusern und der fein gegliederten Fassade des Kutschstalls, errichtet 1787–89. Hier ist das **Haus der Brandenburgisch-Preußischen Geschichte** untergebracht. Am Neuen Markt 1 wurden Friedrich Wilhelm III. und Wilhelm von Humboldt geboren.

Nordwestlich des Neuen Marktes führt die Siefertstraße in die Yorckstraße. Der Grünstreifen in der Mitte zeigt den Verlauf des 1965 zugeschütteten Stadtkanals. Ein Teil der insgesamt 1,5 Kilometer langen Kanalstrecke wurde bereits vom Schutt befreit. Auch der Rest soll in den kommenden Jahren noch freigelegt werden, um das Grachtenflair Potsdams wieder zu beleben.

Zurück zum Marstall (Filmmuseum): Auf den ersten Blick wenig verlockend für Spaziergänger wirkt die Breite Straße, die den Lustgarten vom Marstall trennt. Sie wurde in der DDR zur autogerechten „Sozialistischen Magistrale" Potsdams ausgebaut. Gebäude aus der Zeit Friedrichs des Großen, die unter anderem das heimatkundliche Potsdam-Museum beherbergen, wechseln sich mit DDR-Neubauten ab. Die Straße führt zur Neustädter Havelbucht – und hier befindet sich ein kleines Kuriosum: eine maurische **Moschee** (erbaut von Ludwig Persius 1841–43). Sie ist in Wahrheit ein Pumpwerk – das „Minarett" der Schornstein! Früher mit Dampf, heute elektrisch, wird Havelwasser in das große Bassin am Ruinenberg nördlich von Sanssouci gepumpt. Von dort werden die Fontänen des Parks gespeist.

Haus der Brandenburgisch-Preußischen Geschichte
Wechselnde Ausstellungen.
Am Neuen Markt 9
Tel. (03 31) 6 20 85 50
www.hbpg.de
Di–Do 10–17 Uhr,
Fr–So 10–18 Uhr
7 € / 5 €
bis 18 Jahre frei

Restaurant Waage
Italienisch-mediterrane Küche in der alten Waage.
Am Neuen Markt 12
Tel. (03 31) 8 17 06 74
www.restaurant-waage.de
Di–Sa 16–23, So 12–22 Uhr

„Moschee"
Dampfmaschinenhaus an der Neustädter Havelbucht.
Breite Straße 28
Tel. (03 31) 9 69 42 00
Öffnung im Rahmen von Sonderveranstaltungen

Verbindung zur Neustädter Havelbucht (Moschee)
🚊 91, 94, 98 oder
🚌 605, 606, 631
Feuerbachstraße

Restaurant Juliette
Feine französische Küche.
Jägerstraße 39
Tel. (03 31) 2 70 17 91
www.restaurant-juliette.de

Café Heider
Traditionsreiches Caféhaus
am Nauener Tor.
Friedrich-Ebert-Straße 29
Tel. (03 31) 2 70 55 96
www.cafeheider.de

Vom Belvedere auf dem
Pfingstberg hat man einen
fantastischen Ausblick

Durch die Schopenhauerstraße geht es direkt zum Brandenburger Tor. Von hier aus erkunden wir das eigentliche Zentrum der Potsdamer Altstadt um die **Brandenburger Straße.** Die zentrale Flaniermeile und Fußgängerzone mit Läden, Res-taurants und Cafés beginnt am Luisenplatz, wo das prunkvolle **Brandenburger Tor** steht. Der Torbau, der nach dem Siebenjährigen Krieg errichtet wurde, ist nur einen Steinwurf vom Park Sanssouci entfernt (Karte ▸ Seite 155). Am anderen Ende der Brandenburger Straße, am Bassinplatz mit der spätklassizistischen katholischen **Kirche St. Peter und Paul,** findet Potsdams Wochenmarkt statt. Etwas abseits an der südöstlichen Ecke des Platzes befindet sich ein wahres architektonisches Kleinod: die **Französische Kirche,** 1752 nach Entwürfen von Knobelsdorff für die Hugenotten er-

baut, 1833 von Schinkel klassizistisch umgestaltet und dem Pantheon in Rom nachempfunden.

Gleich oberhalb des Bassinplatzes beginnt das **Holländische Viertel** mit seinen zierlichen roten Klinkerhäusern mit den weißen Fensterrahmen. Friedrich Wilhelm I. ließ die 150 Häuser ab 1727 für holländische Kolonisten bauen. In das lebendige Quartier sind heute Galerien, Cafés und Kunsthandwerker eingezogen.

Russische Kolonie Alexandrowka

Am nördlichen Abschnitt der Friedrich-Ebert-Straße, jenseits des Nauener Tors, liegt ein weiteres sehenswertes Stadtviertel: die **Kolonie Alexandrowka** mit ihren Holzhäusern mit kunstvoll geschnitzten Giebeln, die auf dem Grundriss eines Andreaskreuzes angeordnet sind. Die Siedlung, benannt nach Zar Alexander I., wurde Anfang des 19. Jahrhunderts für die Mitglieder eines russischen Chores angelegt. Die Schenkung sollte die guten Beziehungen Preußens mit Russland im Bund gegen Napoleon unterstreichen.

Nördlich der Kolonie schließt sich der dicht bewaldete Kapellenberg an. Auf der Anhöhe thront die **Alexander-Newski-Kapelle,** erbaut 1826–29 nach Plänen von Karl Friedrich Schinkel. Seit 1986 beherbergt sie wieder die russisch-orthodoxe Gemeinde Potsdams. Am Jüdischen Friedhof entlang findet man einen schmalen Fußweg, der auf den Pfingstberg führt.

Pfingstberg

Der Pfingstberg, eine der höchsten natürlichen Erhebungen Potsdams, wurde im 19. Jahrhundert zur Parkanlage umgestaltet. Von hier bieten sich fantastische Ausblicke auf Potsdam, die havelländischen Seen und das Bornstedter Feld. Preußens berühmtester Baumeister Karl-Friedrich Schinkel ließ hier im Alter von 19 Jahren sein erstes Bauwerk, den **Pomonatempel** (1800), errichten. Das den Berg krönende, doppeltürmige **Belvedere** (1849–52), von den Architekten Ludwig Persius, Ludwig Hesse und August Stüler umgesetzt, ist nach Vorbildern italienischer Renaissance-Villen gestaltet. Bei klarer Sicht kann man vom restau-

Tram zur Kolonie Alexandrowka
🚋 92, 96
Reiterweg/Alleestraße oder Puschkinallee

via Tipp **Belvedere auf dem Pfingstberg**
Von den Türmen des Belvedere, dem nach Renaissance-Vorbild errichteten Aussichtpunkt auf dem Pfingstberg, hat man den besten Ausblick auf Potsdam.
Apr.–Okt. tgl. 10–18 Uhr, März/Nov. Sa/So 10–16 Uhr

Einsteinturm
Der Einsteinturm beherbergt ein Astrophysikalisches Observatorium, Innenbesichtigung Okt.–März mit Führung möglich, in der Regel an einem Samstag im Monat.
Im Wissenschaftspark Albert Einstein (ca. 20 Min. Fußweg von Potsdam-Hauptbahnhof)
Urania-Verein Wilhelm Foerster e. V.
Tel. (03 31) 29 17 41
www.aip.de/de/pr/gf-et

AbenteuerParkPotsdam
Kletterwald mit 12 Parcours für Anfänger und Fortgeschrittene.
Weitere Infos unter:
Tel. (03 31) 6 26 47 83
www.abenteuerpark.de

Karte ▶ Seite 163

Einsteinturm

rierten Westturm des Anwesens bis nach Berlin schauen.

Telegrafenberg und Einsteinturm

Gleich südlich vom Potsdamer Hauptbahnhof wird es hügelig: Der Brauhausberg (88 Meter) und der Telegrafenberg (94 Meter) sind nicht zu übersehen. Auf der westlicher gelegenen Anhöhe, dem **Brauhausberg,** thront der „Potsdamer Kreml": Das 1902 errichtete Gebäude mit dem Turm beherbergte bis Ende 2013 den Brandenburgischen Landtag. Früher residierte die SED-Bezirksleitung in dem etwas düsteren Bau. Am Fuß des Brauhausberges, an der Leipziger Straße, hat 2017 das Sport- und Freizeitbad Blu eröffnet.

Biegt man von der Straße am Brauhausberg links in die Albert-Einstein-Straße, gelangt man zum **Telegrafenberg.** Dieser heißt seit 1832 so, als hier ein optischer Telegraf zur Nachrichtenübermittlung aufgestellt wurde. Ab 1876 kamen das Astrophysikalische Institut und das Meteorologische Observatorium dazu. In dem runden Refraktorgebäude von 1899 wurde das längste Linsenfernrohr der damaligen Zeit installiert.

Heute beheimatet der Wissenschaftspark Albert Einstein auf dem Telegrafenberg mehrere renommierte Institute, das größte ist mit ca. 600 Mitarbeitern das Geoforschungszentrum.

Das berühmteste Gebäude auf dem Telegrafenberg aber ist der **Einsteinturm:** 1919–24 von Erich Mendelsohn im expressionistischen Stil entworfen, beeindruckt das Bauwerk durch seine runden, organischen Formen. Fast könnte man meinen, es wäre ein Gebäude des Jugendstil-Architekten Gaudí aus Barcelona versehentlich in die Potsdamer Landschaft geraten. Herzstück und Zweck des Turmbaus ist ein Sonnenteleskop, das der Überprüfung der Relativitätstheorie diente. Außerdem zu sehen sind Schlaf- und Arbeitszimmer mit originaler Möblierung aus der Zeit Albert Einsteins.

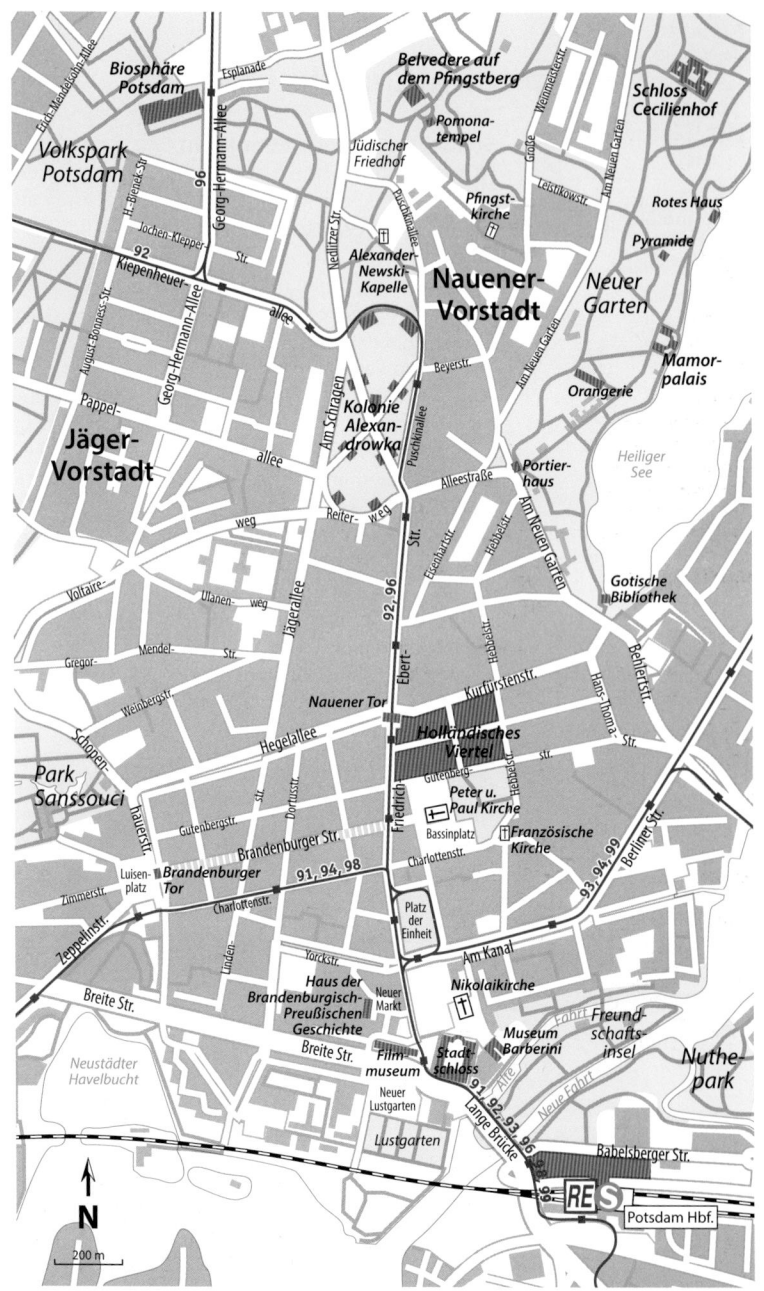

Biosphäre Potsdam

Esplanade

Volkspark Potsdam

Belvedere auf dem Pfingstberg

Pomona-tempel

Jüdischer Friedhof

Schloss Cecilienhof

Georg-Hermann-Allee

Wermannstr.

Pfingst-kirche

Rotes Haus

Erich-Mendelsohn-Allee

96

Fritz-Brandt-Str.

H-Bienek-Str.

Jochen-Klepper-Str.

92

Kiepenheuer-allee

August-Bonness-Str.

Georg-Hermann-Allee

allee

Neußlitzer Str.

Puschkinallee

Alexander-Newski-Kapelle

Am Neuen Garten

Große

Leistikowstr.

Pyramide

Nauener-Vorstadt

Neuer Garten

Mamor-palais

Jäger-Vorstadt

Pappel-

allee

Am Schragen

Kolonie Alexan-drowka

Beyerstr.

Puschkinallee

Orangerie

Portier-haus

Heiliger See

Voltaire-

Ulanen-

weg

Reiter-

Weg

Alleestraße

Am Neuen Garten

Hebbelstr.

Gotische Bibliothek

Gregor-

Mendel-

Str.

Weinbergstr.

Jägerallee

92, 96

Ebert-

Eisenhartstr.

Hebbelstr.

Hans-Thoma-

Str.

Behlertstr.

Kurfürstenstr.

Nauener Tor

Holländisches Viertel

str.

Hebbelstr.

Berliner Str.

Park Sanssouci

Hegelallee

Dortustr.

Str.

Friedrich-

Gutenberg-

Peter u. Paul Kirche

Französische Kirche

Bassinplatz

93, 94, 99

Hauerstr.

Gutenbergstr.

Brandenburger Str.

Charlottenstr.

Luisen-platz

Brandenburger Tor

91, 94, 98

Zimmerstr.

Zeppelinstr.

Charlottenstr.

Linden-

Platz der Einheit

Breite Str.

Torckstr.

Haus der Brandenburgisch-Preußischen Geschichte

Neuer Markt

Am Kanal

Nikolaikirche

Museum Barberini

Freund-schafts-insel

Neustädter Havelbucht

Breite Str.

Film-museum

Stadt-schloss

Nuthe-park

Neuer Lustgarten

Lustgarten

Lange Brücke

91, 92, 93, 96

Alte Fahrt

Neue Fahrt

Babelsberger Str.

N

200 m

RE S

Potsdam Hbf.

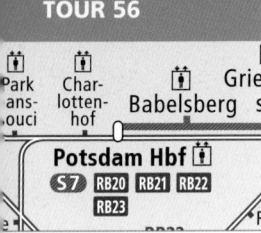

Start und Ziel
Potsdam Hbf
S7 alle 10 Min.
RE1 alle 30 Min.
und
🚊 91 bis
Luisenplatz Süd
oder
🚌 695 bis
Luisenplatz Nord
(Haupteingang Park
Sanssouci)

Park Sanssouci

Karte ▶ Seite 155

Schloss Sanssouci
Apr.–Okt. Di–So 10–17.30,
Nov.–März Di–So 10–16.30
Uhr
12 € / 8 €
🚌 695

Park Sanssouci

Preußens Lustgarten

Schon der Name verspricht es: Sanssouci (französisch: „ohne Sorge") strahlt wie kaum ein anderer Park in Deutschland Leichtigkeit und Unbeschwertheit aus.

Über zwei Jahrhunderte verwirklichten hier preußische Könige ihre wechselnden Träume von einer idealen Landschaft mit Gärten, Schlössern und verspielten Pavillons. Bis heute steht der Park von Sanssouci für die romantische, schwärmerische und luxuriöse Seite Preußens. Und das in einem Staat, der sich ansonsten spartanisch, pflichtbewusst und militärisch gab.

Der junge Fritz, später Friedrich II., genannt der Große (1712–86), hatte 1744 auf einem Höhenzug westlich von Potsdam einen Weinberg anlegen lassen – die späteren berühmten sechs Gartenterrassen. Ein Jahr später begann der Bau von **Schloss Sanssouci**. Der Hofarchitekt Knobelsdorff (1699–1753) ließ nach den Skizzen des Königs ein anmutiges Rokoko-Schloss errichten. Friedrich, der aufgeklärte und den Schönen Künsten zugeneigte Monarch, hat sich mit Sanssouci einen preußischen Lustgarten geschaffen. Als Vorbild der Anlage galt der prachtvolle Park von Versailles mit seinen geraden Achsen, streng geschnittenen Hecken und Baumreihen. Doch im Gegensatz zur Residenz des Sonnenkönigs bei Paris war Sanssouci weniger Machtzentrum als vielmehr Sommersitz. Hier genoss der preußische König fern von Regierungsgeschäften und höfischem Zeremoniell Ruhe und Entspannung. Im 19. Jahrhundert ließ König Friedrich Wilhelm IV. den Park von Sanssouci im Stil eines englischen Landschaftsgartens erweitern und durch Bauwerke nach italienischen Vorbildern ergänzen.

Fast zu viel für einen Tag – oder gar Nachmittag – ist es, den 290 Hektar großen Park mit all seinen Schlössern, Palais und Kunstschätzen zu besichtigen. Doch es ist auch reizvoll, einfach

durch die weite Gartenanlage zu schlendern und sich den immer wechselnden Eindrücken angelegter Gärten und freier Wiesen und Wäldchen zu überlassen.

Der Park von Sanssouci erstreckt sich zwischen dem Potsdamer Stadtzentrum und dem Neuen Palais parallel zu dem natürlichen Höhenzug, auf dem sich das Schloss und die Neue Orangerie befinden, Auch das Besucherzentrum an der **Historischen Mühle** liegt auf dem Hügel. Unterhalb davon verläuft die von Autos befahrene Maulbeerallee, eine etwas unschöne Teilung zwischen Gebäuden und Gärten. Das eigentliche Rückgrat des Parks ist die weiter südlich gelegene Hauptallee. Immer wieder aufgelockert durch mit Fontänen und Skulpturen geschmückte Rondelle, zieht sie sich schnurgerade von Ost nach West durch den Park. Man kann sich hier also kaum wirklich verlaufen.

Zwei Wege führen von der Potsdamer Altstadt in den Park: Vom Luisenplatz mit dem Brandenburger Tor aus führt die eher unscheinbare „Allee nach Sanssouci" vorbei an Bürgerhäusern zum schmiedeeisernen „Grünen Gitter". Von hier geht es an den Hofgärtnerhäusern und der **Friedens-**

Schloss Sanssouci erhebt sich über den berühmten Weinbergterrassen

Besucherzentrum an der Historischen Mühle
Tel. (03 31) 9 69 42 00
www.spsg.de
März–Okt. tgl. 8.30–17 Uhr,
Nov.–Feb. tgl. 9–16 Uhr
🚌 695

Mövenpick-Restaurant Zur Historischen Mühle
Historische Mühle 2
Tel. (03 31) 28 14 93
Tgl. 8–22 Uhr

Friedenskirche
Mai–Okt. Mo–Sa 10–18,
So 12–18 Uhr,
Nov.–Mitte März Sa 11–18,
So 12.30–16 Uhr,
Apr. Mo–Sa 11–17,
So 12–17 Uhr

kirche vorbei. Dieses südländisch wirkende Ensemble ließ Friedrich Wilhelm IV. ab 1845 in der letzten Bauphase von Sanssouci errichten. Der Architekt Ludwig Persius hat die Kirche römischen Basiliken mit Campanile und Kreuzgang nachempfunden. Nebenan erblickt man das Predigerhaus und das kleine Marlyschloss mit dem kürzlich restaurierten Marly- und Friedensgarten, gestaltet von Hofgärtner Lenné.

Der zweite Zugang zum Park befindet sich an der etwas nördlich des Luisenplatzes gelegenen Straßenecke Schopenhauerstraße/Hegelallee. Auf beiden Wegen in den Park eröffnet sich den Spaziergängern schon nach wenigen Schritten ein beeindruckender Blick von der Großen Fontäne über die sechs Weinbergterrassen hinauf zum sonnengelben **Schloss Sanssouci.** Verspielte Figuren wie Nymphen, Waldgötter und andere Begleiter des Weingottes Bacchus zieren die Pilaster an der Gartenseite des Schlosses. Die Plastiken stammen von dem Bildhauer Friedrich Christian Glume (1714–52). Große Flügeltüren öffnen sich zu den Terrassen, wo Wein und Feigen hinter schützenden Glastüren gedeihen. Von oben genießt man die einmalige Sicht auf die weite Havellandschaft.

Üppig und farbenfroh sind auch die Innenräume: Vergoldete Ornamente, Säulen aus Stuckmarmor, pompöse Kronleuchter und kunstvolle Deckengemälde schmücken die Säle. Das Konzertzimmer gehört zu den schönsten Räumen

Das Grüne Gitter am Parkeingang Luisenplatz

des deutschen Rokoko. Der Maler Adolph Menzel hat 1852 eine Szene aus diesem Raum auf seinem Gemälde „Das Flötenkonzert in Sanssouci" verewigt: Friedrich der Große als Querflötenspieler bei abendlicher Kammermusik. Im ovalen Marmorsaal unter der Kuppel des Schlosses empfing der König berühmte Gelehrte. Der französische Philosoph Voltaire war regelmäßig hier – ihm zu Ehren gibt es im Schloss auch ein Voltairezimmer.

Poetischer Ort mit Weitblick: die Kolonnaden

An der östlichen Seite der oberen Terrasse vorm Schloss liegt die Grabstätte von Friedrich II. Eine schlichte Sandsteinplatte markiert die Gruft, die der Monarch sich schon vor seinem Tod hatte anlegen lassen. Doch erst 205 Jahre nach seinem Tod, 1991, wurde der letzte Wille des Alten Fritz erfüllt. Nördlich des Schlosses erkennt man in einiger Entfernung den Ruinenberg. Die namengebenden künstlichen Ruinen schmücken ein 1748 angelegtes Wasserbassin. Das Wasser sollte die Große Fontäne vor dem Schloss zum Springen bringen. Doch gelang dies den Ingenieuren zu Lebzeiten Friedrichs des Großen nur ein einziges Mal. Erst nachdem in der Neustädter Havelbucht das mit Dampf betriebene **Pumpwerk** in Form einer Moschee (▸ Seite 143) gebaut worden war, konnte genug Wasser in das Reservoir gepumpt werden, um das weit verzweigte Bewässerungs- und Fontänensystem des Parks zu betreiben.

Bildergalerie
Gemäldesammlung
Friedrichs II.
Mai–Okt.Di–So 10–17.30
Uhr
6 € / 5 €

Neue Kammern
Apr.–Okt. Di–So 10–18 Uhr
6 € / 5 €

Zwei ebenfalls gelb leuchtende Bauwerke mit kleinen Kuppeln flankieren das Schloss: die Neuen Kammern (1745–47) auf der westlichen und die **Bildergalerie** (1755–63) auf der östlichen Seite. Letztere war eines der ersten Bauwerke in Preußen, das eigens für die Aufbewahrung von Gemälden vorgesehen war. Ausgestellt sind hier niederländische, italienische und französische Barockgemälde, darunter Werke von Rubens, van Dyck und Caravaggio. Nach historischem Vorbild hat man sie dicht an dicht vom Boden bis unter die Decke gehängt. Gleich neben der Bildergalerie befindet sich die verwunschene Neptungrotte (1751–57, Knobelsdorff), ein barockes Marmorwerk, bekrönt von Neptun, dem Herrscher des Meeres.

Die **Neuen Kammern** wurden nach Entwürfen Knobelsdorffs zunächst als Orangerie erbaut, später von Georg Christian Unger zum Gästeschloss Friedrichs des Großen umgestaltet. An das Gebäude schließen sich westlich der Rosengarten und der Sizilianische Garten mit einem lauschigen Laubengang und Palmen in Kübeln an (1857). Als Pendant dazu schuf Lenné oberhalb davon,

Königliche Aussicht:
Oberhalb von Park Sanssouci thront das Belvedere auf dem Klausberg

auf der anderen Seite der Maulbeerallee, den Nordischen Garten (um 1860). Hier befindet sich auch die historische Mühle auf dem früheren Weinberg mit dem Besucherzentrum der Stiftung Preußische Schlösser und Gärten.

Geht man am Schloss Sanssouci von der obersten Terrasse durch die verschiedenen „Themengärten" Lennés (Rosen-, Sizilianischer, Nordischer Garten), gelangt man zum imposanten **Orangerieschloss** (1851–64). Als letztes Gebäude im Park Sanssouci wurde es im Stil italienischer Renaissance-Villen nach Plänen von Stüler und Hesse errichtet. Ganz ähnlich dem Belvedere auf dem Pfingstberg (▸ Seite 145) wird es von zwei viereckigen Türmen bekrönt. Hier bewahrt man heute noch im Winter die vielen exotischen Kübelpflanzen auf, die im Sommer in den Gärten stehen – Zitrusfrüchte, Palmen, Feigen. Einige Räume waren für die russische Zarenfamilie reserviert, das Lapislazuli- und das Malachitzimmer für die Zarin Alexandra (vor ihrer Heirat die preußische Prinzessin Charlotte), Elfenbein-, Boule- und Grünes Schlafzimmer für Zar Nikolaus I. Im Raffaelsaal sind 47 Kopien von Werken des Renaissance-Künstlers ausgestellt. Eine Kaskade von Gartenterrassen führt hinunter in den Park.

Für Pflanzenbegeisterte lohnt sich ein Besuch des **Botanischen Gartens** gleich neben dem Orangerieschloss. Er wurde 1950 aus dem Paradiesgarten von 1840 gestaltet und hat heute über 6 000 seltene Arten aus aller Welt zu bieten.

Eine prächtige vierreihige Lindenallee führt vom Orangerieschloss nordwestlich weiter zum **Belvedere auf dem Klausberg** (1772). Auf dem Weg dorthin findet man linker Hand das **Drachenhaus** in Form einer chinesischen Pagode (1770). Es diente ursprünglich als Wohnhaus für den Winzer eines nahe gelegenen Weinbergs. Heute kann man sich hier im gemütlichen Café-Restaurant stärken, bevor man sich den westlichen und südlichen Parkbereichen zuwendet.

Am West-Ende der Hauptallee prangt das **Neue Palais**. Mit seiner roten Fassade und der mächtigen Kuppel ist es schon von weitem sichtbar. Eine „Fanfaronade", eine Prahlerei, nannte Fried-

Orangerieschloss
Zarenzimmer und Raffaelsaal.
Apr. Sa/So 10–17.30 Uhr,
Mai–Okt. Di–So 10–17.30 Uhr

Neues Palais
Tel. (03 31) 9 69 42 00
Apr.–Okt. 10–17.30 Uhr,
Nov.–März 10–16.30 Uhr,
Di geschlossen
Mit Führung oder Audioguide 8 € / 6 €

Botanischer Garten
Apr.–Sep. tgl. 9.30–17 Uhr,
Okt.–März tgl. 9.30–16 Uhr
Freigelände (Eintritt frei):
ganzjährig 8 Uhr bis
Sonnenuntergang, am
24.12., 31.12. und 01.01.
geschlossen

Restaurant – Café Drachenhaus
Maulbeerallee 4a
Tel. (03 31) 5 05 38 08
Apr.–Okt. tgl.11–20 Uhr,
Nov.–März Di–So 12–18 Uhr, Jan./Feb. nur am Wochenende

Schloss Charlottenhof
Mai–Okt.
Di–So 10–17.30 Uhr
Nur mit Führung
6 € / 5 €
🚋 91, 98

rich der Große das 240 Meter lange Palais. Nach dem Ende des Siebenjährigen Krieges wurde es, als Zeichen der – vermeintlich – ungebrochenen Stärke Preußens, unter Leitung von Johann Gottfried Büring (1723–88) und Carl von Gontard (1731–91) errichtet. Dieser größte und teuerste Hohenzollernsche Palast strapazierte die Staatskasse sehr. Die Innenräume beeindrucken mit prächtiger Rokokoausstattung: der märchenhafte Grottensaal mit muschelverzierten, glitzernden Wänden, die Marmorgalerie aus weißem Carrara, ein Konzertsaal sowie das kleine Hoftheater, heute vom Hans-Otto-Theater bespielt. Hinter dem Neuen Palais folgen die ebenfalls prunkvollen **Communs** (Gontard, 1766–69). Die Bauten dienten als Wirtschaftsgebäude für die Dienerschaft und werden heute von der Uni Potsdam genutzt. Ihre prachtvolle Ausführung gibt dem Park Sanssouci einen würdigen architektonischen Abschluss.

Weiter geht es in südöstlicher Richtung. In diesem jüngeren Teil des Parks Sanssouci liegen Park und **Schloss Charlottenhof.** Der klassizistische Landsitz Charlottenhof (Schinkel) war 1826–29 für den Kronprinzen Friedrich Wilhelm IV. errichtet worden. Das Gebäude ist nach englischem Vorbild im schlichten Villenstil gehalten. Bei Führungen kann man die sehenswerten Innenräume besichtigen – sie zeigen die Wohnkultur des Biedermeier und den extravaganten Geschmack des Kronprinzenpaars. Von der großen Terrasse geht es in den Dichterhain und den Rosengarten. Harmonisch fügen sich diese streng symmetrischen Gärten in die weiten Rasenflächen des Parks mit lockeren Baumgruppen, kleinen Hügeln und Seen ein. Zu dem Ensemble gehören auch das unter Bäumen gelegene ovale Hippodrom und die Fasanerie westlich des Schlosses.

Folgt man dem Wasserlauf östlich von Charlottenhof, erreicht man bald das romantische Gebäude-Ensemble der **Römischen Bäder** (Schinkel und Persius, 1829–40), im Stil italienischer Landhäuser gestaltet. Unter Arkaden betritt man das eigentliche Römische Bad. Marmorstatuen und Wandmalereien zieren die Räume, in der Mitte liegt das Caldarium, der Ruheraum mit

Chinesisches Haus

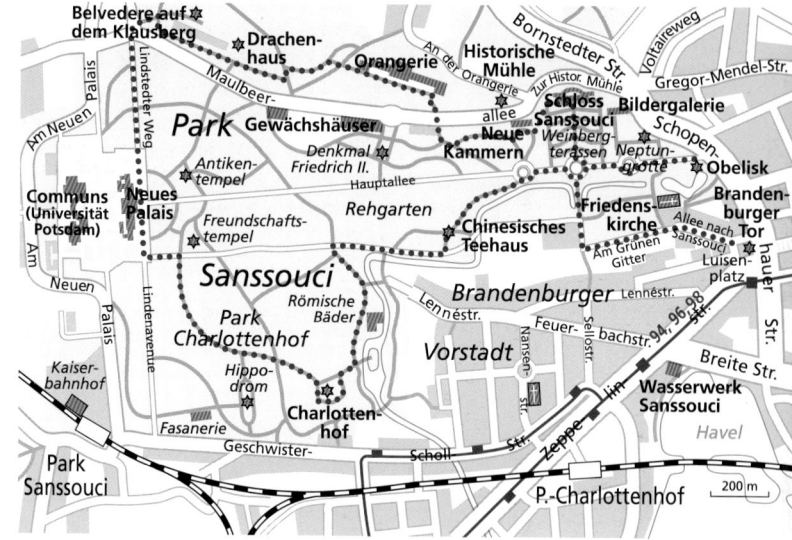

einem steinernen Wasserbassin. In den prächtigen Staudenbeeten des Innenhofs gedeihen nicht nur Blumen, sondern auch Mangold, Mais oder Rote Bete. Über den Kanal unter dem Laubengang gelangte die Hofgesellschaft zu Schiff hierher. Im gläsernen Pavillon am Maschinenteich nahm der König seinen Tee.

Eine kleine Extravaganz erwartet uns auf dem Rückweg: das **Chinesische Haus** (1754, Büring), das schon von Weitem zu sehen ist. Palmenförmige Säulen tragen das Dach des verspielten Pavillons. Darunter sitzen vergoldete Figurengruppen: Tee trinkende und fröhlich essende Chinesen, die von Musikanten unterhalten werden. Im Innern ist eine kleine Ausstellung mit Meißner und ostasiatischem Porzellan zu sehen.

Lässt man am Chinesischen Teehaus den Wasserlauf Schafgraben rechter Hand liegen und folgt dem Weg parallel dazu, gelangt man zurück zur Hauptallee. Dort kann man den Park am Obeliskportal verlassen. Überquert man jedoch den Schafgraben, so geht es durch den Marlygarten zur Straße am Grünen Gitter.

Chinesisches Haus
Mai–Okt.
Di–So 10–17.30 Uhr

TOUR 57

Start und Ziel
Potsdam Hbf
S7 alle 10 Min.
RE1 alle 30 Min.
und
92, 96 bis Volkspark

Stadtausflug
Biosphäre Potsdam
Volkspark
Krongut Bornstedt

Karte ▸ Seite 147

Biosphäre Potsdam
In der Biosphäre kann man
die Welt der Tropen das
ganze Jahr über erleben.
Georg-Herrmann-Allee 99
Tel. (03 31) 5 50 74-0
www.biosphaere-
potsdam.de
Mo–Fr 9–18 Uhr, letzter
Einlass 16.30 Uhr,
Sa/So/Fei 10–19 Uhr, letzter Einlass 17.30 Uhr
11,50 € / 7,80 €
(div. Ermäßigungen)

Volkspark Potsdam
Haupteingang an der
Georg-Herrmann-Allee
www.volkspark-
potsdam.de
Tgl. 5–23 Uhr

Bornstedter Feld

(Bio-)Sphären im Park

Potsdam ist nicht nur Sanssouci – seit der Bundesgartenschau 2001 ist auch der Potsdamer Norden einen Besuch wert. Auf dem Bornstedter Feld, einem ehemaligen Militärgelände, erstreckt sich heute der weitläufige Volkspark Potsdam.

Im Unterschied zu den historischen Gärten gilt hier: Betreten erwünscht. Für 1,50 Euro kann man in dem aufwendig gepflegten Park moderne Gartengestaltung erleben und moderne Freizeitaktivitäten pflegen. Der gesamte Park wird von einem asphaltierten Weg gesäumt, ideal zur Fortbewegung auf Rädern.

Am Haupteingang des Parks, in der Georg-Herrmann-Allee, steht die große Tropenhalle mit der **Biosphäre Potsdam**. Unter hohen Mangrovenbäumen und unter Papageiengeschrei geht es bei 25 °C und hoher Luftfeuchte durch ein Dickicht: tropischer Regenwald. Die Biosphäre mitten in Potsdam bietet Neues und Überraschendes vor allem für jüngere Besucher. Am Eingang wird man mit einem kleinen Gerät mit Kopfhörer ausgerüstet, dem Audio-Guide, der während der gesamten Entdeckungstour interessante Informationen gibt. Wir lernen den Herrn des Tropengartens kennen. In seiner Studierstube stellt sich (per Video-Animation) Fürst Pückler vor, eine der schillerndsten Persönlichkeiten des 19. Jahrhunderts, Dandy und Abenteurer, vor allem aber ein leidenschaftlicher Gartengestalter. Der Fürst begleitet uns via Audio-Guide plaudernd und erklärend von einem „Forschungsmodul" im Tropenwald zum nächsten. An diesen Stationen erfahren, ertasten und erproben wir anschaulich Details über das Leben der tropischen Flora und Fauna: Wie Bäume Wasser von den Wurzeln in die Äste pumpen, wie Bienen oder Fledermäuse die Welt sehen, wie Düfte Insekten locken oder vertreiben. Dann geht es unter Wasser. In Pücklers originalgetreu nachgebautem U-Boot im künstlichen See der Biosphäre erlauben Aquarien, Periskope und Lupen Einblicke in die Welt des Meeres. Direkt anschließend der Kontrast: Über Holzstege werden Baumwipfel erklommen. Zum Schluss steht auch noch ein Flug in Pücklers Zeppelin auf dem Programm. Wer nach diesen vielen interessanten und neuen Erkenntnissen etwas Ruhe braucht oder sich mal richtig bewegen möchte, braucht nur wieder vor die Tür der Biosphäre zu treten und befindet sich gleich wieder am Eingang des **Volksparks Potsdam.**

In der Biosphäre Potsdam

Für Erschöpfte bieten die Liegewiese im südlichen Wiesenpark oder die Bereiche in den Wallkarrees Gelegenheit zum Ruhen. Die Wälle sind bunt bepflanzt und sollen an die militärischen Schießwälle erinnern, die früher hier standen. Während sich die Eltern ausruhen, können die Kinder sämtliche Spielgeräte und Rutschen ausprobieren. Falls sich aber auch die Erwachsenen lieber noch etwas bewegen möchten, kommen sie garantiert auf ihre Kosten: Die Sportangebote reichen vom Beach-Volleyball bis zum Trampolin.

Westlich des Volksparks befindet sich die **Feldflur:** ein Naherholungsgebiet mit rekonstruierten historischen Koppeln, Hecken- und Alleenpflanzungen von Lenné. Daran schließt gleich südlich der **Karl-Foerster-Garten** an. Der berühmte Staudenzüchter und Gartenphilosoph legte hier 1911 eine Gärtnerei an. Ein Jahr später entstanden das Wohnhaus und der als Schau- und Versuchsfläche angelegte Garten mit prächtigen Staudenbildern. Zu bewundern sind der Senkgarten, der Frühlingsweg und der Steingarten der sieben Jahreszeiten. Seit 1981 steht die Anlage unter Denkmalschutz und wurde anlässlich der BUGA restauriert.

Nur einige hundert Schritte entfernt befindet sich das restaurierte **Krongut Bornstedt.** Hier ist es möglich, sich nach einem anstrengenden Ausflugstag zu stärken und auch noch ein frisches Brot aus der Hofbäckerei mitzunehmen.

Foerster Staudengarten
Am Raubfang 6
Mo–Sa 9–19 Uhr,
So 11–14 Uhr
Führungen organisiert
u. a. Regina Ebert:
Tel. (03 31) 2 70 16 49
🚌 612, 614 bis
Amundsenstraße/Potsdamer Straße

Krongut Bornstedt
Selbstgebrautes Bier, Deftiges im Brauhaus, Feines aus der Hofbäckerei, Schönes und Delikates im Hofladen.
Ribbeckstraße 6/7
Tel. (03 31) 55 06 50
www.krongut-bornstedt.de
Bäckerei tgl. ab 8 Uhr,
Läden und Museum:
Mi–So ab 10 Uhr
🚊 92 bis Kirschallee,
🚌 612, 614

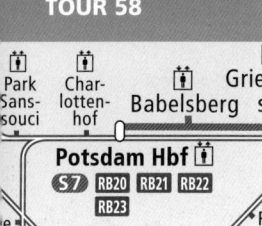

Romantischer Neuer Garten

Zu einem idyllischen Spaziergang lädt der Neue Garten ein, angelegt ab 1787 im Stil eines englischen Landschaftsgartens.

Der Garten gehört neben Park Sanssouci und dem Babelsberger Park zu den historisch bedeutsamen Landschaftsparks Potsdams. Am West- und Nordufer des Heiligen Sees gelegen, bietet er weite Sichtbeziehungen in die malerische Havellandschaft. Verglichen mit den Parks in Glienicke und Babelsberg auf der gegenüberliegenden Havelseite wirkt der **Neue Garten** eher intim. Trotzdem ist hier ein Spaziergang wie eine kleine Reise durch einige Kulturen der Welt.

Von der Tram-Haltestelle ist es nicht weit bis zum Portiershaus in der Straße Am Neuen Garten, einem der Zugänge zum Park. Noch eindrucksvoller ist der Zugang vom Südzipfel des Sees an der Gotischen Bibliothek (Behlert-/Ecke Mangerstraße): Hier eröffnet sich den Besuchern ein prächtiger Panoramablick über See und Park. Vorbei an holländischen Giebelhäusern kommt man bald zur Orangerie mit dem ägyptischen Portal. Etwas oberhalb ragt das **Marmorpalais** in die Wasserfläche des Heiligen Sees. Das Traumschloss mit den roten Klinkern (erbaut 1778–92) vermittelt einen guten Eindruck vom Zeitgeschmack gegen Ende des 18. Jahrhunderts. Es diente als Sommersitz für Friedrich Wilhelm II., den Neffen und Nachfolger Friedrichs des Großen. Exotisch anmutende kleine Bauten fangen beim Durchwandern des Gartens wieder und wieder den Blick und lenken so den Schritt: die Muschelgrotte, das Rote und das Grüne Haus oder die **Pyramide,** ehemals als Eiskeller genutzt, können entdeckt werden. Weitere Sichtachsen wurden von Peter Joseph Lenné ab 1815 weit in die Havellandschaft geführt. Vom Hauptweg nördlich des Marmorpalais kann man bis zur Pfaueninsel blicken, deren

Start
Potsdam Hbf
S7 alle 10 Min.
RE1 alle 30 Min.
und
🚋 92, 96 oder 🚌 638 bis Reiterweg/Alleestraße

Spaziergang
Neuer Garten

Rückfahrt
ab Glienicker Brücke:
🚌 316 nach
Ⓢ Wannsee oder
🚋 93 nach Potsdam Hbf

Karte ▶ Seite 147

Marmorpalais
Aufwendig restaurierte klassizistische Innenausstattung.
Im Neuen Garten 10
Mai–Okt.
Di–So 10–17.30 Uhr,
Nov.–Apr.
Sa/So/Fei 10–16 Uhr
Mit Führung oder Audioguide 6 € / 5 €

Baden am Heiligen See
ist offiziell verboten, wird aber an einigen Stellen geduldet.

Schlossruine genau zum Zweck dieser Fernwirkung so strahlend weiß leuchtet.

Auch der letzte Schlossbau der Hohenzollern liegt im Neuen Garten: **Cecilienhof,** fertiggestellt 1917 im englischen Landhausstil der Jahrhundertwende. Der Bau erhält seinen besonderen Charme durch historisierendes Tudor-Fachwerk und eine auffallende Dachgestaltung mit vielen Gauben und 55 Schornsteinen. Diese sind aber fast alle schön gestaltete Attrappen. Cecilienhof ist ein geschichtsträchtiger Ort: Im Sommer 1945 fand hier die Potsdamer Konferenz der Siegermächte des Zweiten Weltkriegs statt. Die Staatschefs der UdSSR, der USA und Großbritanniens unterzeichneten am 2. August das Potsdamer Abkommen, die Grundlage für die Teilung Deutschlands. Der Konferenzsaal mit der historischen Einrichtung ist als Gedenkstätte erhalten und öffentlich zugänglich. Eine kleine Brücke, die einen Stichkanal zwischen Havel und Heiligem See quert, führt nördlich wieder aus dem Neuen Garten hinaus. Folgt man dem Havelufer (Schwanenallee), so gelangt man zur Glienicker Brücke. Zwischen dem Ostufer des Heiligen Sees und der Berliner Straße liegt die Berliner Vorstadt – heute wieder eine noble Wohngegend. Prunkvolle Villen der Gründerzeit liegen an ruhigen, baumbestandenen Straßen und machen einen Streifzug durch das Viertel reizvoll.

Heiliger See und Marmorpalais

Nächtliche Schlösserimpressionen
Abendlicher Schiffskorso, die am Wasser liegenden Bauwerke werden anlässlich der dreistündigen Tour festlich illuminiert. Schifffahrt in Potsdam Tel. (03 31) 2 75 92 10 www.schifffahrt-in-potsdam.de

Schloss Cecilienhof
Historischer Konferenzsaal und Arbeitszimmer der Delegationen.
Apr.–Okt. Di–So 10–17.30, Nov.–März Di–So 10–16.30 Uhr
8 € / 6 €

Start und Ziel
Griebnitzsee
S7 alle 10 Min.

(Rad-)Wanderung
S Griebnitzsee –
Stahnsdorf

Länge
6 km einfach

**Südwestkirchhof
Stahnsdorf**
Bahnhofstraße
14532 Stahnsdorf
Tgl. geöffnet
Apr.–Sep. 7–20 Uhr,
Okt.–März 8–17 Uhr
Auf dem Friedhof darf
Fahrrad gefahren werden

Führungen
Infos bei der
Kirchhofsverwaltung
Tel. (0 33 29) 61 41 06
oder unter
www.suedwestkirchhof.de
Führungen jeden 1. Sa im
Monat und nach Verein-
barung

Stahnsdorf

Versunkene Monumente

**Im Südwesten Berlins kann einer der größ-
ten Waldfriedhöfe Deutschlands und gleichzeitig auch einer der schönsten und bedeutendsten Zentralfriedhöfe erkundet werden.**

Vom S-Bahnhof Griebnitzsee, Ausgang Universität, führt die Tour über den BUGA-Weg nach
Stahnsdorf. Ausflugsziel: versunkener Großfried-
hof. Ein Dschungel mit Mausoleen darin, ein Garten voller Findlinge, ein dichter Wald zwischen
schmiedeeisernen Gittern. Inmitten lebhaftester
Flora und Fauna begegnen wir der Kulturge-
schichte des letzten Jahrhunderts im Vorbeigehen.
Sogar an einem strahlenden Sonnentag kann es
ein bisschen unheimlich werden, wenn man sich
durch das Dickicht verschlungener Pfade schlängelt und vor dem Grab Friedrich Wilhelm Mur-
naus steht, dem Regisseur des Gruselklassikers
„Nosferatu". Vielleicht bleibt bei diesem Unternehmen der eine oder andere auch staunend vor
der Ruhestätte Siegfried Jacobsohns stehen, des
Begründers der Zeitschrift „Weltbühne".

Wer in Deutschland zu Anfang des letzten
Jahrhunderts von sich reden gemacht hat, liegt
hier begraben (oder auf dem Dorotheenstäd-
tischen Friedhof in Berlin). Unmöglich, sie alle
aufzuzählen, die man entweder aus der Schule
kennt, von denen man einen Bildband besitzt
oder zumindest irgendwann irgendwo gehört hat.
Um nur ein paar zu nennen: Heinrich Zille, Lovis
Corinth, Werner von Siemens und Gustav Lan-
genscheidt (wer kennt die Wörterbücher nicht?),
Theodor Fontane junior, Elisabeth Baronin von
Ardenne (das Vorbild für „Effi Briest"), Rudolf
Breitscheid, Jan Erik Hanussen – sie alle können
wir hier finden.

Der **Südwestfriedhof** verblüfft nicht nur mit
unzähligen prominenten Namen aus Kunst, Wissenschaft und Technik, sondern auch mit Bau-
und Kunstweken aus Jugendstil, Expressionismus
und Neoklassizismus.

1909 wurde der Friedhof auf einem 206 Hektar großen Areal angelegt. Wegen seiner märchenhaften Atmosphäre avancierte er schnell zum beliebtesten letzten Ruheplatz. Aber auch erzwungene Grabumbettungen fanden hier statt. Da Hitler seine größenwahnsinnigen Bauvorhaben in Berlin durch zwei historisch wertvolle Schöneberger Friedhöfe verlegen wollte, wurden seinerzeit von dort 15 000 Grabumbettungen nach Stahnsdorf vollzogen.

Weniger bewegt ging es zwischen 1961 und 1989 zu. Auf dem Südwestfriedhof wurden wegen der unmittelbaren Nähe zur DDR-Staatsgrenze lediglich Begräbnisse aus umliegenden Dörfern, vor allem Stahnsdorf und Potsdam-Stern zugelassen.

Heutzutage kann sich der Friedhof damit rühmen, dass sogar schon die englische Queen ihm ihre Aufwartung gemacht hat. Es empfiehlt sich auf jeden Fall, in diesem Labyrinth aus Bäumen, Sträuchern und Grabmälern eine kulturhistorische Führung mitzumachen (ca. 3 Stunden). Aber auch für Abenteurer, die sich lieber allein auf die Suche nach der Vergangenheit begeben wollen, sind bei der Friedhofsverwaltung Lagepläne mit den wichtigsten Grabstätten zu bekommen. Sogar Audioguides stehen gegen eine Kaution (50 €) zur Verfügung. Gleich nördlich schließt sich an den Stahnsdorfer Friedhof der Waldfriedhof Wilmersdorf an, der auch sehenswert ist.

Und am Ende, wenn man wieder herausgefunden hat aus dem Dickicht der Natur und Zeitgeschichte, wartet gleich gegenüber vom Friedhofseingang ein Restaurant (im Sommer mit Biergarten).

Klassische Konzerte
in der Stabholzkirche sonntags einmal im Monat um 15 Uhr (Programm bei Friedhofsverwaltung)

Restaurant Tick-Tack
Klassische deutsche und international inspirierte Küche.
Bahnhofstraße 25
14532 Stahnsdorf
Tel. (0 33 29) 6 34 48 91
Di–So ab 11 Uhr

Grabmal von Heinrich Zille

Park
~ans-
~ouci

Char-
lotten-
hof

Grie
Babelsberg s

Potsdam Hbf

S7 **RB20** **RB21** **RB22**
RB23

Start
Potsdam Hbf
S7 alle 10 Min.
RE1 alle 30 Min.

(Rad-)Wanderung

Länge
8 km einfach

Rückfahrt
RB 23 stündlich von
Caputh-Geltow oder
Schwielowsee nach
Potsdam Hbf
BUS 607 von Caputh
Mo–Fr ca. stündlich,
Sa/So/Fei ca. alle 2 Std.
nach Potsdam Hbf

Schifffahrt in Potsdam
Lange Brücke (5 Minuten
vom Hauptbahnhof)
Tel. (03 31) 2 75 92 10
www.schifffahrt-in-
potsdam.de
Im Sommer tgl. ab Pots-
dam: 10, 10.30, 11, 13,
15 Uhr,
zurück ab Caputh/Schloss:
11.05, 11.35, 13.40, 15.40
Uhr

Einsteinhaus
Tel. (03 31) 27 17 80
www.einstein-
sommerhaus.de
Apr.–Okt. Sa/So/Fei 10–18
Uhr, nur mit Führung
5 € / 2,50 €

Caputh

Einsteins Sommerfrische

**Nur etwa 6 Kilometer südwestlich von Pots-
dam liegt das ehemalige Fischer- und Schif-
ferdorf Caputh.**

Eingebettet in eine reizvolle, leicht hügelige
Landschaft zwischen drei Seen, ist der Ort ein
beliebtes Ziel für Wanderer, Radfahrer und Wassersportler. Bekannt ist **Caputh,** in dem noch heute holprige Pflastersteingassen und reetgedeckte
Häuser zu finden sind, auch durch seine barocke
Schlossanlage.

Caputh ist vom S-Bahnhof Potsdam zu Fuß
durch den Potsdamer Forst, mit Rad oder Bus
auf der Landstraße (paralleler Radweg), mit dem
Schiff über die Havelgewässer oder per Regionalbahn zu erreichen. Wanderfreudige nehmen den
Südausgang des Bahnhofs, überqueren den Bus-
bahnhof und folgen dem Wegweiser Einsteinturm.
So stößt man auf die Straße am Brauhausberg,
von der gleich links die Albert-Einstein-Straße
abzweigt und am „Wissenschaftspark Albert Einstein" vorbei geradewegs in den Wald führt. An
einer Wegkreuzung mit Bank biegt man halb
rechts in den ausgeschilderten Langerwischer
Weg. Man bleibt auf dem Hauptweg, der rechter
Hand am kleinen Ravensberg entlang führt, bis
man eine runde Rasthütte erreicht. Geradeaus
geht es weiter zum Naturschutzgebiet Moosfenn,
nach rechts erstreckt sich der Caputher Heuweg,
der wenig später auf die B 2 stößt. Dort überquert
man die Eisenbahnlinie und wählt am Parkplatz
auf der anderen Straßenseite den linken Weg. Am
nächsten größeren Wegeknotenpunkt nach ca.
1,5 Kilometern biegt im spitzen Winkel schon der
Weg ab, der auf einen Hügel am östlichen Ortsrand von Caputh mündet. Von hier sind es nur
ein paar Schritte bis zum **Albert-Einstein-Haus,** in
dem der Physiker von 1929 bis 1932 die Sommer-
monate verbrachte. Von diesem Holzgebäude hat
man einen herrlich weiten Blick über Caputh und
die umliegenden Gewässer.

Vom Einsteinhaus geht es über die Rosen- in die Lindenstraße hinunter zum alten Dorfkern und zum **Schloss**. Die barocke Schlossanlage gehört mit Bornim und Glienicke zu den seit 1660 entstandenen kurfürstlich-königlichen Landsitzen in der Umgebung von Potsdam. Von Philipp de Chièze als schlichter, rechteckiger Bau im Stil eines französischen Landhauses entworfen, wurde das Schloss später um kleinere Anbauten erweitert. Der zugehörige Barockgarten wurde ab 1830 nach einem „Verschönerungsplan" von Peter Joseph Lenné neu angelegt. Die Wegefluchten eröffnen malerische Blicke durch den Park und über die Havel bis nach Potsdam. Alte Bäume werfen ihre Schatten auf die stillen Parkwiesen und laden zum Verweilen ein. Schräg gegenüber vom Schloss steht die zum Gesamtensemble gehörende Dorfkirche – ein neoromanischer Bau des Schinkel-Schülers Friedrich August Stüler, der in den Jahren 1848–52 entstand. An den Sommerwochenenden finden in Schloss und Kirche Konzerte statt.

Wer jetzt noch nicht wandermüde ist, dem sei ein wunderschöner Spaziergang um den **Caputher See** empfohlen: Südlich der Kirche geht es in die Seestraße, die in einen schmalen Fußpfad in Ufernähe übergeht. Im Sommer kann man an kleinen versteckten Badestellen ins Wasser springen. Am Ende der Runde gelangt man über den Schmerberger Weg zum Dorfkern zurück (ca. 3 Kilometer). Andernfalls folgt man der Straße der Einheit bis zur Caputher Fähre, von wo die beliebte Uferpromenade bis zum **Schwielowsee** führt. An der Promenade kann man vom Landhaus Haveltreff oder vom Fährhaus Caputh bei einer Erfrischung den Blick aufs Wasser und die „Seeluft" genießen.

Schloss Caputh
Straße der Einheit 2
Tel. (03 32 09) 7 03 45
Mai–Okt. Di–So 10–17.30 Uhr,
Nov.–Apr.
Sa/So/Fei 10–16 Uhr
6 € / 5 €

Fährhaus Caputh
Beliebte Gaststätte an der Fähre.
Straße der Einheit 88
Tel. (03 32 09) 7 02 03
Apr.–Okt. tgl. 12–22 Uhr,
Nov./Dez. Do/Fr ab 17,
Sa/So ab 12 Uhr

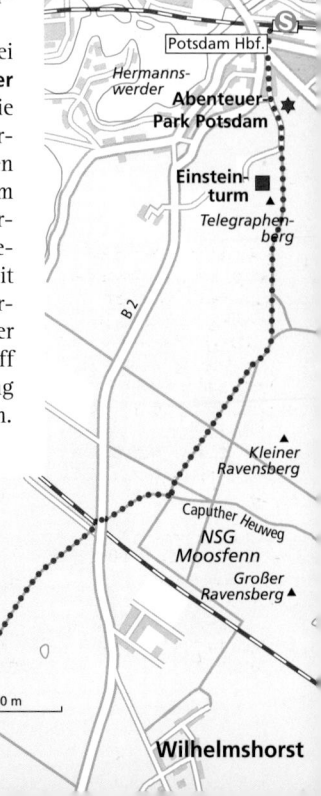

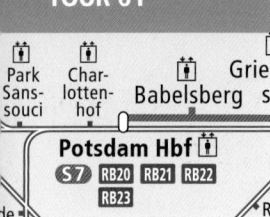

Start
Potsdam Hbf
[S7] alle 10 Min.
[RE1] alle 30 Min.

Radtour
Potsdam – Geltow –
Werder-Inselstadt –
Werder Bahnhof

Länge
ca. 20 km (Radwege,
Haveluferweg, kleine
Landstraßen)

Rückfahrt
Bahnhof Werder
(ca. 2 km nördlich der
Inselstadt)
[RE1] ca. alle 30 Min.
nach Potsdam / Berlin

Blick auf die Inselstadt

Werder

Räucherfisch im Blütenmeer

Viele Wege führen nach Werder im Havelland. Unser Tipp: eine Radtour von Potsdam entlang der Havel bis zur reizvollen Inselstadt in Werder.

Vom Hauptbahnhof geht es zunächst über die Lange Brücke Richtung Potsdamer Zentrum, dann halb links in die Breite Straße (Radweg Richtung Brandenburger Vorstadt). Nach ca. einem Kilometer biegt kurz vor der **Moschee** (▸ Seite 143) links der Havel-Uferweg als gut ausgebauter Radweg ab.

Ab jetzt folgt man einfach den Windungen des breiten Stroms. Nach ca. 7 Kilometern ist die Geltower Gartenlandschaft erreicht. Am Ende des Uferradwegs biegen wir links auf den Radweg neben der Landstraße und an der nächsten Abzweigung rechts Richtung Baumgartenbrücke ab – linker Hand schimmert jetzt der Schwielowsee durchs Geäst.

Nach dem Überqueren der Baumgartenbrücke lohnt zunächst ein Abstecher links zum 2 Kilometer entfernten Dörfchen **Petzow**. Im liebevoll restaurierten alten Ortskern finden sich Cafés und in einem reizvollen, von Peter Joseph Lenné gestalteten Landschaftspark ein Schloss von Karl-Friedrich Schinkel. Nach Renovierung und Umbau ist es heute Teil einer exklusiven Wohnanlage. Vom Turm der Dorfkirche (ebenfalls von Schinkel) am oberen Ortsrand hat man einen herrlichen Rundblick.

Weiter nach Werder ist über den Havelweg an der B 1 (bzw. von Petzow aus zunächst über die Fercher Straße) nach ca. 2 Kilometern die Neustadt erreicht. Genießer und Neugierige biegen

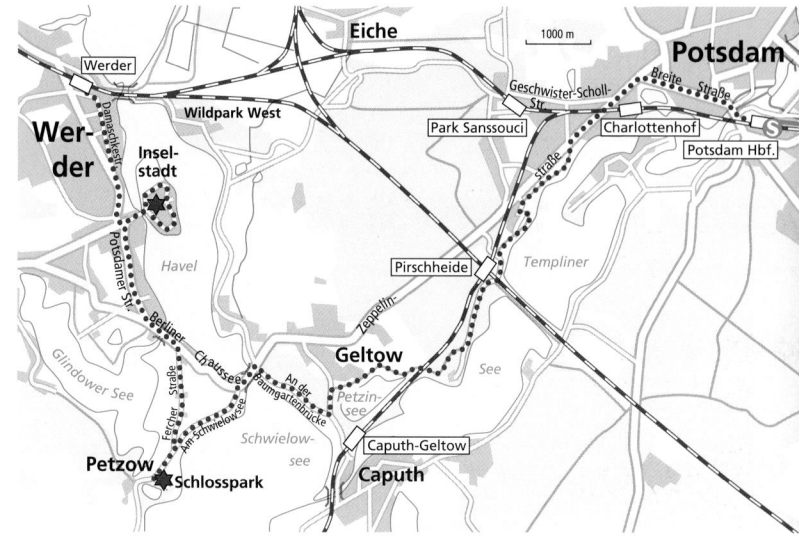

vorher links in den Grünen Weg ein, um dann rechts den recht steilen Weißweinweg hinaufzuschieben. Oben werden wir inmitten von Weinreben mit einer schönen Aussicht belohnt.

Günstiges Klima und sandiger Boden machen den **Wachtelberg** zur weltweit nördlichsten Qualitätsweinlage. Schon vor 700 Jahren begannen die umliegenden Klöster mit dem Weinbau in Werder. Seit 1985 wird hier wieder Wein angebaut, in der Straußwirtschaft „Weintiene" können wir ihn probieren. Gegen Ende des 18. Jahrhunderts vollzog sich aufgrund schlechter Witterung und besserer Weine aus südlicheren Lagen ein Wandel auf den Hügeln rund um Werder: Die ersten großen Obstplantagen wurden angelegt. Schnell entwickelte sich die Gegend zur Obstkammer Berlins. 1879 wurde in Werder das erste Baumblütenfest gefeiert. Seitdem pilgern die Großstädter alljährlich im Mai zu Tausenden nach Werder, um die erwachende Natur und das berauschende rosaweiße Blütenmeer der Obstplantagen zu genießen – und den nicht weniger berauschenden jungen Obstwein. Eine gute Woche lang findet dann in Werder das größte Volksfest der Region Berlin-Brandenburg statt.

Schifffahrt in Potsdam
Lange Brücke (5 Min. vom Hauptbahnhof)
Tel. (03 31) 2 75 92 10
www.schifffahrt-in-potsdam.de
Mai–Okt. tgl. 10.30 / 11 / 13 / 15 Uhr
Ab Werder 11.45 / 12.30 / 15.20 / 16.20 Uhr

Obstbaumuseum und Bockwindmühle
Kirchstraße 6/7
Tel. (0 33 27) 4 31 10
Apr.–Okt. Mo–Fr 11–17, Sa/So 13–17 Uhr, Mi geschlossen

Am Markt in Werder

**Straußwirtschaft
Weintiene**
Terrassen inmitten des
Weinbergs Wachtelberg,
Werderaner Qualitäts-
weine und regionale
Spezialitäten.
Wachtelberg (Werder)
Tel. (0 33 27) 74 14 10
Ostern–Mitte Okt.
Fr ab 14 Uhr,
Sa/So/Fei ab 10 Uhr,
Aug.–Okt. auch Mo–Fr
14–20 Uhr

Fischrestaurant Arielle
Urige Gaststätte mit Plät-
zen direkt am Havelufer,
Spezialität Räucherfisch.
Fischerstraße 33
14542 Werder
Tel. (0 33 27) 4 56 41
www.fischrestaurant-
arielle.de
Di–So ab 11.30 Uhr

Über die Straße Am Wachtelwinkel geht's mit
Schwung zurück auf die Potsdamer Straße und
von dort nach rechts Unter den Linden bis zur
Brücke, die in die idyllische Inselstadt führt. Von
der Brücke hat man einen Panoramablick auf
die Insel: Weithin sichtbar sind rechts der Turm
der **Kirche zum Heiligen Geist** und die **Bockwindmühle**. Die Kirche entstand in der heutigen Form
zwischen 1856 und 1858 nach Plänen von F. A.
Stüler. Die heutige Inselmühle stammt eigentlich
aus Klossa bei Jessen. Sie wurde anstelle der Ori-
ginalmühle hier wieder aufgebaut, nachdem diese
1973 einem Brand zum Opfer gefallen war.

Im nördlichen Teil der Inselstadt fällt die **Kirche Maria Meeresstern** ins Auge, die Anfang des
19. Jahrhunderts als katholische Kirche errichtet
wurde. Nach dem Überqueren der Brücke gelangt
man bald auf den weitläufigen Marktplatz, der
den Eingang zur Inselstadt markiert. Beim Spaziergang durch die kopfsteingepflasterten Gassen
der Inselstadt ist das restaurierte Rathaus von
1494 unweit der Heilig-Geist-Kirche ein weiterer
Blickfang.

Werder wurde im Jahr 1317 erstmals erwähnt,
war aber schon lange zuvor von Wenden besie-

delt. Die Insel bot natürlichen Schutz und die Havel reichlich Fisch. Kein Wunder also, dass die Inselstadt über Jahrhunderte ein Fischerort war. Ein bisschen ist das heute noch so: An der Uferpromenade hängen Fischer ihre Netze zum Trocknen aus. Gleich nebenan sorgen die traditionellen Räucheröfen dafür, dass der Duft von geräuchertem Fisch durch die engen Gassen zieht. Aal, Wels, Forelle und viele andere Fische isst man hier frisch geräuchert aus der Hand oder in einem der Fischrestaurants.

Wir lenken unseren Drahtesel von der Inselstadt wieder aufs Festland und radeln auf der Eisenbahnstraße Richtung Bahnhof Werder. Ein Abstecher links den Hohen Weg hinauf führt uns zur **Bismarckhöhe.** Hier steht ein Aussichtsturm, der 1898 errichtet wurde. Um die Jahrhundertwende pilgerten so viele Berliner Ausflügler auf die Bismarckhöhe, dass der Besitzer G. Altenkirch sogar eine eigene Anlegestelle bauen ließ. Seit 2014 lädt hier das Christian Morgenstern Literaturmuseum ein, Werk

Weinreben auf dem Wachtelberg

und Leben des berühmten Dichters zu erforschen. Als Morgenstern 1895 mit Freunden in der damals noch „Schankwirtschaft am Galgenberg" genannten Gaststätte saß, kam dem Schriftsteller die Idee zu seinen „Galgenliedern". Eine Etage des Bismarckturms ist Morgenstern gewidmet, eine der Historie des Gebäudes. Von oben hat man einen umfassenden Rundblick über Werder und die Havel.

Am Fuß der Treppen geht der Weg steil hinunter auf die Eisenbahnstraße, die uns nach links über die Adolf-Damaschke-Straße zum Bahnhof führt.

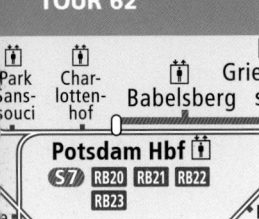

Start
Potsdam Hbf
S7 alle 10 Min.
RE1 alle 30 Min.

Radtour
S Potsdam Hbf – Kolonie Alexandrowka – Nedlitz – Schlänitzsee – Marquardt

Länge
ca. 12 km einfach

Rückfahrt
RB 21 und RB 22 ab Marquardt stdl. Richtung Potsdam Hbf oder per Rad am Schlänitzsee/Wublitz entlang bis Golm und von dort auf der Radroute bis Park Sanssouci (ca. 14 km)

Karte ▸ Seite 171

Marquardt

Durchs Havelland

Marquardt ist ein altes märkisches Dorf in idyllischer Lage zwischen Wublitz, Schlänitzsee und Sacrow-Paretzer Kanal. Sehenswert sind besonders Schloss und Schlosspark. In letzterem kann man beim Picknick den Blick aufs Wasser genießen.

Unser Weg führt vom Potsdamer Hauptbahnhof zunächst geradewegs durch das Zentrum (Radweg Richtung Berlin-Spandau): über die Lange Brücke und die Friedrich-Ebert-Straße durch das Nauener Tor bis zur **Kolonie Alexandrowka** (▸ Seite 145, Plan von Potsdam ▸ Seite 147). Nachdem wir die russische Kolonie durchquert haben, geht es weiter geradeaus auf den Radweg in der Nedlitzer Straße. Wir fahren am Volkspark vorbei (▸ Seite 157) und biegen nach ca. 1,5 Kilometern links in die Straße Viereckremise ein, die bald Am Golfplatz heißt. Nun wird es ländlich. Nach dem Durchqueren des Dorfes Nedlitz folgen wir dem Radweg durch die Bornimer Feldflur nach Marquardt. Die Felder und Wiesen der Feldflur wurden zur BUGA 2001 nach den ursprünglichen Plänen des königlichen Hofgärtners Hermann Sello gestaltet. Dieser hatte sie 1844 nach Vorstellungen von Peter Joseph Lenné entworfen: Alleen und Hecken säumen kleinere Felder und Weiden, um die Erosion einzudämmen und die Fruchtbarkeit des Bodens zu verbessern.

Durch die Lindenallee der Gutslandschaft gelangen wir über die B 273 zur Anglersiedlung Kanalbrücke. Wir folgen dem Radwegschild links und kommen so zur Eisenbahnbrücke (Treppe mit Schieberinne fürs Rad) über den Sacrow-Paretzer Kanal, der Schlänitzsee von Marquardt trennt. Der Kanal wurde Ende des 19. Jahrhunderts angelegt, um die Strecke zwischen der Oberen und Unteren Havel zu verkürzen. Heute wird er ausgebaut und damit für moderne Binnenschiffe auf dem Weg nach Berlin passierbar.

So gelangt man in das Dorf **Marquardt,** in dessen Mitte das **Schloss** samt Schlosspark liegt. Der Schlosspark von Marquardt, der heute unter Denkmalschutz steht, wurde nach einer eigenhändigen Planskizze von Lenné im Jahre 1823 gestaltet. 1892 erwarb der Geheime Kommerzienrat Dr. Louis Ravené, ein bekannter Stahl-Handelsunternehmer aus Berlin, den Gutsbesitz. Durch Anbau und Aufstockung erhielt das Schloss im Wesentlichen sein heutiges Aussehen.

Von 1932 an pachtete das renommierte Hotelunternehmen Kempinski das Schloss-Park-Ensemble Marquardt, das in der Folgezeit zu einem beliebten Ausflugsziel wurde. Zwischen dem Bahnhof Zoo in Berlin und dem Dorf Marquardt wurde extra eine Buslinie eingerichtet. Die Busse verkehrten halbstündlich und brachten Ausflügler direkt zum Schloss. Nach der Enteignung Kempinskis („Arisierung") 1937 übernahm die Aschinger-Kette das Hotel in Pacht.

Während des Zweiten Weltkriegs diente das Schloss als Reserve-Lazarett, 1945 wurde es von der Roten Armee besetzt. 1947 im Zuge der Bodenreform in Volkseigentum überführt, diente das Schloss in der Folge als Flüchtlingsquartier, Kindererholungsheim und Gehörlosenschule. 1958 bis Ende 1993 war das Institut für Obstbau und Obstzüchtung der Humboldt-Universität dort un-

Das Schloss von Marquardt liegt in einem wunderschönen Park

Zum alten Krug
Landgasthaus mit Sommerterrasse.
Hauptstraße 2
14476 Marquardt
Tel. (03 32 08) 5 72 33
www.krug-marquardt.de
Di–Do ab 16 Uhr,
Fr–So ab 12 Uhr

Sacrow-Paretzer Kanal

tergebracht. Heute steht das Schloss weitgehend leer und soll verkauft werden, der große Saal und einige Nebenräume werden gern für Hochzeiten gemietet. Gelegentlich werden Schloss und Schlosspark als Filmkulisse genutzt, so bei „Aimée und Jaguar" und „Effi Briest", auch Steven Spielberg drehte hier schon.

Den Ortsnamen Marquardt gibt es erst seit 1704, als der einflussreiche Schlosshauptmann Marquard Ludwig von Printzen den Gutsbesitz Schorin zum Lehen erhielt. König Friedrich I. gestattete dem späteren Minister und Oberhofmarschall, das Dorf nach seinem Vornamen umzubenennen. Historische Bedeutung erlangte der Ort nach 1795, als der General und enge Vertraute des Königs Friedrich Wilhelm II., Hans Rudolph von Bischoffwerder, Marquardt als Ruhesitz erhalten hatte. Theodor Fontane widmete Marquardt und den „Geheimen Gesellschaften" in seinen „Wanderungen durch die Mark Brandenburg" ausführliche Kapitel.

Wer noch mehr vom Havelland sehen möchte, fährt den Weg über **Golm** zurück. Dazu müssen wir wieder den Sacrow-Paretzer Kanal überqueren, um dann in Sichtweite des Wassers in Richtung

Grube/Nattwerder zu radeln. Kurz vor Golm führt rechts ein Weg ab zum **Gut Schloss Golm.**

Das herrschaftliche Haus hat eine bewegte Geschichte: Niuta von dem Bottlenberg, die Großmutter der heutigen Besitzerin, ließ es Anfang des 20. Jahrhunderts bauen, um hier mit dem Flugpionier Frank Eckelmann zu wohnen. Er betrieb mit einem Partner die Märkische Flugzeugwerft in Golm. Ende der goldenen Zwanziger kamen die UFA-Filmstars zur Erholung ins Kurhaus Golm. Zu DDR-Zeiten war das Gut dann ein Erholungsheim, nach der Wende kaufte die Enkelin Cora von dem Bottlenberg es zurück und machte daraus ein Restaurant mit einer einladenden Terrasse direkt am Großen Zernsee.

Golm gehört zu Potsdam und beherbergt einen Campus der dortigen Universität. Von Golm führt eine schnurgerade Radroute zum **Neuen Palais** und zum Bahnhof Park Sanssouci in Potsdam.

Gut Schloss Golm
Hotel und Restaurant mit Sommerterrasse.
Am Zernsee 1
14476 Potsdam / Golm
Tel. (03 31) 50 05 21
Apr.–Okt. Do–So 12–21 Uhr

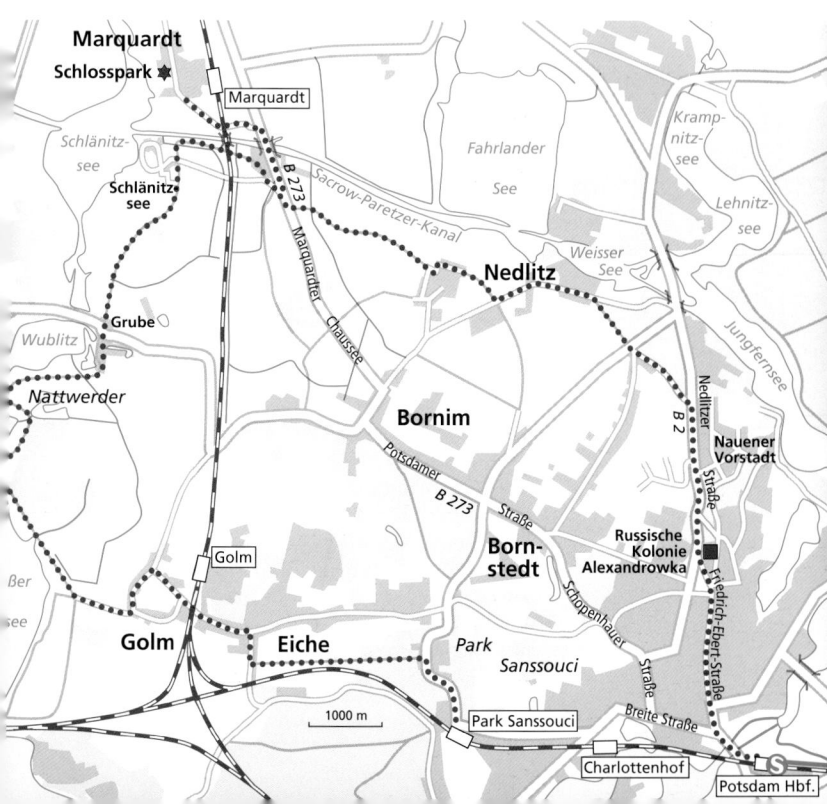

Start und Ziel
Spandau
S3 **S9** alle 10 Min.
oder
U7 alle 5–10 Min. bis
Rathaus Spandau

Stadtspaziergang
Altstadt
Zitadelle Spandau

Gotisches Haus
Stadtgeschichtliches Museum und Tourist-Info
Breite Straße 32
Tel. (0 30) 3 33 93 88
Mo–Sa 10–18 Uhr

Spandau

Vampire in der Ritterburg

Wer in den lichtdurchfluteten Bahnhof Spandau einfährt, wird gleich vom markanten Turm des 1910–13 erbauten Rathauses begrüßt. Schräg gegenüber, östlich der Station, ragt das Bauwerk in die Höhe. Spandau ist eine Welt für sich: Es wurde 1232 zum ersten Mal urkundlich erwähnt, also fünf Jahre früher als Berlin.

Bis heute fühlen sich die Spandauer eigentlich nicht als Berliner und nehmen nur ungern zur Kenntnis, dass man sie 1920 eingemeindet hat.

Gleich neben dem Bahnhof liegt das Einkaufscenter „Spandau Arcaden". Viel interessanter ist allerdings ein Besuch in der **Spandauer Altstadt**. Dorthin gelangt man durch den östlichen Ausgang, direkt am Rathaus vorbei.

Steinerne Zeugen aus mittelalterlicher Zeit machen einen Bummel zwischen Jüdenstraße und dem Lindenufer an der Havel besonders reizvoll. Das **Gotische Haus** in der Breiten Straße 32, einst Wohnsitz eines Handelsherrn, ist das einzige erhaltene Bürgerhaus Berlins aus dem Spätmittelalter. In dem Gebäude mit dem beachtenswerten Netzrippengewölbe sind heute die Touristeninformation und eine stadtgeschichtliche Ausstellung untergebracht.

Sehenswert ist auch die **Nikolaikirche** am Reformationsplatz, ein roter Ziegelbau aus dem 15. Jahrhundert. Die mit elf Altären ausgestattete Kirche war einst die schönste und größte der Mark Brandenburg. Von hier aus wurde Berlin reformiert: 1539 nahm Kurfürst Joachim II. in der Nikolaikirche an einer evangelischen Abendmahlsfeier teil und machte das Land damit protestantisch. Der Westturm der Kirche brannte im Zweiten Weltkrieg aus und trug jahrzehntelang ein Notdach. Die ursprüngliche Barockhaube mit Schinkelschem Schmuckwerk konnte im Jahr 1989 nach Plänen von 1839 rekonstruiert werden und ziert nun wieder die Kirche.

Besonders stimmungsvoll ist die Altstadt in der Adventszeit. Der überregional bekannte Spandauer Weihnachtsmarkt zieht jedes Jahr über eine Million Besucher in die Havelstadt.

Wenn man die Breite Straße bis zur mehrspurigen Straße Am Juliusturm entlangspaziert und dann die Brücke über die Havel überquert, fällt der Blick, nach links gerichtet, auf das bedeutendste Bauwerk Spandaus – die **Zitadelle**. Kurfürst Joachim II. ließ sie ab 1560 als Zufluchtsort für sich und seinen Hofstaat errichten und begründete damit Spandaus Rolle als Militär- und Festungsstadt. Der schon um 1200 entstandene, zinnengekrönte Juliusturm im Südwesten der Anlage wurde in den Festungsbau miteinbezogen. Heute hat man vom Turm einen herrlichen Blick über die Havellandschaft. Um den quadratischen Innenhof der Zitadelle gruppieren sich Kasernen- und Magazingebäude. Dahinter beginnt die Festung mit dicken Außenmauern und Bastionen. „König", „Königin", „Brandenburg" und „Kronprinz" heißen die wuchtigen Bauten.

Die Zeiten, in denen heranrückende Feinde abgewehrt werden mussten, sind lange vorbei. Heute spielen Kunst, Kultur und Stadtgeschichte die Hauptrolle auf der Festung. Ausstellungen, Theaterabende und Bauernmärkte sorgen für Leben in dem Bauwerk, das die Spandauer für mindestens so bedeutend wie den Tower of London halten. Das Gemäuer ist außerdem eines der größten Winterquartiere für Fledermäuse in Europa. Bei speziellen Rundgängen kommen auch Vampir-Liebhaber auf ihre Kosten.

Zum Schluss noch ein Tipp für Musikfreunde: Seit 2005 findet in der Zitadelle jeden Sommer ein Musikfestival statt. Rockkonzert, Musical und Oper bieten für jeden Geschmack etwas.

Zitadelle
Stadtgeschichtliches Museum in der Zitadelle, Im Sommer Citadel Music Festival in der Anlage.
Am Juliusturm
Tel. (0 30) 3 54 94 4-0
Fr–Mi 10–17, Do 13–20 Uhr
Familienkarte 10 €

Zitadellenschänke
In der Zitadelle. Deftig und rustikal nach Ritterart.
Tel. (0 30) 3 34 21 06
Mi–Sa 15–22, So 10–18 Uhr

Vor der Nikolaikirche steht das Denkmal von Joachim II.

Albrechtshof

Rathaus Spanda

Spandau   RE2·RE4·RE

S3 S9

Stresow

Start und Ziel
Spandau
S3 S9 alle 10 Min.
oder
U7 alle 5–10 Min. bis
Rathaus Spandau

Radtour
Spandau – Spekte-
grüngürtel – Eiskeller
– Spandau

Länge
ca. 24 km

Karte ▸ Seite 177

Spandau – Eiskeller

Eiskeller und Bürgerablage

**Diese schöne Radtour führt einmal rund um
Spandau. Dabei streift man den Spektesee,
radelt auf dem Mauerweg, lernt die ehemalige Exklave Eiskeller kennen und gelangt
zur Bürgerablage an der Havel.**

Vom S-Bahnhof Spandau biegen wir links in die
Seegefelder Straße, um kurz darauf rechts in die
Galenstraße einzubiegen. Nach ca. 300 Metern
wollen wir links in den Grüngürtel, aber Vorsicht:
hier gibt es keine Ampel, deshalb bis zur nächsten
Kreuzung fahren, und dann ein kleines Stück
zurück.

Ab hier stören uns die Autos nicht mehr und
es wird grün, denn wir haben den **Spektegrün-
gürtel** erreicht. Dieser zieht sich nun kilometer-
lang durch die Vororte von Spandau. Nach dem
Überqueren der Industrie-Bahngleise erreichen
wir den **Spektesee**. Das Gewässer war ehemals
ein Kiesteich, entstand 1984 und ist heute Teil
eines großzügigen Naherholungsgebietes. Noch
darf man hier nicht baden, aber das soll sich in
einigen Jahren ändern, wenn die Renaturierung
abgeschlossen ist. Über schön angelegte Wege
zwischen Wiesen und Baumpflanzungen geht es
weiter, bald taucht links die Spektelake auf, ein
weiteres Gewässer. Weiter geht es geradeaus bis
zur Falkenseer Chaussee. Diese überqueren wir
und fahren ein kurzes Stück an ihr entlang bis
zur Stadtgrenze, wo wir rechts in den **Berliner
Mauerweg** einbiegen.

Dieser zieht sich bald ungewohnt hügelig
durch den teils dichten Mischwald. Linker Hand
liegt die Falkenseer Gartenstadt Falkenhöh, doch
davon sieht man nicht viel. Dort, wo die ersten
Lichtungen auftauchen, ist es nicht mehr weit bis
Eiskeller. **Eiskeller** ist aus zwei Gründen berühmt:
Zum einen ist hier der kälteste Ort Berlins. Im
Winter können die Temperaturen um bis zu 10
Grad unter denen im Stadtzentrum liegen. Zum
anderen war Eiskeller während der Zeit der deut-

Aussichtsturm am Laßzins-
see bei Eiskeller

schen Teilung eine West-Berliner Exklave auf DDR-Gebiet. Die winzige Ansiedlung war von Stacheldraht umgeben und nur über eine Straße, die von DDR-Grenzposten kontrolliert wurde, mit (West-)Berlin verbunden. Eine Tafel am Wegesrand erzählt die außergewöhnliche Geschichte des Ortes. Die Kinder der wenigen Bewohner Eiskellers mussten jeden Tag auf dem Schulweg nach Spandau die Grenze passieren. Ein zwölfjähriger Junge aus Eiskeller erlangte dabei Berühmtheit. Er behauptete, Grenzsoldaten hätten ihn auf dem Weg nach Spandau festgehalten und somit am Schulbesuch gehindert. Der Vorfall führte zu ernsten deutsch-deutschen Verwicklungen und der Junge wurde sogar mit britischen Panzerspähwagen über die Grenze begleitet. Erst 20 Jahre später gab er zu, diese Geschichte erfunden zu haben – er hatte einfach die Schule geschwänzt. Heute ist Eiskeller wieder das, was es schon vor 1961 war: eine kleine, abgelegene Siedlung mit Gehöften, Feldern und Wiesen drumherum.

Weiter geht es auf dem Berliner Mauerweg, parallel zum linker Hand liegenden Nieder Neuendorfer Kanal. Davon ist aber kaum etwas zu

Jagdhaus Spandau
Ausflugslokal, im Winter
Gemütlichkeit vorm Ka-
min, vom Garten schöner
Blick auf die Havelbucht.
Niederneuendorfer
Allee 80
Tel. (0 30) 33 60 44 94
www.jagdhaus-berlin.de
Tgl. 10–19 Uhr

sehen, ebensowenig wie von der Siedlung Schönwalde auf der anderen Seite des Kanals. An der
Schönwalder Allee biegen wir rechts ein. Diese
schmale Straße durch den Spandauer Forst ist ein
beliebter Schleichweg nach Schönwalde. Nach ca.
300 Metern geht es am Abzweig wieder links, immer noch auf dem Mauerweg. Dieser verläuft hier
auf einem idyllischen Waldweg, vorbei am stillen
Laßzins-See, durch den Spandauer Forst.

Nach weiteren 4 Kilometern erreicht man die
Niederneuendorfer Allee. Hier schlängelt sich
der Mauerweg parallel zur Fahrbahn durch den
Wald, bevor er sie nach wenigen hundert Metern
überquert. Wir radeln durch geheimnisvoll dunk-
len Nadelwald, um am Ende des Weges (fast) im
märkischen Sand zu versinken, nämlich dem der
Badestelle **Bürgerablage** an der Havel. Der Ort
heißt übriges nicht so, weil dort Bürger am Strand
liegen. Sondern weil genau an dieser Havelbucht
Flößer seit 1762 Nutzholz ablegen durften. Die
Kosten für die Ablage gingen an eine eigens eingerichtete Spandauer Bürgerkasse.

Direkt an der Bürgerablage steht auch das
Ausflugslokal Jagdhaus, das unter anderem her-
vorragenden Apfelkuchen bietet. Solchermaßen
gestärkt, nehmen wir entlang der
Havel Kurs auf die Spandauer
Altstadt. Vorbei an der leeren
Fläche, auf der einst das Kraft-
werk Oberhavel stand, geht es
in Sichtweite des breiten Stroms
gen Süden. Einen Bogen fahren
müssen wir allerdings am Aale-
mann-Stichkanal, über den keine
Brücke führt.

Die Gedenkstele am Berli-
ner Mauerweg in Eiskeller
erinnert an die Teilung
der Stadt

Weiter geht es bis zur Anlegestelle der Fähre nach Valentins-
werder. Ab hier hat uns die Stadt
wieder. Und statt direkt an der
Havel fahren wir nun zunächst
durch Kleingärten. Über die Wer-
derstraße und die Goltzstraße
geht es vorbei an Gewerbeflä-
chen bis zum Maselake-Kanal,
an dem wir links abbiegen. Wir

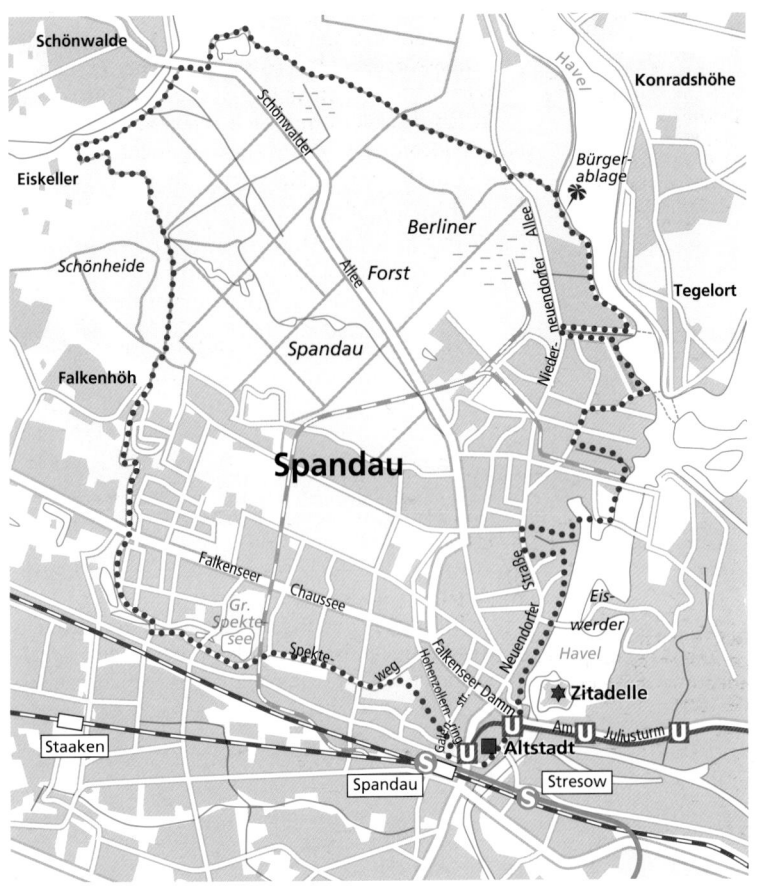

überqueren den Stichkanal und folgen ab der Straße Am Wasserbogen dem Havelseenweg.

Hier ist seit Mitte der 1990er-Jahre die Wasserstadt Spandau entstanden. Wo früher Industrie- und Hafenanlagen waren, wurden Wohnhäuser, Parks und Promenaden gebaut. Mittlerweile führt auch ein kompletter Rundweg um den Spandauer See. Immer nahe an der Havel radelnd, erreichen wir bald die **Spandauer Altstadt** (▸ Seite 172).

Satt und Selig
Café-Bar-Restaurant nahe der Nikolaikirche, Tische draußen.
Carl-Schurz-Straße 47
13597 Berlin
Tel. (0 30) 36 75 38 77
www.sattundselig.de
Tgl. ab 9 Uhr

Westend
S46

109

Start und Ziel
Westend
S41 S42 S46
alle 5–10 Min.

Stadtausflug
Schlosspark
Charlottenburg

Schloss Charlottenburg
Altes Schloss
Luisenplatz / Spandauer
Damm
Tel. (03 31) 9 69 42 00
Apr.–Okt.
Di–So 10–17.30 Uhr,
Nov.–März
Di–So 10–16.30 Uhr
12 € / 8 €, mit Führung
oder Audioguide

Schlosspark Café
Kaffee und Kuchen auf
der Terrasse der Großen
Orangerie.
Spandauer Damm 22
Tel. (0 30) 2 58 10 35 14
www.orangerie-charlot-
tenburg.com
Im Sommer tgl. 12–18 Uhr

Westend

Lustwandeln wie die Könige

Nur wenige Schritte sind es von der S-Bahn-station Westend in den weitläufigen Park des Schlosses Charlottenburg. Man folgt dem Spandauer Damm Richtung Osten, nach einigen hundert Metern erhebt sich dann links das zwischen 1695 und 1746 entstan-dene Schloss Charlottenburg.

Schloss Charlottenburg ist als letzte in Deutsch-land erhaltene Hohenzollernresidenz eine ganz besondere Sehenswürdigkeit in Berlin. Wer es sieht, kann die Lust spüren, die die preußischen Könige an glanzvollen Bauten gehabt haben müs-sen. Die ehemalige Residenz der Hohenzollern ist in mehreren Etappen für Sophie Charlotte, die Gemahlin des Kurfürsten Friedrich III., gebaut worden. Kurfürst Friedrich III., der sich 1701 zum ersten preußischen König krönte, ließ den ba-rocken Mittelbau in den Jahren 1695–1699 von dem Architekten Johann Arnold Nering errichten. In den folgenden Jahren ergänzte Johann Fried-rich Eosander von Göthe den Kuppelaufsatz, die beiden Seitenflügel und die Große Orangerie im Westen. Auf dem grünen Kuppelturm dreht sich als vergoldete Wetterfahne die Glücksgöttin For-tuna im Wind.

Im Inneren des Schlosses sind nicht nur die königlichen Gemächer zu sehen, sondern auch das Porzellankabinett, die lichtdurchflutete Gol-dene Galerie sowie die Französische Gemälde-sammlung Friedrichs des Großen. Friedrich der Große war übrigens der Enkel des Schlosserbauers Friedrich III.

Im gepflasterten Ehrenhof des Schlosses, dem Haupteingang der ehemaligen Hohenzollern-Resi-denz, steht eines der bedeutendsten barocken Rei-terdenkmäler: Das von Schlüter 1698–1703 ge-schaffene **Standbild des Großen Kurfürsten** Fried-rich Wilhelm, dem Vater des Erbauers von Schloss

Schloss Charlottenburg

Charlottenburg. Mit kräftigen Waden, einem runden Gesicht und üppigen Locken sitzt der stattliche Herrscher hoch zu Ross.

Hinter dem Schloss erstreckt sich die weitläufige Gartenanlage, in der es sich lustwandeln lässt wie zu Königs Zeiten. Buchsbaumhecken und Orangenbäume, symmetrisch angeordnet und geschnitten, bilden zusammen mit bunten Zierpflanzen und Wasserspielen den französischen Barockgarten im vorderen, südlichen Teil des Parks. 1697 nach den Entwürfen eines Pariser Gärtners angelegt, war er der erste **französische Barockgarten** in Deutschland. Auch heute noch liegt ein Hauch von Versailles über allem. Von der Puttenbalustrade am nördlichen Ende des Barockgartens blickt man auf den großen, ebenfalls im 17. Jahrhundert angelegten Karpfenteich. Westlich davon liegt die Luiseninsel, auf der man verschiedene Antikennachbildungen wie Venus und Amor bewundern kann. Benannt ist die Insel nach der beliebten und früh verstorbenen Königin

Belvedere
im Schlosspark
Tel. (03 31) 9 69 42 00
Apr.–Okt. Di–So 10–17.30 Uhr

Neuer Pavillon
Apr.–Okt. Di–So 10–17.30,
Nov.–März Di–So 12–16 Uhr

Mausoleum
Apr.–Okt. Di–So 10–17.30 Uhr

Sammlung Berggruen
Sammlung moderner
Malerei mit Werken von
Picasso, Klee, Giacometti.
Schloßstraße 1
Tel. (0 30) 2 66 42 42 42
Di–Fr 10–18 Uhr,
Sa/So 11–18 Uhr
10 € / 5 € (inkl. Sammlung
Scharf-Gerstenberg)

**Sammlung Scharf-
Gerstenberg**
Schloßstr. 70
Di–Fr 10–18 Uhr,
Sa/So 11–18 Uhr

Bröhan-Museum
Schloßstraße 1a
Tel. (0 30) 32 69 06 00
Di–So 10–18 Uhr
8 € / 5 €

Luise, die mit Friedrich Wilhelm III. (dem Groß-neffen von Friedrich dem Großen und König von 1796–1840) verheiratet war. Die geschwungenen Spazierwege nördlich von Karpfenteich und Insel gehören zu dem **englischen Landschaftsgarten,** der Ende des 18. Jahrhunderts von Peter Joseph Lenné gestaltet wurde. Den Trümmerhügel ganz im Norden des Areals nutzen die Berliner, je nach Jahreszeit, als Liegewiese und Ballspielplatz, zum Drachensteigenlassen oder Rodeln.

Durch die Bäume im Osten des englischen Landschaftsgartens schimmern die grünlichen Fassaden des 1789 errichteten **Belvedere** von Carl Gotthard Langhans. Ursprünglich diente es als Teehaus, heute ist dort eine Sammlung Berliner Porzellane zu besichtigen.

Die Spree, die die östliche Begrenzung des Schlossparks bildet, wurde vom Hofstaat einst als Verbindungsweg zum Berliner Stadtschloss genutzt – die Schifffahrt war bequemer als die Reise auf sandigen Landstraßen. Ganz im Süd-osten des Parks, nahe der Spree, steht der an-mutige **Neue Pavillon** mit hellen Fassaden und grünen Fensterläden, der 1824 nach Plänen von

Im Schlosspark

Karl Friedrich Schinkel errichtet wurde. Auf Wunsch des Königs Friedrich Wilhelm III. diente eine italienische Villa als Vorbild für das königliche Sommerhaus. Heute sind dort Gemälde, Skulpturen und Möbel des frühen 19. Jahrhunderts zu besichtigen. Schinkel entwarf auch das **Mausoleum der Königin Luise** im westlichen Teil des Schlossparks. Eine dunkle Tannenallee führt von den Schlossgebäuden zu dem Grabmal, das Schinkel nach dem Vorbild eines dorischen Tempels entworfen hat.

Zum Gebäudeensemble des Schlosses gehören auch noch die quadratischen Bauwerke auf der gegenüberliegenden Seite des Spandauer Dammes. Sie tragen weithin sichtbare Kuppelaufsätze und entstanden zwischen 1852 und 1859 nach Plänen von August Stüler als Gardekasernen.

Teehaus Belvedere

Der östliche Bau beherbergt die **Sammlung Scharf-Gerstenberg** mit hochkarätigen Arbeiten der Surrealisten und ihrer Vorläufer. Zu sehen sind unter anderem Werke von Piranesi, Goya, Magritte, Max Ernst und Dubuffet.

Gegenüber, im westlichen Stüler-Bau an der Schloßstraße 1, befindet sich die **Sammlung Berggruen,** eine der bedeutendsten Sammlungen moderner Malerei. Allein 70 Werke von Picasso sind hier zu sehen. Direkt neben der Sammlung Berggruen liegt das **Bröhan-Museum.** Möbel, Kunsthandwerk und Porzellan aus der Zeit des Jugendstils und Art déco werden hier neben Gemälden und Zeichnungen ausgestellt.

Wer auf dem Rückweg zur S-Bahn noch Andenken erstehen möchte, kann dies in der **Gipsformerei der Staatlichen Museen** in der Sophie-Charlotten-Straße 17/18 tun. Das breitgefächerte Angebot reicht von Abbildern der Hohenzollern bis hin zu ägyptischen Katzen.

Gipsformerei der Staatlichen Museen
Hier werden Gipskopien aus über 7 000 Vorlagen gefertigt.
Sophie-Charlotten-Straße 17/18
Tel. (0 30) 2 66 42 42 42
Mo–Fr 9–16, Mi 9–18 Uhr

Ringbahntour

In 60 Minuten rund um Berlin

Parks und andere Attraktionen an der Ringbahn **S41** **S42**

60 Minuten dauert eine Umrundung von Berlin – mit der Ringbahn. Die wohl intensivste Art, die Berliner Kieze aus der Hinterhofperspektive zu erleben. Dabei gibt es fast an jedem Bahnhof Gründe genug, auszusteigen. An der Ringbahn liegen Berliner Highlights und Geheimtipps. Und jede Menge Parks.

Eine Ringbahntour kann man zum Beispiel am Bahnhof **Gesundbrunnen** beginnen. Dieser gehört nicht nur zu den verkehrsreichsten S-Bahnhöfen, sondern ist auch der Fernbahnhof im Norden Berlins.

Aber eigentlich sind wir hier mitten im Wedding, ehemals ein Industrie- und Arbeiterviertel. Für die Bewohner wurde seinerzeit südlich des S-Bahnringes der Humboldthain angelegt. Neben den mit vielen Bäumen und Sträuchern bewachsenen Bunkerbergen prägen den heutigen

Volkspark Humboldthain ausgedehnte Spiel- und Liegewiesen sowie mehrere Spielplätze. Im Süden und Osten begrenzen den Park breite, alleeartige Wege. Im südöstlichen Teil befindet sich auf einer natürlichen Anhöhe der 1981 angelegte Wassergarten mit einem Pavillon und im Norden des Parks – an der Stelle der ehemaligen Himmelfahrtskirche – liegt ein sehr schöner, streng geometrisch angelegter Rosengarten.

Eine Station weiter in Richtung Osten liegt der S-Bahnhof **Schönhauser Allee.** Hier sind wir mitten drin im Stadtteil Prenzlauer Berg, ebenfalls ein alter Arbeiterwohnbezirk. Heute sind nahezu alle Gründerzeithäuser renoviert, der Kiez ist ein beliebtes Wohngebiet für kreative Trendsetter aus aller Welt und für junge Familien. Im ehemaligen Grenzstreifen, der Wedding (Westberlin) und Prenzlauer Berg (Ostberlin) trennte, liegt heute der Mauerpark. Ein Stück Berliner Mauer ist erhalten geblieben. Ansonsten bietet der Park attraktive Angebote für alle Altersgruppen: ein Amphitheater, sonnige Sitz- und Liegeplätze am Hang, ein Birkenwäldchen als Ort der Ruhe sowie eine große Rasenfläche für Spiel und Sport. Besondere Attraktion für große und kleine Besucher sind die hohen, stabilen Schaukeln auf dem Hang. Von hier aus hat man einen weiten Blick auf die Berliner Mitte.

Eine Station weiter, an der **Prenzlauer Allee,** lohnt das Planetarium einen Stopp. Das Zeiss-Großplanetarium Berlin wurde 1987 als eines der größten und modernsten Sternentheater in Europa eröffnet. Herzstück des Hauses ist der rechnergesteuerte Planetariumsprojektor Cosmorama von Zeiss Jena im 23 Meter großen Kuppelsaal. Er gestattet die brillante Darstellung sowohl des gestirnten Himmels mit mehr als 9 000 Sternen als auch einer Vielzahl astronomischer Phänomene aus Vergangenheit, Gegenwart und Zukunft am künstlichen Himmel.

Zwischen den Bahnhöfen Prenzlauer Allee und **Greifswalder Straße** liegt südlich der S-Bahntrasse der Ernst-Thälmann-Park. In den 1980er-Jahren angelegt, umfasst die Anlage nicht nur einen Park, sondern auch eine Wohnsiedlung und

Humboldthain
Größe: 29 ha
Entstehungszeit: 1869–1876;
Wiederaufbau: 1948–1951
Landschaftsarchitekt: Gustav Meyer, Günther Rieck (Neugestaltung 1948–1951)
Besonderes: Rosengarten, Freibad, Rodelhang, Wassergarten, Aussichtsplattform, pädagogisch betreuter Spielplatz

Im Mauerpark

Mauerpark
Größe: 8,1 ha
(geplant sind 15 ha)
Entstehungszeit:
Beginn 1993
Landschaftsarchitekt:
Prof. Gustav Lange
Besonderes: Birkenwäldchen, Amphitheater, Kinderbauernhof, umzäunter
Hundeauslauf

das monumentale Denkmal für den Arbeiterführer Ernst Thälmann. Der 16 Hektar große Park bietet neben weiten Rasenflächen einen Sommerblumen- und einen Staudengarten. Der Denkmalplatz mit dem 13 Meter hohen Bronzeabbild Ernst Thälmanns, ist von dicht bepflanzten Hügeln eingefasst. Dahinter liegt ein künstlich angelegter Teich, der als Amphibienschutzgebiet ausgewiesen ist. Interessant im nördlichen Teil ist auch der Sternenspielplatz von der Künstlerin Steffi Bluhm.

Vom S-Bahnhof **Landsberger Allee** ist es nicht weit zum beliebten Volkspark Friedrichshain. Der Volkspark Friedrichshain war die erste kommunale Parkanlage Berlins, die im 19. Jahrhundert für die zunehmend in beengten Wohnverhältnissen lebenden Menschen zur Erholung geschaffen wurde. Hauptattraktion des Volksparks ist der 1913 vom Stadtbaurat Hoffmann errichtete Märchenbrunnen, der zu den schönsten Brunnenanlagen Berlins gehört. Der Park bietet zahlreiche Liegewiesen, Spielplätze, Tennisplätze, einen Basketballplatz und eine Halfpipe für Skater. Am Schwanenteich befindet sich eine Ausleihe für verschiedenste Freizeitgeräte, zum Beispiel InlineSkates, Tretautos oder Tennisschläger. Im Sommer gibt es im Park zahlreiche Veranstaltungen wie Freilichtkino, Konzerte zu Pfingsten und das Chorfest. Im Winter dagegen sind die Rodelbahn und verschiedene Böschungen in den Händen der Wintersportfreunde.

Unweit der Station **Storkower Straße** wurde auf dem ehemaligen Schlachthofgelände der Hermann-Blankenstein-Park angelegt. Mit einbezogen in die Gestaltung wurde das Skelett einer alten Schlachthofhalle.

In der Nähe des geschäftigen S-Bahnhofs **Frankfurter Allee** bildet der Stadtpark Lichtenberg eine kleine Ruheoase. Er entstand Anfang des 20. Jahrhunderts im Zentrum des alten Ortskerns von Lichtenberg. Die aufstrebende Gemeinde Lichtenberg baute angrenzend an dieses Grundstück ein neues Rathaus im neogotischen Klinkerstil und erwarb 1907 schließlich das Grundstück. Ein Bürgerpark wurde bis 1910 angelegt. Ab 1950 wurde der Park nach Norden auf insgesamt 5,3 Hektar

erweitert und eine Freilichtbühne und ein Plansch-
becken gebaut. Das nahe Theater an der Parkaue
wurde ursprünglich als Gebäude für das städtische Realgymnasium errichtet. Später wandelte
man es in ein Theater um.

Der S-Bahnhof **Ostkreuz** ist ein Einfalltor zum
Boxhagener Kiez. Das Altbauviertel ist beliebt bei
jungen und kreativen Berlinern und Touristen.
Am Boxhagener Platz findet jeden Sonntag ein
bekannter Flohmarkt statt, die nahe Simon-Dach-
Straße ist eine beliebte Kneipenmeile.

Grün satt gibt es im **Treptower Park,** der gleich
an der gleichnamigen S-Bahn-Station beginnt.
Der Treptower Park am Ufer der Spree gehört
zu den traditionsreichsten Ausflugsgebieten der
Berliner. Charakteristisch ist der Wechsel von
großzügigen, offenen Wiesenflächen und dichten
Gehölzbeständen (mehr: ▸ Seite 84).

Märchenbrunnen im
Volkspark Friedrichshain

Volkspark Friedrichshain
Entstehungszeit: 1846–48,
Erweiterung 1874, Wie-
deraufbau nach 1945,
Umgestaltungen ab 1950,
teilweise Rekonstruktion
1998
Landschaftsarchitekt:
Gustav Meyer
Größe: 49 ha
Besonderes: Märchen-
brunnen, Friedensglocke,
Friedhof der Märzgefal-
lenen, Deutsch-Polnisches
Ehrenmal, Denkmal der
Spanienkämpfer, um-
zäunter Hundeauslauf im
neuen Hain

Eine Station weiter liegt die **Sonnenallee.** Hier
lohnt ein Abstecher nach Alt-Rixdorf, einem historischen Ortskern mitten im heutigen Neukölln
mit Dorfanger und Friedhof. Der Böhmische Got-
tesacker Rixdorf wurde 1751 angelegt. Er diente
ursprünglich als Begräbnisstätte der evangelischen Siedler aus Böhmen, die in ihrer Heimat
wegen ihres Glaubens vertrieben wurden und sich
hier in Böhmisch-Rixdorf mit der Erlaubnis Friedrich Wilhelms I. niederließen.

Von der nächsten Station, **Neukölln,** ist es
nur ein Katzensprung zum Körnerpark. In der
2,4 Hektar großen Grünanlage gibt es auch eine
Galerie und ein Café. Der Park entstand zwischen
1912 und 1916 auf dem Gelände einer ehemaligen
Kiesgrube. Er liegt 5 bis 7 Meter tiefer als die
umliegenden Wohnstraßen. Die Nord- und Südseite des Parks werden durch hohe Arkadenwände
begrenzt. In der Hauptachse findet sich auf der
Westseite eine Orangerie. Ihr ist sowohl zur höher
angrenzenden Straße als auch zur Parkseite eine
Terrasse vorgelagert. Auf der Ostseite findet die
Hauptachse ihren Abschluss in einer Kaskadenan-
lage mit einem Fontänenbecken.

Wer an der **Hermannstraße** aussteigt, sollte
sich die alten Friedhöfe rechts und links der Hermannstraße anschauen. Und dann an der Oder-

Treptower Park
Größe: 88,2 ha
Entstehungszeit: 1876–1888
Landschaftsarchitekten: Gustav Meyer, Hermann Mächtig
Besonderes: Rosengarten, Blumengarten, Karpfenteich, Bootsverleih, Archenhold-Sternwarte, Sowjetisches Ehrenmal

Natur-Park Schöneberger Südgelände
Größe: 18 ha
Tel. (0 30) 70 09 06-0
Tgl. von 9 Uhr bis Anbruch der Dunkelheit

Rudolph-Wilde-Park
Größe: 7 ha
Entstehungszeit: 1910–12
Landschaftsarchitekt: Ausführungsplanung von Stadtbaurat Friedrich Gerlach

Im Körnerpark

straße den weiten Blick über den ehemaligen Flughafen Tempelhof genießen, der sich jetzt **Tempelhofer Feld** nennt. Einen bequemen Eingang zum Tempelhofer Park gibt es auch nahe des S-Bahnhofs **Tempelhof.**

Nächste Station ist **Südkreuz,** der Fernbahnhof im Süden Berlins. Wer nicht verreisen will, dem sei ein Besuch im nahen Natur-Park Schöneberger Südgelände empfohlen. Auf dem Gebiet des ehemaligen Rangierbahnhofs in Tempelhof ist eine einzigartige Naturlandschaft mit markanten Relikten der Dampflok-Ära entstanden (▸ Seite 106).

Nördlich der nächsten beiden Stationen **Schöneberg** und **Innsbrucker Platz** liegt der Rudolph-Wilde-Park. Er bildet zusammen mit dem Volkspark Wilmersdorf einen innerstädtischen Grünzug. Der Schöneberger Teil ging aus verschiedenen preisgekrönten Arbeiten eines Wettbewerbs von 1906 hervor und wurde nach dem ersten Bürgermeister der Stadt Schöneberg benannt. Von Osten aus gelangt man in den architektonisch gestalteten Teil des Parks mit einer tiefer liegenden Wiese, die von halbrunden Terrassen umrahmt wird. Eine Attraktion ist der Goldene Hirsch, das Wappentier von Schöneberg, der auf einer 8,5 Meter hohen Säule inmitten einer Brunnenanlage thront. Reizvoll ist auch der Blick auf die Carl-Zuckmayer-Brücke mit ihren beeindruckenden Treppenaufgängen und Steinfiguren, die den U-Bahnhof Rathaus Schöneberg beherbergt.

Südlich der Station **Bundesplatz** liegt Friedenau. In dem beschaulichen Vorort mit seinen Gründerzeithäusern, kleinen Plätzen und Vorgärten haben etliche Schriftsteller und andere prominente Persönlichkeiten gelebt.

Wer drei Stationen weiter in **Halensee** aussteigt, ist gleich am westlichen Ende des Kurfürstendamms angelangt. Und zum Halensee, der der Station den Namen gab, ist es auch nicht weit. Dort erwarten den Besucher Liegewiesen und ein Freibad.

Von der Station **Messe Nord/ICC** erreicht man schnell den Lietzenseepark. Der Lietzenseepark gehört zur Grunewaldseenkette. Durch den Bau der Neuen Kantstraße (1904) wurde der sichelförmige Lietzensee in zwei Bereiche geteilt, die durch die 1956 angelegte Unterführung in Verbindung stehen. Der repräsentative Eingangsbereich an der Dernburgstraße mit Wasserkaskade und Staudenrabatten wurde 1912 bis 1914 vom Charlottenburger Gartendirektor Erwin Barth geschaffen. Der eigentliche Park, der sich am West- und Nordufer des Sees erstreckt, wurde erst in den Jahren 1919 bis 1920 von Barth vollendet. Gern besucht wird das im Park gelegene Café am Lietzensee.

Unweit des S-Bahnhofs **Westend** liegt das Schloss Charlottenburg mit seinem grandiosen Schlosspark (▶ Seite 178).

Um vom Bahnhof **Jungfernheide** zum gleichnamigen Volkspark zu gelangen, steigt man am besten in die U 7 um und fährt noch zwei Stationen Richtung Spandau bis Halemweg.

Der Volkspark Jungfernheide liegt direkt südlich vom Flughafen Berlin-Tegel zwischen Saatwinkler Damm und Heckerdamm und ist mit ca. 146 Hektar nach dem Großen Tiergarten der zweitgrößte Park in Berlin. Im Zentrum des Volksparks liegt ein geometrisch gehaltener Kernbereich mit großen Spiel- und Liegewiesen, Freibad, Plansche, Rudermöglichkeiten, Gartentheater und Kindererholungsstätte. Die Erschließung des Parks erfolgt über einen ca. 4 Kilometer langen Rundweg, von dem in regelmäßigen Abständen zahlreiche geradlinige Wege zu den Kernbereichen des Parks verlaufen. Entlang dieses Rundweges kann der Besucher mehrere hundert Jahre alte Eichen und Buchen bestaunen.

Rund um die Station **Beusselstraße** gibt sich Berlin ungeschminkt: Großmarkt, Fleischmarkt, Fruchthof, Güterbahnhof und Westhafen. Hier kommen bis heute viele Waren an, die die Großstadt versorgen.

Zwei Stationen weiter erreichen wir den S-Bahnhof **Wedding.** Nimmt man den Ausgang in östlicher Richtung und biegt in die Gerichtstraße ein, so kreuzt man bald den Grünzug am Flüsschen Panke. Hier kann man sich auf einer Liegewiese ausruhen – oder zur Abwechslung an dem schmalen Gewässer in Richtung Berlin-Mitte spazieren.

Volkspark Wilmerdorf
Größe: 18 ha
Entstehungszeit: 1912 bis in die 1930er-Jahre
Landschaftsarchitekten: Richard Thieme u. a.
Besonderers: Wasserspielplatz, Minigolf, Fußball-, Basketball-, Tennisplatz, Hundeauslaufanlage

Lietzenseepark
Größe: 10,1 ha
Entstehungszeit: 1912–14, 1919–20
Landschaftsarchitekt: Erwin Barth

Volkspark Jungfernheide
Größe: 146 ha
Entstehungszeit: 1920–1927
Landschaftsarchitekt: Erwin Barth
Besonderes: Freibad, pädagogisch betreuter Spielplatz, Ferienspielplatz, Wildgehege, umzäunter Hundeauslauf
(Rodelhang im westlich angrenzenden Siemenspark)

Tempelhofer Feld

Erhältlich im Buchhandel oder im Internet unter

www.viareise.de

Liebe Leserinnen und Leser,

alle Angaben in diesem Ausflugsführer sind gewissenhaft geprüft. Trotz gründlicher Recherche unserer Autorinnen und Autoren können sich manchmal Fehler einschleichen. Wir bitten um Verständnis, dass der Verlag dafür keine Haftung übernehmen kann. Über Hinweise, Berichtigungen und Ergänzungsvorschläge freuen wir uns jederzeit.

via reise verlag
Lehderstraße 16–19
13086 Berlin
post@viareise.de
www.viareise.de

© via reise verlag Klaus Scheddel
9. vollständig aktualisierte und überarbeitete Neuauflage, Berlin 2019
Alle Rechte vorbehalten
ISBN 978-3-945983-77-5

Herausgeber
Klaus Scheddel

Text & Recherche
Jutta Hertlein, Vera Hertlein, Helmut Krüger, Tanja Onken, Birgit Reiß, Kirsten Schaper, Klaus Scheddel, Elisabeth Schwiontek, Ulrike Stephan, Holger Zahn

Recherche & Aktualisierung 2019
Klaus Scheddel

Redaktion
Janna Menke

Kartografie
Tanja Onken & Annelie Krupicka (via reise verlag), Carlos Borrell, Berlin

Herstellung & Gestaltung
Annelie Krupicka (via reise verlag)

Umschlaggestaltung
Annelie Krupicka (via reise verlag)

Druck
Ruksaldruck, Berlin

MIX
Papier aus verantwortungsvollen Quellen
FSC® C104247
FSC
www.fsc.org

Fotos
Klaus Scheddel, außer:
ArTo/Fotolia 4 (3. Foto v. o.), 58, 64, 68; babelsberger/Fotolia 5 (4. Foto v. o.), 166; Becker, Kristina 113; Biosphäre Potsdam 157; Cyron, Marcus 60; David Dohnal/Shutterstock.com 75; Deutsche Bahn AG 182; elxeneize/Fotolia 27; Endruweit, Meiken 119, 120, 167, 169, 170; Filmpark Babelsberg 137; Förderverein Südwest-Kirchhof Stahnsdorf e. V. 161; Fotolia 181; Grün Berlin Park und Garten GmbH 47; Guterland, Miriam 14; Hertlein, Jutta 107; Jacqueline Abromeit/Shutterstock.com 179; Johannsen, Janina 4, 25, 57, 70, 95, 96; Jutta Adam/Fotolia 47; Kaule, Michaela 146; Kultur- und Tourismusamt Märkische Schweiz 53; Mauruszat, Axel 86; Max Liebermann Gesellschaft e. V. 125; Max/Fotolia 37; Museumsdorf Düppel 111; Onken, Tanja 17; Peter Probst/Shutterstock.com 126; RCphoto/Fotolia 2, 8–9, 23; Saxo/Clara-Zetkin-Gedenkstätte/CC-BY-3.0/bearb. 20; shorty25/Fotolia 164; Steinhoff, Andreas 85; Zoo Berlin 43; Tourismus Marketing Brandenburg GmbH 3 u., 5 (2. Foto v. o.), 108–109, 131, 142, 152, 154, 159; visitBerlin/Wolfgang Scholvien 180; Wiebrecht, Ulrike 4 (1. Foto v. o.); Wiehle, Thorsten 175, 176

Umschlag vorn
Die Müggelspree in Rahnsdorf
(ArTo/Fotolia)

Umschlag hinten
Fischerkietz in Köpenick
(ArTo/Fotolia)

Seite 1
Glienicker Brücke
(Tourismus Marketing Brandenburg GmbH)

ÖPNV-Infos

■ **Elektronische Fahrplanaus-kunft**
- www.s-bahn-berlin.de
- www.bvg.de
- www.vbbonline.de

■ **BVG Kundenservice**
(030) 19 44 9

■ **S-Bahn Kundentelefon**
(030) 29 74 33 33

■ **Tarif-Tipps** Die Ziele in diesem Ausflugsführer liegen meist im Tarifbereich Berlin ABC. Wer eine Monatskarte für den Berliner Bereich AB hat, braucht für einen Ausflug in den C-Bereich nur einen Anschlussfahrschein zu lösen.

■ **Rad und S-Bahn** Fahrräder können in S- und U-Bahnen, RE- und RB-Zügen jederzeit mitge-nommen werden, vorausgesetzt es gibt genügend Platz im Zug. Die Tarifregelungen wechseln von Zeit zu Zeit, derzeit gilt:
- Für Inhaber von Semester-, Schüler- und Azubitickets ist die Rad-Mitnahme in S- und U-Bahnen kostenlos.
- Alle anderen müssen jeweils ein Fahrradticket lösen, am günstigsten ist meist eine Tageskarte.
- Für Vielfahrer mit Rad lohnt sich eine Fahrrad-Monatskarte.
- Aktuelle Auskünfte erteilt das S-Bahn-Kundentelefon.

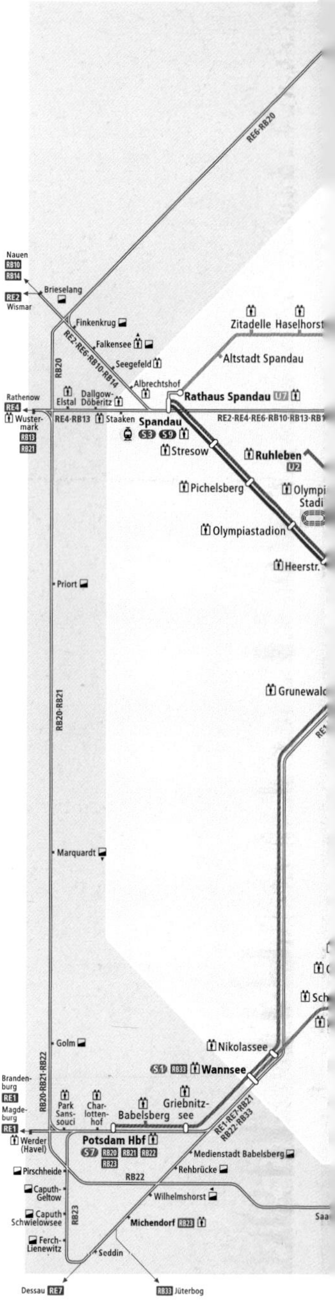